Основные Идиомы

Американского

Английского

Essential American Idioms for Russian Speakers

Richard A. Spears, Ph.D.

Dinara Georgeoliani, Ph.D.,
Russian Editor

NTC Publishing Group
NTC/Contemporary Publishing Company

11/02/98   AGB-1769

Library of Congress Cataloging-in-Publication Data

Spears, Richard A.
    [Osnovnye idiomy Amerikanskogo Angliîskogo] = essential
American idioms for Russian speakers / Richard A. Spears, Dinara
Georgeoliani.
        p.   cm.
    ISBN 0-8442-4210-1
    1. English language—Conversation and phrase books—Russian.
2. English language—United States—Idioms—Dictionaries—Russian.
3. Americanisms—Dictionaries—Russians.   I. Georgeoliani, Dinara.
I. Title.
PE1129.S4S65   1997
428.3'49171—dc21   97-7073
                                                              CIP

СОДЕРЖАНИЕ

К ЧИТАТЕЛЮ

В каждом языке существуют выражения, смысл которых не является буквальным. Даже, если знать значение всех слов, составляющих данное выражение и полностью понимать его грамматический строй, общий смысл выражения всё-же может быть неясным. В английском языке существуют тысячи таких идиоматических выражений. В данном словаре собраны идиомы, наиболее часто встречающиеся в обиходном американском английском. Размер словаря небольшой, что позволяет успешно использовать его в качестве руководства. В то же самое время, он имеет достаточно полный объём и может применяться в качестве справочного пособия.

Источники выражений, представленных в словаре, различны. Многих из них взяты из газет и журналов. Другие же—из существующих словарей и справочников. Студенты университета Northwestern, изучающие английский язык как второй или иностранный, внесли свой вклад в составление словаря. Их участие определило выбор того или иного идиоматического выражения, данного в этой книге.

Основные Идиомы Американского Английского могут быть успешно использованы теми, кто изучает идиоматику английского языка, кто имеет слуховые проблемы, а также, кто хочет глубже изучить английский язык.

Как Пользоваться Словарём

1. Выражения в словаре располагаются в алфавитном порядке без учёта тире, интервалов и другой пунктуации. Каждое выражение имеет стандартную форму и обычный порядок слов. Словарные статьи, которые начинаются с таких коротких формальных слов, как **a, an, as, at, be, by, do, for, from, have, in, off, on, out, under** и **up** представлены, как обычным порядком слов, так и инверсионным, что отмечается перекрёстной отсылкой к стандартной форме. Например, в словарной статье **active duty, on** читатель отсылается к словарной статье **on active duty**.

2. Заголовочная словарная статья может иметь одну или более замещающих форм. Заголовочная статья и формы её

замещающие напечатаны жирным шрифтом. Замещающим формам предшествует союз "AND." Замещающие формы отделяются точкой с запятой. В любой словарной статье слова, помещённые в круглые скобки, являются факультативными. Например: идиома **break (out) into tears** может употребляться в формах: **to break out into tears** или **break into tears.** В словаре отсылки на словарные статьи *набраны курсивом.*

3. Некоторые словарные статьи имеют несколько основных значений. Нумерации этих значений набраны жирным шрифтом. Пронумерованные значения могут также иметь дополнительные формы. Следуя за порядковым номером, эти формы выделяются жирным шрифтом. Например, см. **get something sewed up.**

4. Некоторые словарные статьи имеют дополнительные соотнесённые формы внутри самой словарной статьи. Такие формы вводятся словом "ALSO," а перекрёстные ссылки отсылают читателя к каждой из таких включённых в словарную статью форм. Смотрите, например, **get a black eye.**

5. Замещающие формы и их определения отделяются точкой с запятой. Некоторые определения снабжены комментариями или объяснениями, помещёнными в круглые скобки. Смотрите, например, **add fuel to the fire.**

6. В случаях, когда словарная статья употребляется для обозначения людей и предметов, то есть, сочетается со словами **"someone or something,"** некоторые значения этой статьи могут употребляться только для обозначения людей, а другие—только для обозначения предметов. В таких случаях обозначенное значение начинается словами "[with someone]" или "[with something]". См., например, **cut someone or something to the bone.**

7. Каждая словарная статья или значение снабжены, по крайней мере, двумя примерами, набранными курсивом.

ТЕРМИНЫ И СИМВОЛЫ

☐ (квадрат) обозначает начало примера.

ALSO: в пределах словарной статьи вводит дополнительную вариантную форму, связанную с заголовочной статьёй, но несколько отличающуюся от неё по значению или форме. Смотрите параграф 4, в разделе "Как Пользоваться Словарём."

AND указывает на то, что словарная статья имеет вариантные формы, обладающие одинаковыми или почти одинаковыми значениями с заголовочной фразой. Одной или нескольким вариантным формам предшествует союз AND. Смотрите параграф 2, в разделе "Как Пользоваться Словарём."

cliché описывает стереотипное выражение, имеющее крайне неформальный характер.

Compare to отсылает к указанной словарной статье с целью сравнения её формы или значения со словарной статьёй, содержащей указание "Compare to."

informal описывает крайне неформальное выражение, употребляемое скорее в разговорной речи, чем в письменной.

proverb описывает часто цитируемое высказывание с фиксированной формой, имеющее назидательный характер или передающее наблюдение философского плана.

rude описывает выражение оскорбительного или грубого характера.

See отсылает к указанной словарной статье.

See also отсылает к указанной словарной статье за дополнительной информацией или к выражениям, схожим по форме или значению с фразой словарной статьи, содержащей инструкцию "See also."

See under отсылает к указанной фразе словарной статьи и к искомой фразе в пределах указанной словарной статьи.

slang определяет выражение как неформальное или шутливое. Такие выражения не используются в официальном письменном стиле.

A

A bird in the hand is worth two in the bush. пословица, означающая, что лучше беречь то малое, что имеешь, чем надеяться на лучшее и большее. ➤ **Синица в руках лучше журавля в небе.** □ *Bill has offered to buy my car for $3,000.* □ *Someone else might pay more, but Bill made a good offer, and a bird in the hand is worth two in the bush.* □ *I might be able to find a better offer, but a bird in the hand is worth two in the bush.*

according to Hoyle согласно правилам; в соответствии с установленным порядком. (Относится к правилам игры. Эдмонд Хоул написал книгу об играх. Однако это выражение обычно употребляется в других сферах.) □ *That's wrong. According to Hoyle, this is the way to do it.* □ *The carpenter said, "This is the way to drive a nail, according to Hoyle."*

a chip off the old block человек (обычно мужского пола), который похож на своего отца поведением или наружностью. (Отец—(*old block*).) ➤ **весь в отца пошёл.** □ *John looks like his father—a real chip off the old block.* □ *Bill Jones, Jr., is a chip off the old block. He's a banker just like his father.*

act high-and-mighty вести себя высокомерно и надменно; ходить с важным видом. ➤ **задирать нос.** □ *Why does the doctor always have to act so high-and-mighty?* □ *If Sally wouldn't act so high-and-mighty, she'd have more friends.*

Actions speak louder than words. пословица, означающая, что вместо пустых разговоров лучше заняться делом. ➤ О человеке судят не по словам, а по делам. ☐ *Mary kept promising to get a job. John finally looked her in the eye and said, "Actions speak louder than words!"* ☐ *After listening to the senator promising to cut federal spending, Ann wrote a simple note saying, "Actions speak louder than words."*

active duty, on См. ON ACTIVE DUTY.

act of God событие (обычно, катастрофа), не подвластное воле человека; явление природы, например, буря, землетрясение или ураган. ➤ **воля Божья; стихийное бедствие.** ☐ *My insurance company wouldn't pay for the damage because it was an act of God.* ☐ *The thief tried to convince the judge that the diamonds were in his pocket due to an act of God.*

act one's age поступать, как более зрелый человек; вести себя, как подобает взрослому человеку. (Часто употребляется в обращении к детям или подросткам.) ➤ **вести себя по годам.** ☐ *Come on, John, act your age. Stop throwing rocks.* ☐ *Mary! Stop picking on your little brother. Act your age!*

add fuel to the fire AND **add fuel to the flame** осложнять проблему; говорить или делать что-либо такое, что ухудшает и без того плохую ситуацию; ещё больше разозлить кого-либо. ➤ **подливать/подлить масла в огонь.** ☐ *To spank a crying child just adds fuel to the fire.* ☐ *Bill was shouting angrily, and Bob tried to get him to stop by laughing at him. Of course, that was just adding fuel to the flame.*

add fuel to the flame См. предыдущую словарную статью.

add insult to injury осложнять и без того сложную ситуацию; расстраивать и без того уже расстроенного человека. (Клише.) ➤ **вдобавок ко всем бедам.** ☐ *First, the basement flooded, and then, to add insult to injury, a pipe burst in the kitchen.* ☐ *My car barely started this morning, and, to add insult to injury, I got a flat tire in the driveway.*

A fool and his money are soon parted. пословица, означающая, что тот, который не умеет обращаться с деньгами, быстро теряет их. (Часто о человеке, который, приняв неправильное решение, недавно потерял деньги.) ➤ **У дурака деньги долго не держатся.** □ *When Bill lost a $400 bet on a horse race, Mary said, "A fool and his money are soon parted."* □ *When John bought a cheap used car that fell apart the next day, he said, "Oh, well, a fool and his money are soon parted."*

afraid of one's own shadow о человеке, которого легко напугать; о человеке, который всегда нспуган, робок или подозрителен. (Не употребляется в буквальном смысле.) ➤ **бояться собственной тени.** □ *After Tom was robbed, he was even afraid of his own shadow.* □ *Jane has always been a shy child. She has been afraid of her own shadow since she was three.*

A friend in need is a friend indeed. пословица, означающая, что тот, кто помогает в беде—настоящий друг. ➤ **Друзья познаются в беде.** □ *When Bill helped me with geometry, I really learned the meaning of "A friend in need is a friend indeed."* □ *"A friend in need is a friend indeed" sounds silly until you need someone very badly.*

against the clock с целью выиграть время; в спешке, с намерением закончить что-либо раньше определённого времени. □ *Bill set a new track record, running against the clock. He lost the actual race, however.* □ *In a race against the clock, they rushed the special medicine to the hospital.*

air, in the См. IN THE AIR.

air, off the См. OFF THE AIR.

air, on the См. ON THE AIR.

air someone's dirty linen in public разглашать что-либо личное или какие-либо неуместные подробности личного характера, особенно во время ссоры. (Слово *linen* означает проблемы, представленные как бы в виде простынь, скатертей или какого-либо другого атрибута грязного белья.)

➤ **выносить/вынести сор из избы.** □ *John's mother had asked him repeatedly not to air the family's dirty linen in public.* □ *Mr. and Mrs. Johnson are arguing again. Why must they always air their dirty linen in public?*

air, up in the См. UP IN THE AIR.

a little bird told me источник информации, который человек не хочет раскрыть. (Часто употребляется при уклончивом ответе на вопрос о том, каким образом получена та или иная информация. В некоторых случаях имеет грубый оттенок.)
➤ **Сорока на хвосте принесла.** □ *"All right," said Mary, "where did you get that information?"John replied, "A little bird told me."* □ *A little bird told me where I might find you.*

A little knowledge is a dangerous thing. пословица, означающая, что мало знать—вредно. □ *The doctor said, "Just because you've had a course in first aid, you shouldn't have treated your own illness. A little knowledge is a dangerous thing."* □ *John thought he knew how to take care of the garden, but he killed all the flowers. A little knowledge is a dangerous thing.*

all fours, on См. ON ALL FOURS.

all in a day's work в порядке вещей; обычно, как и должно быть.
➤ **дело привычное.** □ *I don't particularly like to cook, but it's all in a day's work.* □ *Putting up with rude customers isn't pleasant, but it's all in a day's work.* □ *Cleaning up after other people is all in a day's work for a chambermaid.*

all over but the shouting всё решено и закончено; всё закончено, остаётся только отпраздновать. (Точнее *all over,* означает "закончено".) ➤ **(и) дело в шляпе.** □ *The last goal was made just as the final whistle sounded. Tom said, "Well, it's all over but the shouting."* □ *Tom worked hard in college and graduated last month. When he got his diploma, he said, "It's all over but the shouting."*

All roads lead to Rome. пословица, означающая, что одну и ту же задачу можно решить разными путями. ➤ **Все дороги ведут**

в **Рим.** □ *Mary was criticizing the way Jane was planting the flowers. John said, "Never mind, Mary, all roads lead to Rome."* □ *Some people learn by doing. Others have to be taught. In the long run, all roads lead to Rome.*

all skin and bones См. на NOTHING BUT SKIN AND BONES.

All's well that ends well. пословица, означающая, что, когда дело завершается хорошо, все предшествующие неудачи забываются, ибо самым важным является конечный результат. (По названию пьесы Шекспира. В настоящее время клише.) ➤ **Всё хорошо, что хорошо кончается.** □ *I'm glad you finally got here, even though your car had a flat tire on the way. Oh, well. All's well that ends well.* □ *The groom was late for the wedding, but everything worked out all right. All's well that ends well.*

All that glitters is not gold. пословица, означающая, что не всё то, что привлекательно и бросается в глаза, представляет реальную ценность. ➤ **Не всё то золото, что блестит.** □ *The used car looked fine but didn't run well at all. "Ah, yes," thought Bill, "all that glitters is not gold."* □ *When Mary was disappointed about losing Tom, Jane reminded her, "All that glitters is not gold."*

all thumbs неуклюжий и неловкий, особенно, о его руках. (О человеке, ч которого всё валится из рук, будто у него на руках только большие пальцы.) ➤ **неуклюжий как медведь.** □ *Poor Bob can't play the piano at all. He's all thumbs.* □ *Mary is all thumbs when it comes to gardening.*

all walks of life самые разные социальные, экономические и этнические группы людей. (Устойчивое выражение. Не употребляется в единственном числе. Слово *all* является обязательным компонентом.) ➤ **все слои общества.** □ *We saw people there from all walks of life.* □ *The people who came to the art exhibit represented all walks of life.*

All work and no play makes Jack a dull boy. пословица, означающая, что надо уметь сочетать отдых с работой. (*Jack* не обозначает конкретное лицо. Выражение употребляется как для имён мужского, так и женского рода.) ➤ **Без отдыха и**

конь не скачет. □ *Stop reading that book and go out and play! All work and no play makes Jack a dull boy.* □ *The doctor told Mr. Jones to stop working on weekends and start playing golf, because all work and no play makes Jack a dull boy.*

An eye for an eye, a tooth for a tooth. выражение библейского происхождения и означает, что за причинённое зло следует платить тем же. (В настоящее время употребляется как пословица. Не имеет буквального значения.) ➤ **Око за око, зуб за зуб.** □ *Little John pulled Jane's hair, so the teacher pulled John's hair as punishment, saying, "An eye for an eye, a tooth for a tooth."* □ *He kicked me in the leg, so I kicked him in the leg. After all, an eye for an eye, a tooth for a tooth.*

An ounce of prevention is worth a pound of cure. пословица, означающая, что легче и лучше предотвратить что-либо неприятное, чем иметь дело с его последствиями. ➤ **Предупреждение лучше лечения.** □ *When you ride in a car, buckle your seat belt. An ounce of prevention is worth a pound of cure.* □ *Every child should be vaccinated against polio. An ounce of prevention is worth a pound of cure.*

A penny saved is a penny earned. пословица, означающая, что деньги сбережённые, это те же заработанные деньги. (Иногда употребляется для объяснения скупости.) ➤ **Сбережённая копейка заработанной стоит.** □ *"I didn't want to pay that much for the book," said Mary. "After all, a penny saved is a penny earned."* □ *Bob put his money in a new bank that pays more interest than his old bank, saying, "A penny saved is a penny earned."*

apple of someone's eye чей-либо любимый человек или вещь; подружка или дружок; кто-либо или что-либо желаемое. (Кто-либо или что-либо, бросающееся в глаза или привлекающее чьё-либо внимание.) ➤ **зеница ока (кого-либо).** □ *Tom is the apple of Mary's eye. She thinks he's great.* □ *John's new stereo is the apple of his eye.*

armed to the teeth сильно вооружённый человек, имеющий при себе смертоносное оружие. (Будто применялись все виды оружия, включая зубы.) ➤ **вооружённый до зубов.** □ *The bank robber was armed to the teeth when he was caught.* □ *There are too many guns around. The entire country is armed to the teeth.*

arm in arm людях, которые держатся за руки или ходят, взявшись за руки. ➤ **рука об руку.** □ *The two lovers walked arm in arm down the street.* □ *Arm in arm, the line of dancers kicked high, and the audience roared its approval.*

arms, up in См. UP IN ARMS.

A rolling stone gathers no moss. пословица, описывающая человека, который постоянно меняет место работы или жительства и поэтому не имеет ни имущества, ни обязательств. (Употребляется в качестве критики.) ➤ **Кому на месте не сидится, тот добра не наживёт.** □ *"John just can't seem to stay in one place," said Sally. "Oh, well, a rolling stone gathers no moss."* □ *Bill has no furniture to bother with because he keeps on the move. He keeps saying that a rolling stone gathers no moss.*

as a duck takes to water с лёгкостью и непринуждённо. (Об утятах, которые обладают врождённым умением плавать.) ➤ **(чувствовать себя) как рыба в воде.** □ *She took to singing, just as a duck takes to water.* □ *The baby adapted to bottle-feeding as a duck takes to water.*

as an aside комментарий; комментарий, не предназначенный для посторонних ушей. ➤ **себе под нос; на ухо.** □ *At the wedding, Tom said as an aside, "The bride doesn't look well."* □ *At the ballet, Billy said as an aside to his mother, "I hope the dancers fall off the stage!"*

as bad as all that о ситуации, когда всё скверно; или когда всё кажется очень скверным. (Обычно употребляется с отрицанием.) ➤ **всё не так-то уж плохо.** □ *Come on! Nothing could be as bad as all that.* □ *Stop crying. It can't be as bad as all that.*

as blind as a bat подслеповатый; слепой. (Первое *as* может быть опущено. Вообще летучие мыши обладают зрением. Выражение сохранилось благодаря аллитерации.) ➤ **как слепая курица.** □ *My grandmother is as blind as a bat.* □ *I'm getting blind as a bat. I can hardly read this page.*

as busy as a beaver AND **as busy as a bee** очень занятый. (Первое *as* может быть опущено. Выражение сохранилось благодаря аллитерации.) ➤ **по уши в работе.** □ *I don't have time to talk to you. I'm as busy as a beaver.* □ *You don't look busy as a beaver to me.* □ *Whenever there is a holiday, we are all as busy as bees.*

as busy as a bee См. предыдущую словарную статью.

as busy as Grand Central Station переполненный; забитый постояльцами или другими людьми. (Первое *as* может быть опущено. Выражение относится к Большому Центральному Вокзалу в Нью-Йорке.) ➤ **(так набит, что) яблоку негде упасть.** □ *This house is as busy as Grand Central Station.* □ *When the tourist season starts, this store is busy as Grand Central Station.*

as clear as mud совершенно непонятный. (Обиходное или с шутливым оттенком. Первое *as* может быть опущено.) ➤ **(сам) чёрт не разберётся в чём-либо.** □ *Your explanation is as clear as mud.* □ *This doesn't make sense. It's clear as mud.*

as comfortable as an old shoe очень удобный; очень удобный и привычный. (Первое *as* может быть опущено. О туфле, которая в носке становится удобной.) □ *This old house is fine. It's as comfortable as an old shoe.* □ *That's a great tradition—comfortable as an old shoe.*

as cool as a cucumber совершенно невозмутимый и спокойный; не теряющий хладнокровия. (Первое *as* может быть опущено. Огурцы, однако, не всегда бывают холодными. Выражение сохранилось благодаря аллитерации.) ➤ **не терять/не потерять самообладания.** □ *The captain remained as cool as a cucumber as the passengers boarded the lifeboats.* □ *During the fire the homeowner was cool as a cucumber.*

as crazy as a loon очень глупый; совершенно безумный. (Первое *as* может быть опущено. Гагара—водоплавающая птица, чей крик напоминает глупый смех.) ➤ **глуп как пробка; тронутый умом.** ☐ *If you think you can get away with that, you're as crazy as a loon.* ☐ *Poor old John is crazy as a loon.*

as dead as a dodo мёртвый; более не существующий. (Первое *as* может быть опущено. Дронт—древняя вымершая птица с острова Маврикий. Выражение сохранилось благодаря аллитерации.) ➤ **мертвее не бывает.** ☐ *Yes, Adolf Hitler is really dead—as dead as a dodo.* ☐ *That silly old idea is dead as a dodo.*

as dead as a doornail мёртвый. (Первое *as* может быть опущено. Безусловно, гвозди—неодушевлённый предмет. Выражение сохранилось благодаря аллитерации.) ➤ **без всяких признаков жизни.** ☐ *This fish is as dead as a doornail.* ☐ *John kept twisting the chicken's neck even though it was dead as a doornail.*

as different as night and day совершенно не похожие. (Первое *as* может быть опущено.) ➤ **отличаться друг от друга как небо от земли.** ☐ *Although Bobby and Billy are twins, they are as different as night and day.* ☐ *Birds and bats appear to be similar, but they are different as night and day.*

as easy as (apple) pie лёгкое дело. (Первое *as* может быть опущено. Предполагается, что печь пироги легко.) ➤ **пара пустяков.** ☐ *Mountain climbing is as easy as pie.* ☐ *Making a simple dress out of cotton cloth is easy as pie.*

as easy as duck soup пустяковое дело; дело, не требующее усилий. (Приготовить суп из утки легко, потому что из неё выделяется много жира и сока.) (Первое *as* может быть опущено.) ➤ **раз плюнуть.** ☐ *Finding your way to the shopping center is easy as duck soup.* ☐ *Getting Bob to eat fried chicken is as easy as duck soup.*

as far as it goes что-либо, отвечающее требованиям до известной степени. (Обычно о чём-либо, не отвечающем требованиям.) ➤ **до известной степени.** ☐ *Your plan is fine as*

far as it goes. It doesn't seem to take care of everything, though. □
As far as it goes, this law is a good one. It should require stiffer
penalties, however.

as fit as a fiddle здоровый и хорошо чувствующий себя человек.
(Первое *as* может быть опущено. Лишено смысла. Выражение
сохранилось благодаря аллитерации.) ➤ **в добром здравии.** □
Mary is as fit as a fiddle. □ *Tom used to be fit as a fiddle. Look at
him now!*

as flat as a pancake совершенно плоский. (Первое *as* может
быть опущено.) ➤ **плоский как блин.** □ *The punctured tire was
as flat as a pancake.* □ *Bobby squashed the ant flat as a pancake.*

as free as a bird беззаботный; совершенно свободный. (Первое
as может быть опущено.) ➤ **свободный как ветер.** □ *Jane is
always happy and free as a bird.* □ *The convict escaped from jail
and was as free as a bird for two days.* □ *In the summer I feel free
as a bird.*

as full as a tick AND **as tight as a tick** много съевший или
выпивший. (О клеще, который полон крови. Первое *as* может
быть опущено.) ➤ **у кого-либо живот как барабан.** □ *Little
Billy ate and ate until he was as full as a tick.* □ *Our cat drank the
cream until he became full as a tick.*

as funny as a crutch совсем не смешной. (Первое *as* может
быть опущено.) □ *Your trick is about as funny as a crutch. Nobody
thought it was funny.* □ *The well-dressed lady slipped and fell in the
gutter, which was funny as a crutch.*

as good as done фактически закончено; почти сделано. (В этой
идиоме вместо *done* могут быть использованы и другие
причастия прошедшего времени, как: *cooked, dead, finished,
painted, typed,* и т. д.) ➤ **всё равно, что сделано (готово).** □ *This
job is as good as done. It'll just take another second.* □ *Yes, sir, if
you hire me to paint your house, it's as good as painted.* □ *When I
hand my secretary a letter to be typed, I know that it's as good as
typed right then and there.*

as good as gold настоящий; неподдельный. (Клише. Первое *as* может быть опущено. Выражение сохранилось благодаря аллитерации.) ➤ **на вес золота.** □ *Mary's promise is as good as gold.* □ *Yes, this diamond is genuine—good as gold.*

as happy as a clam счастливый и довольный. (Первое *as* может быть опущено. Обратите внимание на вариации в примерах. Из этого не следует, что улитки бывают счастливыми или печальными.) ➤ **рад без памяти; рад–радёшенек.** □ *Tom sat there smiling, as happy as a clam.* □ *There they all sat, eating corn on the cob and looking happy as clams.*

as happy as a lark выглядить очень счастливым и весёлым. (Первое *as* может быть опущено. Обратите внимание на вариации в примерах.) ➤ **не чувствуя ног под собой от счастья.** □ *Sally walked along whistling, as happy as a lark.* □ *The children danced and sang, happy as larks.*

as hard as nails жёсткий; бесчувственный и жестокий. (О гвоздях для молотка. Первое *as* может быть опущено.) ➤ **жёсткий как подошва; чёрствый как сухарь.** □ *The old loaf of bread was dried out and became as hard as nails.* □ *Ann was unpleasant and hard as nails.*

as high as a kite AND **as high as the sky** (Первое *as* может быть опущено.) 1. очень высоко. ➤ **(вырасти) до небес; (подняться) высоко в небеса.** □ *The tree grew as high as a kite.* □ *Our pet bird got outside and flew up high as the sky.* 2. пьяный или под воздействием наркотиков. ➤ **пьян в стельку; накуриться (травки.)** □ *Bill drank beer until he got as high as a kite.* □ *The thieves were high as the sky on drugs.*

as high as the sky См. предыдущую словарную статью.

as hungry as a bear очень голодный. (Первое *as* может быть опущено.) ➤ **голоден как собака (как волк).** □ *I'm as hungry as a bear. I could eat anything!* □ *Whenever I jog, I get hungry as a bear.*

aside, as an См. AS AN ASIDE.

as innocent as a lamb невинный; наивный. (Клише. Первое *as* может быть опущено.) ➤ **кроткий (безобидный) как ягнёнок.** □ *"Hey! You can't throw me in jail," cried the robber. "I'm innocent as a lamb."* □ *Look at the baby, as innocent as a lamb.*

as it were так сказать. (Иногда употребляется для подтверждения сказанного с целью придать ему большую правдоподобность.) □ *He carefully constructed, as it were, a huge sandwich.* □ *The Franklins live in a small, as it were, exquisite house.*

ask for the moon хотеть слишком многого; предъявлять большие требования; просить то, что трудно или невозможно достать. (Не в буквальном значении.) □ *When you're trying to get a job, it's unwise to ask for the moon.* □ *Please lend me the money. I'm not asking for the moon!*

ask for trouble сделать или сказать что-либо, что может вызвать неприятности. ➤ **лезть/полезть на рожон.** □ *Stop talking to me that way, John. You're just asking for trouble.* □ *Anybody who threatens a police officer is just asking for trouble.*

asleep at the switch не заниматься своим делом; не выполнять возложенных обязательств в нужное время. (Фраза не имеет связи с рычагом переключения.) ➤ **терять/потерять бдительность.** □ *The guard was asleep at the switch when the robber broke in.* □ *If I hadn't been asleep at the switch, I'd have seen the stolen car.*

as light as a feather лёгкий (о весе). (Первое *as* может быть опущено.) ➤ **лёгкий как пёрышко; лёгкий как пух.** □ *Sally dieted until she was as light as a feather.* □ *Of course I can lift the box. It's light as a feather.*

as likely as not вероятно; скорее всего. (Первое *as* может быть опущено. Устойчивая фраза; имеет только данную форму.) ➤ **по всей вероятности.** □ *He will as likely as not arrive without warning.* □ *Likely as not, the game will be cancelled.*

as luck would have it как на счастье или несчастье; как

оказалось; случайно. (Устойчивая фраза; имеет только данную форму.) ➤ **как на беду.** □ *As luck would have it, we had a flat tire.* □ *As luck would have it, the check came in the mail today.*

as mad as a hatter 1. спятивший. (Относится к персонажу по имени *Mad Hatter*, в книге *Alice's Adventures in Wonderland* писателя *Lewis Carrol*. (Первое *as* может быть опущено.) ➤ **крыша поехала у кого-либо; сводить с ума кого-либо.** □ *Poor old John is as mad as a hatter.* □ *All these screaming children are driving me mad as a hatter.* 2. сердитый. (Во втором значении слова *mad* толкуется иначе. Первое *as* может быть опущено.) ➤ **зол как чёрт (как собака).** □ *You make me so angry! I'm as mad as a hatter.* □ *John can't control his temper. He's always mad as a hatter.*

as mad as a hornet рассерженный. (Первое *as* может быть опущено. Как известно, осы бывают злыми.) ➤ **разъярённый (злой) как тигр.** □ *You make me so angry. I'm as mad as a hornet.* □ *Jane can get mad as a hornet when somebody criticizes her.*

as mad as a March hare помешавшийся. (Относится к персонажу по имени *Mad Hatter* в книге *Alice's Adventures in Wonderland* писателя *Lewis Carroll*. Первое *as* может быть опущено.) ➤ **совсем из ума выжить.** □ *Sally is getting as mad as a March hare.* □ *My Uncle Bill is mad as a March hare.*

as mad as a wet hen рассерженный. (Первое *as* может быть опущено. Можно предположить, что суетливая курица будет вне себя, если её облить водой.) ➤ **в бешенстве.** □ *Bob was screaming and shouting—as mad as a wet hen.* □ *What you said made Mary mad as a wet hen.*

as one о группе людей, действующих слаженно. (Особенно с глаголами *act, move,* или *speak*.) ➤ **как один.** □ *All the dancers moved as one.* □ *The chorus spoke as one.*

as plain as day (Первое *as* может быть опущено.) 1. обычный и простой на вид. □ *Although his face was as plain as day, his smile made him look interesting and friendly.* □ *Our house is plain as day, but it's comfortable.* 2. ясный и понятный. (Прозрачный как день.) ➤ **ясный как Божий день.** ☐ *The lecture was as plain as day. No one had to ask questions.* ☐ *His statement was plain as day.*

as plain as the nose on one's face совершенно очевидный; совершенно ясный. (Первое *as* может быть опущено.) ➤ **яснее ясного.** ☐ *What do you mean you don't understand? It's as plain as the nose on your face.* ☐ *Your guilt is plain as the nose on your face.*

as poor as a church mouse очень бедный. (Клише. Первое *as* может быть опущено. Предположительно, люди, работающие в церкви, бедные, а крыса, занимающая там самое скромное место, является самой бедной из них.) ➤ **беден как церковная крыса.** ☐ *My aunt is as poor as a church mouse.* ☐ *The Browns are poor as church mice.*

as pretty as a picture о чень красивая. (Клише. Первое *as* может быть опущено. Выражение сохранилось благодаря аллитерации.) ➤ **красивый как картинка (как на картинке).** ☐ *Sweet little Mary is as pretty as a picture.* ☐ *Their new house is pretty as a picture.*

as proud as a peacock чрезмерно горделивый; высокомерный. (Клише. Первое *as* может быть опущено. О красивых перьях на хвосте у павлина, которые он любит демонстрировать. Сохранилось благодаря аллитерации.) ➤ **важный (надутый) как павлин.** ☐ *John is so arrogant. He's as proud as a peacock.* ☐ *The new father was proud as a peacock.*

as quick as a wink молниеносно. (Клише. Первое *as* может быть опущено. О моргании глаза.) ➤ **в мгновение ока.** ☐ *As quick as a wink, the thief took the lady's purse.* ☐ *I'll finish this work quick as a wink.*

as quiet as a mouse очень тихий; застенчивый и молчаливый. (Часто о детях. Первое *as* может быть опущено.) ➤ **тихий как мышь; тише воды, ниже травы.** ☐ *Don't yell; whisper. Be as quiet as a mouse.* ☐ *Mary hardly ever says anything. She's quiet as a mouse.*

as regular as clockwork что-либо надёжно и регулярно

повторяющееся. (Первое *as* может быть опущено.) ➤ **с точностью часового механизма.** ☐ *She comes into this store every day, as regular as clockwork.* ☐ *Our tulips come up every year, regular as clockwork.*

as scarce as hens' teeth AND **scarcer than hens' teeth** скудный, редкий или вообще несуществующий. (Клише. Куры не имеют зубов. Первое *as* может быть опущено.) ➤ **по пальцам (можно) пересчитать что-либо.** ☐ *I've never seen one of those. They're as scarce as hens' teeth.* ☐ *I was told that the part needed for my car is scarcer than hens' teeth, and it would take a long time to find one.*

as sick as a dog очень больной; больной и с позывом к рвоте. (Первое *as* может быть опущено. О собаке, которая во время рвоты, испытывает сильные мучения.) ➤ **наизнанку выворачивает кого-либо.** ☐ *We've never been so ill. The whole family was sick as dogs.* ☐ *Sally was as sick as a dog and couldn't go to the party.*

as slippery as an eel увёртливый; ненадёжный. (Употребляется также в буквальном значении. Первое *as* может быть опущено.) ➤ **скользкий как угорь.** ☐ *Tom can't be trusted. He's as slippery as an eel.* ☐ *It's hard to catch Joe in his office because he's slippery as an eel.*

as smart as a fox находчивый и умный. (Первое *as* может быть опущено.) ➤ **хитёр как лиса.** ☐ *My nephew is as smart as a fox.* ☐ *You have to be smart as a fox to outwit me.*

as snug as a bug in a rug удобный и уютный. (Говорится, когда ребёнка укладывают спать. Первое *as* может быть опущено. Выражение сохранилось благодаря рифме.) ➤ **как медведь (медвежонок) в берлоге.** ☐ *Let's pull up the covers. There you are, Bobby, as snug as a bug in a rug.* ☐ *What a lovely little house! I know I'll be snug as a bug in a rug.*

as sober as a judge (Клише. Первое *as* может быть опущено.) 1. очень официальный, мрачный или надутый. ➤ **мрачнее тучи.** ☐ *You certainly look gloomy, Bill. You're sober as a judge.*

□ *Tom's as sober as a judge. I think he's angry.* 2. невыпивший; бдительный и совершенно трезвый. (Данная фраза трактуется иначе, чем первая.) ➤ **трезвый как стёклышко.** □ *John's drunk? No, he's as sober as a judge.* □ *You should be sober as a judge when you drive a car.*

as soft as a baby's bottom очень мягкий и гладкий на ощупь. (Первое *as* может быть опущено.) ➤ **мягкий как шёлк.** □ *This cloth is as soft as a baby's bottom.* □ *No, Bob doesn't shave yet. His cheeks are soft as a baby's bottom.*

as soon as possible как можно скорее. □ *I'm leaving now. I'll be there as soon as possible.* □ *Please pay me as soon as possible.*

as strong as an ox очень сильный. (Первое *as* может быть опущено.) ➤ **силён (здоров) как бык.** □ *Tom lifts weights and is as strong as an ox.* □ *Now that Ann has recovered from her illness, she's strong as an ox.*

as stubborn as a mule очень упрямый. (Первое *as* может быть опущено.) ➤ **упрям как осёл.** □ *My husband is as stubborn as a mule.* □ *Our cat is stubborn as a mule.*

as the crow flies напрямик по суше, а не окружным путём по дорогам, рекам и т. д. (Предполагается, что вороны при полёте выбирают кратчайший путь.) ➤ **по прямой линии.** □ *It's twenty miles to town on the highway, but only ten miles as the crow flies.* □ *Our house is only a few miles from the lake as the crow flies.*

as thick as pea soup очень густой. (Обычно о тумане. Первое *as* может быть опущено.) ➤ **густой как кисель.** □ *This fog is as thick as pea soup.* □ *Wow, this coffee is strong! It's thick as pea soup.*

as thick as thieves спаенные крепкой дружбой; закадычные друзья; союзники. (Клише. Первое *as* может быть опущено. Выражение сохранилось благодаря аллитерации.) ➤ **водой не разольёшь кого-либо.** □ *Mary, Tom, and Sally are as thick as thieves. They go everywhere together.* □ *Those two families are thick as thieves.*

as tight as a tick См. на AS FULL AS A TICK.

as tight as Dick's hatband очень узкий, тесный. ➤ **в обтяжку (в русском языке в основном об атрибутах одежды).** (Первое *as* может быть опущено. Устаревшее.) □ *I've got to lose some weight. My belt is as tight as Dick's hatband.* □ *This window is stuck tight as Dick's hatband.*

a stone's throw away близкое расстояние; относительно близкое расстояние. (О расстоянии в ярдах или милях.) ➤ **рукой подать.** □ *John saw Mary across the street, just a stone's throw away.* □ *Philadelphia is just a stone's throw away from New York City.*

as weak as a kitten слабенький; слабый и хилый. (Первое *as* может быть опущено. О новорождённом котёнке.) ➤ **еле-еле душа в теле у кого-либо; упадок сил у кого-либо.** □ *John is as weak as a kitten because he doesn't eat well.* □ *Oh! Suddenly I feel weak as a kitten.*

as white as the driven snow белоснежный. (Клише. Первое *as* может быть опущено.) ➤ **белый как снег.** □ *I like my bed sheets to be as white as the driven snow.* □ *We have a new kitten whose fur is white as the driven snow.*

as wise as an owl очень мудрый. (Первое *as* может быть опущено.) ➤ **мудр(ый) как Соломон.** □ *Grandfather is as wise as an owl.* □ *My goal is to be wise as an owl.*

at a premium по высокой цене; имеющий высокую цену (о высококачественных товарах). ➤ **по большой цене.** □ *Sally bought the shoes at a premium because they were of very high quality.* □ *This model of car is selling at a premium because so many people want to buy it.*

at a snail's pace очень медленно. ➤ **черепашьим шагом.** □ *When you watch a clock, time seems to move at a snail's pace.* □ *You always eat at a snail's pace. I'm tired of waiting for you.*

at death's door умирающий. (Эвфемизм. Литературный стиль.)

➤ **на пороге смерти.** ☐ *I was so ill that I was at death's door.* ☐ *The family dog was at death's door for three days, and then it finally died.*

at half-mast на полпути вверх или вниз. (В основном, о приспцщенных флагах. Может также в шутку употребляться и для обозначения других предметов.) ☐ *The flag was flying at half-mast because the general had died.* ☐ *Americans fly flags at half-mast on Memorial Day.* ☐ *The little boy ran out of the house with his pants at half-mast.*

at loggerheads в оппозиции; в тупике; в ссоре. ➤ **на ножах.** ☐ *Mr. and Mrs. Franklin have been at loggerheads for years.* ☐ *The two political parties were at loggerheads during the entire legislative session.*

at loose ends беспокойный и неуровновешенный; безработный. ➤ **(болтаться) без дела; не у дел.** ☐ *Just before school starts, all the children are at loose ends.* ☐ *When Tom is home on the weekends, he's always at loose ends.* ☐ *Jane has been at loose ends ever since she lost her job.*

at one fell swoop AND **in one fell swoop** за один раз; сразу. (В выражении сохранилось старое значение слово *fell*, обозначающее "ужасный" или "смертельный". В настоящее время клише, иногда с юмористическим оттенком.) ➤ **не переводя дыхания; одним махом.** ☐ *The party guests ate up all the snacks at one fell swoop.* ☐ *When the stock market crashed, many large fortunes were wiped out in one fell swoop.*

at one's wit's end на пределе своих умственный возможностей. ➤ **ум за разум заходит у кого-либо.** ☐ *I'm at my wit's end with this problem. I cannot figure it out.* ☐ *Tom could do no more. He was at his wit's end.*

at sea (about something) в замешательстве; растерянный и озадаченный. (Будто затерявшийся в море.) ➤ **в полной растерянности; как в лесу.** ☐ *Mary is all at sea about getting married.* ☐ *When it comes to higher math, John is totally at sea.*

at sixes and sevens в беспорядке; растерянный и озадаченный. (Заимствовано из азартной игры в кости.) ➤ **в разобранном состоянии.** □ *Mrs. Smith is at sixes and sevens since the death of her husband.* □ *Bill is always at sixes and sevens when he's home by himself.*

at someone's doorstep AND **on someone's doorstep** на чьём-либо попечении; на чьей-либо ответственности. (Не в буквальном смысле.) ➤ **на чьи-либо плечи.** □ *Why do you always have to lay your problems at my doorstep?* □ *I shall put this issue on someone else's doorstep.* □ *I don't want it on my doorstep.*

at the bottom of the ladder (начинать) с самой маленькой зарплаты и самого низкого общественного положения. ➤ **с самой низшей ступени.** □ *Most people start work at the bottom of the ladder.* □ *When Ann got fired, she had to start all over again at the bottom of the ladder.*

at the drop of a hat немедленно и без принуждения. ➤ **по первому зову.** □ *John was always ready to go fishing at the drop of a hat.* □ *If you need help, just call on me. I can come at the drop of a hat.*

at the eleventh hour в самый последний момент. □ *She always turned her term papers in at the eleventh hour.* □ *We don't worry about death until the eleventh hour.*

at the end of one's rope AND **at the end of one's tether** на пределе терпения. ➤ **доходить/дойти до точки.** □ *I'm at the end of my rope! I just can't go on this way!* □ *These kids are driving me out of my mind. I'm at the end of my tether.*

at the end of one's tether См. предыдущую словарную статью.

at the last minute в самую последнюю минуту. □ *Please don't make reservations at the last minute.* □ *Why do you ask all your questions at the last minute?*

at the outside самое большее. □ *The car repairs will cost $300 at the outside.* □ *I'll be there in three weeks at the outside.*

at the top of one's lungs См. следующую словарную статью.

at the top of one's voice AND **at the top of one's lungs** очень громким голосом; говорить или кричать очень громко. ➤ **во весь голос.** ☐ *Bill called to Mary at the top of his voice.* ☐ *How can I work when you're all talking at the top of your lungs?*

at this stage (of the game) на данном этапе развития; в настоящее время. ☐ *We'll have to wait and see. There isn't much we can do at this stage of the game.* ☐ *At this stage, we are better off not calling the doctor.*

average, on the См. ON THE AVERAGE.

A watched pot never boils. пословица, означающая, что, когда ждёшь, время тянется особенно медленно. (О воде, которая, закипает особенно долго, когда ждёшь. О том, за чем человек пристально наблюдает.) ➤ **Кто над чайником стоит, у того он не кипит.** ☐ *John was looking out the window, waiting eagerly for the mail to be delivered. Ann said, "Be patient. A watched pot never boils."* ☐ *Billy weighed himself four times a day while he was trying to lose weight. His mother said, "Relax. A watched pot never boils."*

away from one's desk об отсутствующем человеке, который не может подойти к телефону; о человеке, которого нет на своём месте. (Иногда эту фразу произносит тот, кто берёт трубку в офисе. Это значит, что человек, которому звонят, не может подойти к телефону по личным или служебным соображениям. В основном, это означает, что человек находится в туалете.) ☐ *I'm sorry, but Ann is away from her desk just now. Can you come back later?* ☐ *Tom is away from his desk, but if you leave your number, he will call you right back.*

ax to grind, have an См. HAVE AN AX TO GRIND.

B

babe in the woods наивный или невинный человек; неопытный человек. ➤ **наивен как ребёнок; не иметь опыта в чём-либо.** ☐ *Bill is a babe in the woods when it comes to dealing with plumbers.* ☐ *As a painter, Mary is fine, but she's a babe in the woods as a musician.*

back in circulation 1. снова стать доступным для широкой массы людей. (То, что может циркулировать, как, например, деньги, библиотечные книги, журналы.) ➤ **снова в обращении.** ☐ *I've heard that gold coins are back in circulation in Europe.* ☐ *I would like to read* War and Peace. *Is it back in circulation, or is it still checked out?* 2. снова стать активным в общественной жизни; начать встречаться со своим (своей) возлюбленным (возлюбленной) после разрыва. ☐ *Now that Bill is a free man, he's back in circulation.* ☐ *Tom was in the hospital for a month, but now he's back in circulation.*

back-to-back 1. касаясь друг друга спинами. ➤ **спина к спине.** ☐ *They started the duel by standing back-to-back.* ☐ *Two people who stand back-to-back can manage to see in all directions.* 2. следующий непосредственно за другим. (О вещах или событиях. В этом случае конец одного события, фигурально выражаясь, является началом другого.) ➤ **один за другим.** ☐ *The doctor had appointments set up back-to-back all day long.* ☐ *I have three lecture courses back-to-back every day of the week.*

back to the drawing board пора начать всё сначала; пора наметить что-либо заново. (Обратите внимание на вариации в примерах. О чертёжном столе, за которым проектируются чертежи.) ➤ **начинать/начать что-либо от печки.** □ *It didn't work. Back to the drawing board.* □ *I flunked English this semester. Well, back to the old drawing board.*

back to the salt mines время вернуться на работу, в школу, или к чему-либо другому, возможно, неприятному. (Предполагается, что говорящий—раб, работающий на соляных копях.) ➤ **снова за каторжный труд.** □ *It's eight o'clock. Time to go to work! Back to the salt mines.* □ *School starts again in the fall, and then it's back to the salt mines again.*

back to the wall, have one's См. HAVE ONE'S BACK TO THE WALL.

bad as all that, as См. AS BAD AS ALL THAT.

bad faith, in См. IN BAD FAITH.

bad sorts, in См. IN BAD SORTS.

bad taste, in См. IN BAD TASTE.

bag and baggage AND **part and parcel** с багажом; со всем имуществом. (Устойчивые фразы.) ➤ **со всем скарбом.** □ *Sally showed up at our door bag and baggage one Sunday morning.* □ *All right, if you won't pay the rent, out with you, bag and baggage!* □ *Get all your stuff—part and parcel—out of here!*

bag of tricks набор всяческих трюков и фокусов. □ *What have you got in your bag of tricks that could help me with this problem?* □ *Here comes Mother with her bag of tricks. I'm sure she can help us.*

bang, go over with a См. GO OVER WITH A BANG.

bang one's head against a brick wall См. на BEAT ONE'S HEAD AGAINST THE WALL.

bank on something рассчитывать на что-либо; полагаться на что-либо. (Доверять чему-либо, как своему банку.) ➤ **делать/сделать ставку на что-либо.** □ *The weather service said it wouldn't rain, but I wouldn't bank on it.* □ *My word is to be trusted. You can bank on it.*

bargain, in the См. IN THE BARGAIN.

bark up the wrong tree сделать неправильный выбор; обратиться не к тому, к кому следует; идти по ложному следу. (Об охотничьей собаке, которая загнала добычу к дереву, но стоит, лая или рыча, у другого дерева.) ➤ **обращаться/обратиться не по адресу.** □ *If you think I'm the guilty person, you're barking up the wrong tree.* □ *The baseball players blamed their bad record on the pitcher, but they were barking up the wrong tree.*

base, off См. OFF BASE.

bat for someone, go to См. GO TO BAT FOR SOMEONE.

bat out of hell, like a См. LIKE A BAT OUT OF HELL.

bats in one's belfry, have См. HAVE BATS IN ONE'S BELFRY.

batting an eye, without См. WITHOUT BATTING AN EYE.

be a copycat подражать действиям другого человека. (Обычно о подростках.) □ *Sally wore a pink dress just like Mary's. Mary called Sally a copycat.* □ *Bill is such a copycat. He bought a coat just like mine.*

be a fan of someone быть чьим-либо сторонником; боготворить кого-либо. (Слово *fan* от слова *fanatic* [приверженец].) ➤ **души не чаять в ком-либо.** □ *My mother is still a fan of the Beatles.* □ *I'm a great fan of the mayor of the town.*

beard the lion in his den встретиться лицом к лицу с опасным противником его территории. (Дразнить кого-либо или угрожать кому-либо, будто кто-то ухватился за бороду страшного существа, например, льва.) ☐ *I went to the tax collector's office to beard the lion in his den.* ☐ *He said he hadn't wanted to come to my home, but it was better to beard the lion in his den.*

bear one's cross AND **carry one's cross** нести или выносить на себе тяжесть; терпеть лишения. (Библейского происхождения. Выражение всегда имеет переносный смысл, однако в Библии оно употребляется в буквальном значении.) ➤ **нести (свой) крест.** ☐ *It's a very bad disease, but I'll bear my cross.* ☐ *I can't help you with it. You'll just have to carry your cross.*

bear someone or something in mind См. KEEP SOMEONE OR SOMETHING IN MIND.

bear the brunt (of something) принимать на себя или выдерживать главный удар, например, атаку. ➤ **выносить/вынести на себе всю тяжесть чего-либо.** ☐ *I had to bear the brunt of her screaming and yelling.* ☐ *Why don't you talk with her the next time? I'm tired of bearing the brunt.*

bear watching то, что требует наблюдения; то, за чем нужен присмотр. (Глагол—*to bear* означает "требовать".) ➤ **нужен глаз да глаз за чем-либо или чем-либо.** ☐ *This problem will bear watching.* ☐ *This is a very serious disease, and it will bear watching for further developments.*

beat about the bush См. на BEAT AROUND THE BUSH.

beat a dead horse продолжать бороться за то, что уже выиграно; продолжать спорить о том, что уже решено. (Фраза означает, что как ни бить мёртвую лошадь, она всё равно уже не будет двигаться.) ➤ **(всё равно, что) толочь воду в ступе.** ☐ *Stop arguing! You have won your point. You are just beating a dead horse.* ☐ *Oh, be quiet. Stop beating a dead horse.*

beat a path to someone's door [о людях] ходить к кому-либо толпами. (О людях, которые навещают кого-либо или приходят к кому-либо в дом так часто и в таком количестве, что протирают дорожку к двери.) ➤ **обивать чьи-либо пороги.** ☐ *I have a product so good that everyone is beating a path to my* *door.* □ *If you really become famous, people will beat a path to your door.*

beat around the bush AND **beat about the bush** избегать ответа на вопрос; уклоняться; попусту тратить время. ➤ **ходить вокруг да около.** □ *Stop beating around the bush and answer my question.* □ *Let's stop beating about the bush and discuss this matter.*

be a thorn in someone's side постоянно надоедать кому-либо или быть источником постоянного раздражения. ➤ **надоесть до чёртиков кому-либо; как бельмо на глазу у кого-либо.** □ *This problem is a thorn in my side. I wish I had a solution to it.* □ *John was a thorn in my side for years before I finally got rid of him.*

beat one's head against the wall AND **bang one's head against a brick wall** попусту тратить время, стараясь выполнить что-либо совершенно невыполнимое. (Не в буквальном смысле.) ➤ **(всё равно, что) лбом стену прошибать.** □ *You're wasting your time trying to fix up this house. You're just beating your head against the wall.* □ *You're banging your head against a brick wall trying to get that dog to behave properly.*

beat the gun успеть сделать что-либо до финального свистка. (Взято из спорта. О голе, который забивается на последней секунде игры.) □ *The ball beat the gun and dropped through the hoop just in time.* □ *Tom tried to beat the gun, but he was one second too slow.*

Beauty is only skin deep. пословица, означающая, что судить по наружности—значит судить поверхностно. (Часто подразумевается, что за красивой наружностью может скрываться жестокий человек.) ➤ **Наружность—обманчива.** □ BOB: *Isn't Jane lovely?* TOM: *Yes, but beauty is only skin deep.* □ *I know that she looks like a million dollars, but beauty is only skin deep.*

be down on one's luck испытывать временные неудачи; испытывать материальные затруднения, вызванные полосой неудач. ➤ **быть на мели.** ☐ *He was down on his luck and needed some money.* ☐ *I try to help people when they are down on their luck.*

bee in one's bonnet, have a См. HAVE A BEE IN ONE'S BONNET.

been through the mill много испытавший; уставший. (Подобно зерну, которое при помолке превращается в порошок.) ➤ **как выжатый лимон; побывать в переделках.** ☐ *This has been a rough day. I've really been through the mill.* ☐ *This old car is banged up, and it hardly runs. It's been through the mill.*

before you can say Jack Robinson моментально. (Часто встречается в книжках для детей.) ➤ **не успеть и глазом моргнуть.** ☐ *And before you could say Jack Robinson, the bird flew away.* ☐ *I'll catch a plane and be there before you can say Jack Robinson.*

be from Missouri требовать доказательств; вынуждать кого-либо предъявить что-либо. (*"Show Me State"*—прозвище штата Миссури, где верят только предъявленным доказательствам.) ➤ **верить только своим глазам.** ☐ *You'll have to prove it to me. I'm from Missouri.* ☐ *She's from Missouri and has to be shown.*

Beggars can't be choosers. пословица, означающая, что не следует критиковать подарки; у того, кто просит, нет выбора. ➤ **Беднякам выбирать не приходится.** ☐ *I don't like the old hat that you gave me, but beggars can't be choosers.* ☐ *It doesn't matter whether people like the free food or not. Beggars can't be choosers.*

begin to see daylight о длительной работе, которая приближается к концу. (Будто встречаешь рассвет после долгой ночи за работой.) ➤ **видеть/увидеть просвет.** ☐ *I've been working on my thesis for two years, and at last I'm beginning to see daylight.* ☐ *I've been so busy. Only in the last week have I begun to see daylight.*

begin to see the light прозреть, понять, в чём дело. ➤ **у кого-либо словно пелена спадает (спала) с глаз.** ☐ *My algebra class is hard for me, but I'm beginning to see the light.* ☐ *I was totally confused, but I began to see the light after your explanation.*

be halfhearted (about someone or something) не проявлять особой заинтересованности в ком-либо или в чём-либо. ➤ **быть равнодушным к кому-либо или к чему-либо.** □ *Ann was halfhearted about the choice of Sally for president.* □ *She didn't look halfhearted to me. She looked angry.*

believe it or not хочешь верь, хочешь нет. □ *Believe it or not, I just got home from work.* □ *I'm over fifty years old, believe it or not.*

bench, on the См. ON THE BENCH.

bend, go (a)round the См. GO (A)ROUND THE BEND.

bend someone's ear говорить с кем-либо, возможно, надоедливо. (Не в буквальном смысле. До уха никто не дотрагивается.) ➤ **мучить/замучить кого-либо своими разговорами.** □ *Tom is over there, bending Jane's ear about something.* □ *I'm sorry. I didn't mean to bend your ear for an hour.*

be old hat быть старомодным; отстать от моды. (Относится ко всему, кроме шляпы, то есть, к тому, что, подобно старомодной шляпе, устарело.) ➤ **(это) вчерашний день.** □ *That's a silly idea. It's old hat.* □ *Nobody does that anymore. That's just old hat.*

be poles apart сильно отличаться друг от друга; быть диаметрально противоположными. (О северном и южном полюсах, которые считаются самыми крайними точками на земле.) ➤ **далеки друг от друга, как два полюса.** □ *Mr. and Mrs. Jones don't get along well. They are poles apart.* □ *They'll never sign the contract because they are poles apart.*

be the spit and image of someone AND **be the spitting image of someone** быть очень похожим на кого-либо; сильно напоминать кого-либо внешне. ➤ **походить на кого-либо как две капли воды.** □ *John is the spit and image of his father.* □ *I'm not the spit and image of anyone.* □ *At first, I thought you were saying spitting image.*

be the spitting image of someone См. предыдущую словарную статью.

be the teacher's pet быть любимцем преподавателя. (О ком-либо, к кому относятся, как к своему любимому домашнему животному, например, к кошке или собаке.) □ *Sally is the teacher's pet. She always gets special treatment.* □ *The other students don't like the teacher's pet.*

between a rock and a hard place AND **between the devil and the deep blue sea** в трудном положении; перед трудным выбором. ➤ **между двух огней.** □ *I couldn't make up my mind. I was caught between a rock and a hard place.* □ *He had a dilemma on his hands. He was clearly between the devil and the deep blue sea.*

between the devil and the deep blue sea См. предыдущую словарную статью.

beyond one's depth 1. (заплыть) далеко вглубь. (В буквальном смысле.) □ *Sally swam out until she was beyond her depth.* □ *Jane swam out to get her even though it was beyond her depth, too.* 2. выше чьего-либо понимания или возможностей. ➤ **не по зубам кому-либо.** □ *I'm beyond my depth in algebra class.* □ *Poor John was involved in a problem that was really beyond his depth.*

beyond one's means выходить из бюджета. ➤ **не по карману; не по средствам.** □ *I'm sorry, but this house is beyond our means. Please show us a cheaper one.* □ *Mr. and Mrs. Brown are living beyond their means.*

beyond the pale недопустимый; неприемлимый ➤ **за пределами границ.** □ *Your behavior is simply beyond the pale.* □ *Because of Tom's rudeness, he's considered beyond the pale and is never asked to parties anymore.*

big frog in a small pond выделяться на фоне менее важных людей. ➤ **великан среди пигмеев.** □ *I'd rather be a big frog in a small pond than the opposite.* □ *The trouble with Tom is that he's a big frog in a small pond. He needs more competition.*

big mouth, have a См. HAVE A BIG MOUTH.

bird in the hand is worth two in the bush, A. См. A BIRD IN THE HAND IS WORTH TWO IN THE BUSH.

birds and the bees размножение человеческого рода. (Эвфемизм, обозначающий секс и размножение людей.) □ *My father tried to teach me about the birds and the bees.* □ *He's twenty years old and doesn't understand about the birds and the bees.*

Birds of a feather flock together. пословица, означающая, что люди одного склада обычно сходятся. ➤ **Рыбак рыбака видит издалека.** □ *Bob and Tom are just alike. They like each other's company because birds of a feather flock together.* □ *When Mary joined a club for redheaded people, she said, "Birds of a feather flock together."*

birthday suit, in one's См. IN ONE'S BIRTHDAY SUIT.

bite off more than one can chew браться за непосильное дело; быть слишком самоуверенным. (В буквальном смысле о пище, а в переносном—о других вещах, в особенности, о каких-либо трудных проектах.) ➤ **переоценивать/переоценить свои силы.** □ *Billy, stopping biting off more than you can chew. You're going to choke on your food someday.* □ *Ann is exhausted again. She's always biting off more than she can chew.*

bite one's nails нервничать или волноваться; кусать ногти на нервной почве. (Употребляется как в буквальном, так и в переносном смысле.) ➤ **не находить себе места.** □ *I spent all afternoon biting my nails, worrying about you.* □ *We've all been biting our nails from worry.*

bite one's tongue стараться воздержаться от желания высказаться. (В буквальном смысле употребляется только в том случае, если кто-нибудь действительно прикусит свой язык.) ➤ **прикусить язык.** □ *I had to bite my tongue to keep from telling her what I really thought.* □ *I sat through that whole conversation biting my tongue.*

bite the dust упасть; умереть. (Выражение обычно встречалось в кинофильмах о западной границе Америки.) ➤ **упасть**

навзничь; отдать концы. □ *A bullet hit the sheriff in the chest, and he bit the dust.* □ *Poor old Bill bit the dust while mowing the lawn. They buried him yesterday.*

bite the hand that feeds one платить кому-либо чёрной неблагодарностью. (Не в буквальном смысле. О неблагодарной собаке.) ➤ **отвечать чёрной неблагодарностью.** □ *I'm your mother! How can you bite the hand that feeds you?* □ *She can hardly expect much when she bites the hand that feeds her.*

black and white, in См. IN BLACK AND WHITE.

black, in the См. IN THE BLACK.

black sheep of the family самый дурной член семьи. (Чёрная овца нежеланна в стаде белых овец.) ➤ **паршивая овца.** □ *Mary is the black sheep of the family. She's always in trouble with the police.* □ *He keeps making a nuisance of himself. What do you expect from the black sheep of the family?*

blind alley, up a См. UP A BLIND ALLEY.

blind as a bat, as См. AS BLIND AS A BAT.

blind leading the blind о ситуации, когда люди, которые сами не разбираются в чем-либо, поучают других. ➤ **Слепой ведёт слепого.** □ *Tom doesn't know anything about cars, but he's trying to teach Sally how to change the oil. It's a case of the blind leading the blind.* □ *When I tried to show Mary how to use a computer, it was the blind leading the blind.*

block, on the См. ON THE BLOCK.

blood, in the См. IN THE BLOOD.

blow off steam См. на LET OFF STEAM.

blow one's own horn См. на TOOT ONE'S OWN HORN.

blow someone's cover раскрыть чью-либо истинную сущность или намерения. (Неофициальный стиль или слэнг.) ➤ **выводить/вывести кого-либо на чистую воду.** □ *The spy was very careful not to blow her cover.* □ *I tried to disguise myself, but my dog recognized me and blew my cover.*

blow something out of all proportion См. на OUT OF ALL PROPORTION.

blow the whistle (on someone) сообщить о нарушении тому, кто может его пресечь (например, полиции). (Будто кто-то свистит в полицейский свисток.) □ *The citizens' group blew the whistle on the street gangs by calling the police.* □ *The gangs were getting very bad. It was definitely time to blow the whistle.*

blue, out of the См. OUT OF THE BLUE.

boggle someone's mind ошеломлять кого-либо; нарушать ход чьих-либо мыслей; удивлять кого-либо. ➤ **потрясать/ потрясти чьё-либо воображение.** □ *The size of the house boggles my mind.* □ *She said that his arrogance boggled her mind.*

bolt out of the blue, like a См. LIKE A BOLT OUT OF THE BLUE.

bone of contention предмет или вопрос спора; нерешённый предмет разногласий. (Как, например, кость, из-за которой дерутся собаки.) ➤ **яблоко раздора.** □ *We've fought for so long that we've forgotten what the bone of contention is.* □ *The question of a fence between the houses has become quite a bone of contention.*

bone to pick (with someone), have a См. HAVE A BONE TO PICK (WITH SOMEONE).

born with a silver spoon in one's mouth иметь много преимуществ при рождении; родиться в богатой семье; обладать большим богатством уже при рождении. ➤ **родиться в сорочке.** □ *Sally was born with a silver spoon in her mouth.* □ *I'm glad I was not born with a silver spoon in my mouth.*

born yesterday, not См. NOT BORN YESTERDAY.

both hands tied behind one's back, with См. WITH BOTH HANDS TIED BEHIND ONE'S BACK.

bottom of one's heart, from the См. FROM THE BOTTOM OF ONE'S HEART.

bottom of the ladder, at the См. AT THE BOTTOM OF THE LADDER.

bound hand and foot о человеке, у которого связаны руки и ноги. □ *The robbers left us bound hand and foot.* □ *We remained bound hand and foot until the maid found us and untied us.*

bow and scrape раболепствовать и низкопоклонничать. (Низко кланяться, касаясь земли. Обычно не в буквальном смысле.) ➤ **вилять хвостом (перед кем-либо).** □ *Please don't bow and scrape. We are all equal here.* □ *The salesclerk came in, bowing and scraping, and asked if he could help us.*

bread and butter средства или источник существования. (Источник заработка, обеспечивающий хлеб, масло или другую еду.) ➤ **хлеб насущный; "хлебное место."** □ *Selling cars is a lot of hard work, but it's my bread and butter.* □ *It was hard to give up my bread and butter, but I felt it was time to retire.*

break camp свернуть место привала; упаковаться и уехать. ➤ **сняться с лагеря.** □ *Early this morning we broke camp and moved on northward.* □ *Okay, everyone. It's time to break camp. Take those tents down and fold them neatly.*

break new ground начинать новое дело; быть новатором. ➤ **прокладывать/проложить новый путь.** □ *Dr. Anderson was breaking new ground in cancer research.* □ *They were breaking new ground in consumer electronics.*

break one's back (to do something) См. следующую словарную статью.

break one's neck (to do something) AND **break one's back (to do something)** очень стараться сделать что-либо. (Не употребляется в буквальном смысле.) ➤ **разбиваться/**

· **разбиться в лепёшку.** □ *I broke my neck to get here on time.* □ *That's the last time I'll break my neck to help you.* □ *There is no point in breaking your back. Take your time.*

break out in a cold sweat вспотеть от лихорадки, страха или беспокойства; внезапно покрыться потом. ➤ **в холодный пот бросает (ударяет) кого-либо.** □ *I was so frightened I broke out in a cold sweat.* □ *The patient broke out in a cold sweat.*

break (out) into tears AND **break out in tears** расплакаться. □ *I was so sad that I broke out into tears.* □ *I always break into tears at a funeral.* □ *It's hard not to break out in tears under those circumstances.*

break someone's fall поддерживать кого-либо при падении; облегчать чьё-либо падение. □ *When the little boy fell out of the window, the bushes broke his fall.* □ *The old lady slipped on the ice, but a snowbank broke her fall.*

break someone's heart сильно огорчать кого-либо. (Не в буквальном смысле.) ➤ **разбивать/разбить чьё-либо сердце.** □ *It just broke my heart when Tom ran away from home.* □ *Sally broke John's heart when she refused to marry him.*

break the ice положить начало светской беседе; положить начало чему-либо. (Слово *ice* иногда означает отчуждённость, присутствующую на официальных приёмах. Также употребляется в буквальном смысле.) ➤ **растопить (сломать) лёд.** □ *Tom is so outgoing. He's always the first one to break the ice at parties.* □ *It's hard to break the ice at formal events.* □ *Sally broke the ice by bidding $20,000 for the painting.*

break the news (to someone) сообщать кому-либо важную новость, обычно неприятную. ➤ **ставить/поставить кого-либо в известность.** □ *The doctor had to break the news to Jane about her husband's cancer.* □ *I hope that the doctor broke the news gently.*

breathe down someone's neck 1. пристально следить за кем-либо; следить за чьими-либо действиями. (О человеке, который стоит за спиной другого. Может употребляться в буквальном смысле.) ➤ **стоять над чьей-либо душой.** ☐ *I can't work with you breathing down my neck all the time. Go away.* ☐ *I will get through my life without your help. Stop breathing down my neck.* **2.** подгонять кого-либо; заставлять кого-либо закончить что-либо к сроку. (Не обязательно о человеке. Смотри второй пример.) ➤ **стоять над чьей-либо душой; висеть на носу у кого-либо.** ☐ *I have to finish my taxes today. The tax collector is breathing down my neck.* ☐ *I have a deadline breathing down my neck.*

breathe one's last умереть; отдать Богу душу. ➤ **испустить дух.** ☐ *Mrs. Smith breathed her last this morning.* ☐ *I'll keep running every day until I breathe my last.*

bring something to light обнародовать что-либо; выявить что-либо. (Будто кто-то выносит на дневной свет ранее скрытый предмет.) ➤ **выпускать/выпустить что-либо в свет.** ☐ *The scientists brought their findings to light.* ☐ *We must bring this new evidence to light.*

bring the house down AND **bring down the house** вызывать смех и/или аплодисменты в театре. (Не в буквальном смысле.) ➤ **вызывать/вызвать гром аплодисментов.** ☐ *This is a great joke. The last time I told it, it brought the house down.* ☐ *It didn't bring down the house; it emptied it.*

bring up the rear замыкать шествие; быть последним. (Первоначально о марширующих солдатах.) ➤ **замыкать шествие.** ☐ *Here comes John, bringing up the rear.* ☐ *Hurry up, Tom! Why are you always bringing up the rear?*

broad daylight, in См. IN BROAD DAYLIGHT.

brush with something, have a См. HAVE A BRUSH WITH SOMETHING.

build castles in Spain См. следующую словарную статью.

build castles in the air AND **build castles in Spain** мечтать; строить нереальные планы. (Данные фразы не употребляются в буквальном смысле.) ➤ **строить воздушные замки.** ☐ *Ann spends most of her time building castles in Spain.* ☐ *I really like to sit on the porch in the evening, just building castles in the air.*

bull in a china shop неуклюжий человек, который часто разбивает всё вокруг; беспечный или нетактичный человек. (Фарфор—фаянсовая посуда высокого качества.) ➤ **неуклюжий как слон.** ☐ *Look at Bill, as awkward as a bull in a china shop.* ☐ *Get that big dog out of my garden. It's like a bull in a china shop.* ☐ *Bob is so rude, a regular bull in a china shop.*

bullpen, in the См. IN THE BULLPEN.

bump on a log, like a См. LIKE A BUMP ON A LOG.

burn one's bridges (behind one) 1. принимать бесповоротное решение. ➤ **сжигать/сжечь за собой мосты.** ☐ *If you drop out of school now, you'll be burning your bridges behind you.* ☐ *You're too young to burn your bridges that way.* 2. вести себя где-либо неподобающе и таким образом лишать себя возможности вернуться туда. ➤ **сжигать/сжечь за собой мосты.** ☐ *If you get mad and quit your job, you'll be burning your bridges behind you.* ☐ *No sense burning your bridges. Be polite and leave quietly.* 3. отрезать себе путь к отступлению. ➤ **сжигать/сжечь за собой мосты (корабли).** ☐ *The army, which had burned its bridges behind it, couldn't go back.* ☐ *By blowing up the road, the spies had burned their bridges behind them.*

burn someone at the stake 1. сжигать привязанного к столбу человека (форма экзекуции). ☐ *They used to burn witches at the stake.* ☐ *Look, officer, I only ran a stop sign. What are you going to do, burn me at the stake?* 2. сильно наказать или осудить кого-либо, не применяя насилия. ➤ **ругать/выругать кого-либо, на чём свет стоит.** ☐ *Stop yelling. I made a simple mistake, and you're burning me at the stake for it.* ☐ *Sally only spilled her milk. There is no need to shout. Don't burn her at the stake for it.*

burn someone or something to a crisp сжигать кого-либо или что-либо целиком или до черноты. ➤ **сжигать/сжечь кого-**

либо или что-либо дотла. □ *The flames burned him to a crisp.* □ *The cook burned the meat to a crisp.*

burn the candle at both ends много работать и засиживаться до поздней ночи. (Сжигать свечу или в переносном смысле себя.) ➤ **надрывать/надорвать свои силы.** □ *No wonder Mary is ill. She has been burning the candle at both ends for a long time.* □ *You can't keep on burning the candle at both ends.*

burn the midnight oil работать по ночам, особенно, заниматься по ночам. (В старое время работали при свете керосиновой лампы.) ➤ **заниматься (работать) до глубокой ночи.** □ *I have to go home and burn the midnight oil tonight.* □ *If you burn the midnight oil night after night, you'll probably become ill.*

burn with a low blue flame быть очень рассерженным. (О воображаемой жаре, вызванной сильным гневом. Синее и низкое пламя очень горячее несмотря на то, что оно слабое и спокойное.) ➤ **смотреть зверем.** □ *By the time she showed up three hours late, I was burning with a low blue flame.* □ *Whenever Ann gets mad, she just presses her lips together and burns with a low blue flame.*

burst at the seams 1. [о ком-либо] лопаться (в переносном смысле) от гордости или смеха. ➤ **лопаться/лопнуть от гордости (от смеха).** □ *Tom nearly burst at the seams with pride.* □ *We laughed so hard we just about burst at the seams.* 2. лопаться от скученности или перенасыщения. □ *The room was so crowded that it almost burst at the seams.* □ *I ate so much I almost burst at the seams.*

burst with joy быть переполненным чувством радости. ➤ **быть вне себя от радости.** □ *When I got my grades, I could have burst with joy.* □ *Joe was not exactly bursting with joy when he got the news.*

bury one's head in the sand AND **hide one's head in the sand** не обращать внимания на надвигающуюся опасность или прятаться от неё. (О страусе, у которого, как представляется, голова зарыта в песок или в землю.) ➤ **придерживаться**

страусовой политики. ☐ *Stop burying your head in the sand. Look at the statistics on smoking and cancer.* ☐ *And stop hiding your head in the sand. All of us will die somehow, whether we smoke or not.*

bury the hatchet прекращать вражду или спор; положить конец старой неприязни. (О томагавке, который, будучи зарытым в землю, символизирует прекращение войны или сражения.) ➤ **заключать/заключить перемирие.** ☐ *All right, you two. Calm down and bury the hatchet.* ☐ *I wish Mr. and Mrs. Franklin would bury the hatchet. They argue all the time.*

business, go about one's См. GO ABOUT ONE'S BUSINESS.

busy as a beaver, as См. AS BUSY AS A BEAVER.

busy as a bee, as См. AS BUSY AS A BEE.

busy as Grand Central Station, as См. AS BUSY AS GRAND CENTRAL STATION.

button one's lip замолчать и продолжать хранить молчание. (Часто употребляется при обращении к детям.) ➤ **набирать/набрать в рот воды.** ☐ *All right now, let's button our lips and listen to the story.* ☐ *Button your lip, Tom! I'll tell you when you can talk.*

button, on the См. ON THE BUTTON.

buy a pig in a poke покупать или принимать что-либо, не глядя. (*Poke* обозначает "сумку" ог "мешок".) ➤ **покупать/купить кота в мешке.** ☐ *Buying a car without test-driving it is like buying a pig in a poke.* ☐ *He bought a pig in a poke when he ordered a diamond ring by mail.*

buy something поверить кому-либо; принять что-либо за факт. (Также употребляется в буквальном смысле.) ➤ **попадаться/попасться на удочку кому-либо.** ☐ *It may be true, but I don't buy it.* ☐ *I just don't buy the idea that you can swim that far.*

buy something for a song приобретать что-либо по маленькой цене. ➤ **покупать/купить что-либо за гроши.** □ *No one else wanted it, so I bought it for a song.* □ *I could buy this house for a song, because it's so ugly.*

buy something sight unseen покупать что-либо, не глядя. ➤ **покупать/купить что-либо за глаза.** □ *I bought this land sight unseen. I didn't know it was so rocky.* □ *It isn't usually safe to buy something sight unseen.*

by a hair's breadth AND **by a whisker** чуть-чуть; на волосок (от кого-либо). ➤ **на волосок (от кого-либо).** □ *I just missed getting on the plane by a hair's breadth.* □ *The arrow missed the deer by a whisker.*

by a whisker См. предыдущую словарную статью.

by leaps and bounds очень быстро; большими скачками. (Употребляется в буквальном смысле, но редко.) ➤ **не по дням, а по часам.** □ *Our garden is growing by leaps and bounds.* □ *The profits of my company are increasing by leaps and bounds.*

by return mail со следующей почтой (обратно к отправителю). (Выражение означает, что отправитель ожидает быстрого ответа по почте.) ➤ **с обратной почтой.** □ *Since this bill is overdue, would you kindly send us your check by return mail?* □ *I answered your request by return mail over a year ago. Please check your records.*

by the nape of the neck за заднюю часть шеи. (Об угрозе всерьёз или в шутку. Схватить кого-либо, как щенка за загривок.) ➤ **за шиворот.** □ *He grabbed me by the nape of the neck and told me not to turn around if I valued my life. I stood very still.* □ *If you do that again, I'll pick you up by the nape of the neck and throw you out the door.*

by the same token так же; взаимно. ➤ **равным образом.** □ *Tom must be good when he comes here, and, by the same token, I expect you to behave properly when you go to his house.* □ *The mayor votes* *for his friend's causes. By the same token, the friend votes for the mayor's causes.*

by the seat of one's pants по счастливой случайности и не имея большого опыта; еле-еле. (Часто с глаголом *to fly,* летать.) ➤ **с грехом пополам.** □ *I got through school by the seat of my pants.* □ *The jungle pilot spent most of his days flying by the seat of his pants.*

by the skin of one's teeth еле-еле; на количество, равное толщине (воображаемой) кожи на зубах. □ *I got through that class by the skin of my teeth.* □ *I got to the airport late and missed the plane by the skin of my teeth.*

by the sweat of one's brow благодаря своим усилиям; благодаря своему труду. ➤ **в поте лица.** □ *Tom raised these vegetables by the sweat of his brow.* □ *Sally polished the car by the sweat of her brow.*

by virtue of something благодаря чему-либо; на основании чего-либо. ➤ **в силу чего-либо.** □ *She's permitted to vote by virtue of her age.* □ *They are members of the club by virtue of their great wealth.*

by word of mouth в устной, а не в письменной форме. (Устойчивая фраза.) ➤ **на словах.** □ *I learned about it by word of mouth.* □ *I need it in writing. I don't trust things I hear about by word of mouth.*

C

cake and eat it too, have one's См. HAVE ONE'S CAKE AND EAT IT TOO.

call a spade a spade называть вещи своими именами; говорить то, что думаешь, даже если это что-то неприятное. ➤ **называть вещи своими именами.** ☐ *Well, I believe it's time to call a spade a spade. We are just avoiding the issue.* ☐ *Let's call a spade a spade. The man is a liar.*

call it a day перестать работать и пойти домой; считать свой рабочий день законченным. ➤ **на сегодня хватит.** ☐ *I'm tired. Let's call it a day* ☐ *The boss was mad because Tom called it a day at noon and went home.*

call it quits прекращать (занятие, дело); слагать с себя обязанности; объявлять о своём уходе. ☐ *Okay! I've had enough! I'm calling it quits.* ☐ *Time to go home, John. Let's call it quits.*

call someone on the carpet пробирать кого-либо. (О ситуации, когда начальник вызывает подчинённого к себе в кабинет, устланный ковром, для того, чтобы объявить ему выговор.) ➤ **давать/дать нагоняй кому-либо.** ☐ *One more error like that and the boss will call you on the carpet.* ☐ *I'm sorry it went wrong. I really hope he doesn't call me on the carpet again.*

call the dogs off AND **call off the dogs** перестать угрожать, преследовать или травить кого-либо; (в буквальном смысле) отзывать собак, чтобы прекратить преследование. (Обратите внимание на вариации в примерах.) ☐ *All right, I surrender. You can call your dogs off.* ☐ *Tell the sheriff to call off the dogs. We caught the robber.* ☐ *Please call off your dogs!*

can't carry a tune быть не в состоянии воспроизвести простейшую мелодию; не иметь музыкальных способностей. (Почти всегда в отрицательной форме. Также с глаголом *cannot.* быть не в состоянии.) ➤ **медведь (слон) наступил на ухо кому-либо.** ☐ *I wish that Tom wouldn't try to sing. He can't carry a tune.* ☐ *Listen to poor old John. He really cannot carry a tune.*

can't hold a candle to someone уступать кому-либо в чём-либо; не выдерживать сравнения с кем-либо; стоять ниже кого-либо. (Также с глаголом *cannot.* быть не в состоянии. О ком-либо, кто даже недостоин держать свечу и освещать дорогу кому-либо.) ➤ **в подмётки не годится кому-либо.** ☐ *Mary can't hold a candle to Ann when it comes to auto racing.* ☐ *As for singing, John can't hold a candle to Jane.*

can't make heads or tails (out) of someone or something не понимать кого-либо или что-либо; не разбираться в ком-либо или в чём-либо. (По причине неясности или запутанности. Также с глаголом *cannot.* быть не в состоянии.) ☐ *John is so strange. I can't make heads or tails of him.* ☐ *Do this report again. I can't make heads or tails out of it.*

can't see beyond the end of one's nose не видеть того, что может случиться в будущем; быть недальновидным; быть самоуверенным. (Также с глаголом *cannot.* быть не в состоянии.) ➤ **не видеть дальше своего (собственного) носа.** ☐ *John is a very poor planner. He can't see beyond the end of his nose.* ☐ *Ann can't see beyond the end of her nose. She is very self-centered.*

can't see one's hand in front of one's face не видеть далеко, обычно, из-за темноты или тумана. (Также с глаголом *cannot* быть не в состоянии.) ➤ **хоть глаз выколи.** ☐ *It was so dark that*

I couldn't see my hand in front of my face. □ *Bob said that the fog was so thick he couldn't see his hand in front of his face.*

cards, in the См. IN THE CARDS.

carry a torch (for someone) AND **carry the torch** любить кого-либо безответно; размышлять о безнадёжной любви. □ *John is carrying a torch for Jane.* □ *Is John still carrying a torch?* □ *Yes, he'll carry the torch for months.*

carry coals to Newcastle заниматься чем-либо ненужным; делать что-либо излишнее или повторяться. (Старая английская пословица. Ньюкасл был городом, откуда вывозился уголь во все районы Англии. Отсюда, ввозить уголь в этот город было бессмысленным занятием.) ➤ (всё равно, что) ехать в Тулу со своим самоваром. □ *Taking food to a farmer is like carrying coals to Newcastle.* □ *Mr. Smith is so rich he doesn't need any more money. To give him money is like carrying coals to Newcastle.*

carry one's cross См. на BEAR ONE'S CROSS.

carry the ball 1. об игроке с мячом в руках, особенно в американском футболе, когда забивается гол. □ *It was the full-back carrying the ball.* □ *Yes, Tom always carries the ball.* 2. руководить чем-либо; следить за тем, чтобы работа была выполнена. ➤ быть (стать) во главе. □ *We need someone who knows how to get the job done. Hey, Sally! Why don't you carry the ball for us?* □ *John can't carry the ball. He isn't organized enough.*

carry the torch отстаивать определённые цели; руководить или участвовать в (фигуральном) крестовом походе. □ *The battle was over, but John continued to carry the torch.* □ *If Jane hadn't carried the torch, no one would have followed, and the whole thing would have failed.*

carry the weight of the world on one's shoulders нести на себе тяжесть всех мировых проблем. ➤ выносить на своих плечах тяжесть мировых проблем. □ *Look at Tom. He appears to be carrying the weight of the world on his shoulders.* □ *Cheer up,*

Tom! You don't need to carry the weight of the world on your shoulders.

carry weight (with someone) (о ком-либо) иметь влияние на кого-либо; (о чём-либо) быть важным для кого-либо. (Часто с отрицанием.) ➤ **иметь вес.** □ *Everything Mary says carries weight with me.* □ *Don't pay any attention to John. What he says carries no weight around here.* □ *Your proposal is quite good, but since you're not a member of the club, it carries no weight.*

case in point пример, иллюстрирующий сказанное. ➤ **хороший пример этого.** □ *Now, as a case in point, let's look at nineteenth-century England.* □ *Fireworks can be dangerous. For a case in point, look what happened to Bob Smith last week.*

cash-and-carry продажа за наличный расчёт без доставки на дом. □ *I'm sorry. We don't deliver. It's strictly cash-and-carry.* □ *You cannot get credit at that drugstore. They only sell cash-and-carry.*

cash in (on something) заработать много денег на чём-либо; приносить выгоду. ➤ **извлекать/извлечь выгоду (из чего-либо).** □ *This is a good year for farming, and you can cash in on it if you're smart.* □ *It's too late to cash in on that particular clothing fad.*

cast (one's) pearls before swine растрачивать что-либо ценное на недостойного человека. (Библейского происхождения. Будто бросаешь что-либо ценное к ногам свиней. В отношении человека слово "свинья" носит оскорбительный характер.) ➤ **метать бисер перед свиньями.** □ *To sing for them is to cast pearls before swine.* □ *To serve them French cuisine is like casting one's pearls before swine.*

cast the first stone первым сделать замечание; напасть первым. (Библейского происхождения.) ➤ **бросить первый камень в кого-либо.** □ *Well, I don't want to be the one to cast the first stone, but she sang horribly.* □ *John always casts the first stone. Does he think he's perfect?*

catch cold AND **take cold** простудиться. ➤ **схватить простуду.**
□ *Please close the window, or we'll all catch cold.* □ *I take cold every year at this time.*

catch one's death (of cold) AND **take one's death of cold** простудиться; схватить сильную простуду. □ *If I go out in this weather, I'll catch my death of cold.* □ *Dress up warm or you'll take your death of cold.* □ *Put on your raincoat or you'll catch your death.*

catch someone off-balance застичь кого-либо неожиданно; удивить кого-либо. (Также употребяется в буквальном смысле.) ➤ **заставать/застать кого-либо врасплох.** □ *Sorry I acted so flustered. You caught me off-balance.* □ *The robbers caught Ann off-balance and stole her purse.*

catch someone's eye AND **get someone's eye** встретиться взглядом с кем-либо; привлечь чьё-либо внимание. (Также с *have*, как в примерах.) ➤ **привлекать/привлечь чьё-либо внимание; ловить/поймать чей-либо взгляд.** □ *The shiny red car caught Mary's eye.* □ *Tom got Mary's eye and waved to her.* □ *When Tom had her eye, he smiled at her.*

caught in the cross fire оказаться между двумя людьми или группами людей, враждующих друг с другом. (Будто находишься между двумя враждующими армиями, ведущими перекрёстный огонь.) ➤ **попадать/попасть в перекрёстный огонь.** □ *In western movies, innocent people are always getting caught in the cross fire.* □ *In the war, Corporal Smith was killed when he got caught in the cross fire.*

caught short не хватает чего-либо необходимого, особенно денег. ➤ **не иметь ни гроша (за душой).** □ *I needed eggs for my cake, but I was caught short.* □ *Bob had to borrow money from John to pay for the meal. Bob is caught short quite often.*

cause (some) eyebrows to raise поражать людей; удивлять или тревожить людей. ➤ **приводить/привести людей в смятение.** □ *John caused eyebrows to raise when he married a* *poor girl from Toledo.* □ *If you want to cause some eyebrows to raise, just start singing as you walk down the street.*

cause (some) tongues to wag быть причиной сплетен; давать людям повод для сплетен. ➤ **вызывать/вызвать пересуды.** □ *The way John was looking at Mary will surely cause some tongues to wag.* □ *The way Mary was dressed will also cause tongues to wag.*

champ at the bit испытывать сильное желание сделать что-либо. (Первоначально о лошадях.) ➤ **гореть желанием сделать что-либо.** □ *The kids were champing at the bit to get into the swimming pool.* □ *The dogs were champing at the bit to begin the hunt.*

change horses in midstream производить коренные перемены в уже начатом деле; заменять кого-либо или что-либо, когда уже слишком поздно. (Обычно о том, чего не следует делать.) ➤ **менять лошадей на переправе.** □ *I'm already baking a cherry pie. I can't bake an apple pie. It's too late to change horses in midstream.* □ *The house is half-built. It's too late to hire a different architect. You can't change horses in midstream.*

channels, go through См. GO THROUGH CHANNELS.

Charity begins at home. пословица, означающая, что надо проявлять заботу сначала к своей семье, друзьям или согражданам, а потом к остальным. ➤ **Своя рубашка ближе к телу.** □ *"Mother, may I please have some pie?" asked Mary. "Remember, charity begins at home."* □ *At church, the minister reminded us that charity begins at home, but we must remember others also.*

chip off the old block, a См. A CHIP OFF THE OLD BLOCK.

chip on one's shoulder, have a См. HAVE A CHIP ON ONE'S SHOULDER.

circulation, back in См. BACK IN CIRCULATION.

circulation, out of См. OUT OF CIRCULATION.

clean hands, have См. HAVE CLEAN HANDS.

clear as mud, as См. AS CLEAR AS MUD.

clear blue sky, out of a См. OUT OF A CLEAR BLUE SKY.

clear the table убирать со стола тарелки и другую посуду после окончания еды. ➤ **собирать/собрать со стола.** ☐ *Will you please help clear the table?* ☐ *After you clear the table, we'll play cards.*

climb on the bandwagon примыкать к другим в поддержке кого-либо или чего-либо. ☐ *Come join us! Climb on the bandwagon and support Senator Smith!* ☐ *Look at all those people climbing on the bandwagon! They don't know what they are getting into!*

clip someone's wings ограничивать кого-либо в чём-либо; урезывать или сводить на нет привилегии подростка. (Как подрезают крылья птицам или домашней птице, чтобы они не улетели.) ➤ **подрезать крылья кому-либо.** ☐ *You had better learn to get home on time, or I will clip your wings.* ☐ *My mother clipped my wings. I can't go out tonight.*

clock, against the См. AGAINST THE CLOCK.

clockwork, go like См. GO LIKE CLOCKWORK.

close at hand поблизости; рядом. ➤ **под рукой.** ☐ *I'm sorry, but your letter isn't close at hand. Please remind me what you said in it.* ☐ *When you're cooking, you should keep all the ingredients close at hand.*

close call, have a См. HAVE A CLOSE CALL.

close ranks 1. группироваться. О военных подразделениях. ➤ **смыкать/сомкнуть ряды.** ☐ *The soldiers closed ranks and marched on the enemy.* ☐ *All right! Stop that talking and close ranks.* 2. присоединиться к кому-либо. ➤ **держаться вместе.** ☐

We can fight this menace only if we close ranks. □ *Let's all close ranks behind Ann and get her elected.*

close shave, have a См. HAVE A CLOSE SHAVE.

cloud nine, on См. ON CLOUD NINE.

cloud (of suspicion), under a См. UNDER A CLOUD (OF SUSPICION).

coast is clear, The. См. THE COAST IS CLEAR.

coast-to-coast от Атлантического до Тихого океана (в США); всё сухопутное пространство от Атлантического океана до Тихого. □ *My voice was once heard on a coast-to-coast radio broadcast.* □ *Our car made the coast-to-coast trip in eighty hours.*

cock-and-bull story глупая, неправдоподобная история; небылица. ➤ **турусы на колёсах.** □ *Don't give me that cock-and-bull story.* □ *I asked for an explanation, and all I got was your ridiculous cock-and-bull story!*

cold, out См. OUT COLD.

color, off См. OFF-COLOR.

come a cropper оказаться в беде; провалиться. (Дословно упасть с лошади.) ➤ **потерпеть неудачу.** □ *Bob invested all his money in the stock market just before it fell. Boy, did he come a cropper.* □ *Jane was out all night before she took her tests. She really came a cropper.*

come apart at the seams внезапно потерять самообладание. (В буквальном смысле об одежде, которая расходится по швам.) ➤ **(чуть не) взорваться от гнева.** □ *Bill was so upset that he almost came apart at the seams.* □ *I couldn't take anymore. I just came apart at the seams.*

come away empty-handed возвращаться ни с чем. ➤ **возвращаться/возвратиться с пустыми руками.** □ *All right, go gambling. Don't come away empty-handed, though.* □ *Go to the* *bank and ask for the loan again. This time don't come away empty-handed.*

come by something 1. путешествовать на самолёте, корабле или машине. (В буквальном смысле.) □ *We came by train. It's more relaxing.* □ *Next time, we'll come by plane. It's faster.* 2. обнаружить или приобрести что-либо. □ *How did you come by that haircut?* □ *Where did you come by that new shirt?*

come down in the world опускаться в общественном или материальном плане. ➤ **катиться/скатиться по наклонной.** □ *Mr. Jones has really come down in the world since he lost his job.* □ *If I were unemployed, I'm sure I'd come down in the world, too.*

come home (to roost) обернуться против кого-либо. (Как куры или другая домашняя птица возвращаются домой на ночлег.) □ *As I feared, all my problems came home to roost.* □ *Yes, problems all come home eventually.*

come in out of the rain становиться бдительным и разумным. (Также употребляется в буквальном смысле.) ➤ **браться/ взяться за ум.** □ *Pay attention, Sally! Come in out of the rain!* □ *Bill will fail if he doesn't come in out of the rain and study.*

come into one's or its own 1. [о ком-либо] добиться должного признания. ➤ **добиваться/добиться своего.** □ *Sally finally came into her own.* □ *After years of trying, she finally came into her own.* 2. [о чём-либо] добиться должного признания. ➤ **завоёвывать/ завоевать признание.** □ *The idea of an electric car finally came into its own.* □ *Film as an art medium finally came into its own.*

come of age достичь определённого возраста, когда разрешается владеть собственностью, жениться или выйти замуж, а также подписывать официальные документы. ➤ **достичь совершеннолетия.** □ *When Jane comes of age, she will buy her own car.* □ *Sally, who came of age last month, entered into an agreement to purchase a house.*

come off second-best занимать второе место или ниже; уступать кому-либо. ➤ **терпеть/потерпеть поражение.** □ *John* *came off second-best in the race.* □ *Why do I always come off second-best in an argument with you?*

come out ahead получать выгоду; улучшать своё положение. ➤ **оказываться/оказаться в выигрыше.** □ *I hope you come out ahead with your investments.* □ *It took a lot of money to buy the house, but I think I'll come out ahead.*

come out in the wash закончиться удачно. (Означает, что все проблемы или трудности уйдут, как грязь в стирке.) ➤ **всё встанет на свои места.** □ *Don't worry about that problem. It'll all come out in the wash.* □ *This trouble will go away. It'll come out in the wash.*

come out of the closet 1. выявлять свои скрытые интересы. ➤ **раскрывать/раскрыть свои карты.** □ *Tom Brown came out of the closet and admitted that he likes to knit.* □ *It's time that all of you lovers of chamber music came out of the closet and attended our concerts.* 2. признаться в гомосексуализме. □ *Tom surprised his parents when he came out of the closet.* □ *It was difficult for him to come out of the closet.*

come to a bad end закончиться катастрофой, возможно, заслуженной или ожидаемой; окончить свои дни плохо. ➤ **выходить/выйти из строя; издохнуть как собака.** □ *My old car came to a bad end. Its engine burned up.* □ *The evil merchant came to a bad end.*

come to a dead end дойти до конечной точки. ➤ **заходить/зайти в тупик; закончиться тупиком.** □ *The building project came to a dead end.* □ *The street came to a dead end.* □ *We were driving along and came to a dead end.*

come to a head достигать высшей точки; созревать (о проблеме.) ➤ **достигать/достичь апогея.** □ *Remember my problem with my neighbors? Well, last night the whole thing came to a head.* □ *The battle between the two factions of the city council came to a head yesterday.*

come to an end закончиться; окончиться. ➤ **подходить/**

подойти к концу. □ *The party came to an end at midnight.* □ *Her life came to an end late yesterday.*

come to an untimely end умереть преждевременно. ➤ **безвременно уйти из жизни.** □ *Poor Mr. Jones came to an untimely end in a car accident.* □ *Cancer caused Mrs. Smith to come to an untimely end.*

come to a standstill остановиться на время или навсегда. ➤ **быть на точке замерзания; стоять на (одном) месте.** □ *The building project came to a standstill because the workers went on strike.* □ *The party came to a standstill until the lights were turned on again.*

come to grief провалиться; быть в беде или горе. ➤ **не иметь успеха; оказаться (быть) в затруднительном положении.** □ *The artist wept when her canvas came to grief.* □ *The wedding party came to grief when the bride passed out.*

come to grips with something иметь дело с чем-либо; понять что-либо. □ *He found it difficult to come to grips with his grandmother's death.* □ *Many students have a hard time coming to grips with algebra.*

come to light обнаружиться. ➤ **всплывать/всплыть наружу.** □ *Some interesting facts about your past have just come to light.* □ *If too many bad things come to light, you may lose your job.*

come to one's senses проснуться; очнуться; начать ясно соображать. ➤ **приходить/прийти в себя.** □ *John, come to your senses. You're being quite stupid.* □ *In the morning I don't come to my senses until I have had two cups of coffee.*

come to pass происходить. (Литературный стиль.) ➤ **иметь место.** □ *When did all of this come to pass?* □ *When will this event come to pass?*

come to the point AND **get to the point** доходить до главного. ➤ **говорить по существу дела.** □ *He has been talking a long time. I wish he would come to the point.* □ *Quit wasting time! Get to the* *point!* □ *We are talking about money, Bob! Come on, get to the point.*

come to think of it Я только что вспомнил . . . ; теперь, когда я думаю об этом . . . ➤ **мне только что пришло в голову.** □ *Come to think of it, I know someone who can help.* □ *I have a screwdriver in the trunk of my car, come to think of it.*

come true сбываться; [о мечте или желании] осуществляться. ➤ **воплотиться в жизнь.** □ *When I got married, all my dreams came true.* □ *Coming to the big city was like having my wish come true.*

come up in the world улучшать своё общественное положение или жизнь. ➤ **идти/пойти в гору.** □ *Since Mary got her new job, she has really come up in the world.* □ *A good education helped my brother come up in the world.*

come what may (сделать что-либо) в любом случае. ➤ **несмотря ни на что.** □ *I'll be home for the holidays, come what may.* □ *Come what may, the mail will get delivered.*

comfortable as an old shoe, as См. AS COMFORTABLE AS AN OLD SHOE.

commission, out of См. OUT OF COMMISSION.

conspicuous by one's absence о человеке, отсутствие которого где-либо замечается. ➤ **блистать своим отсутствием.** □ *We missed you last night. You were conspicuous by your absence.* □ *How could the bride's father miss the wedding party? He was certainly conspicuous by his absence.*

construction, under См. UNDER CONSTRUCTION.

contrary, on the См. ON THE CONTRARY.

control the purse strings распоряжаться деньгами в деле или семье. □ *I control the purse strings at our house.* □ *Mr. Williams is the treasurer. He controls the purse strings.*

cook someone's goose вредить кому-либо или губить кого-либо. (О чём-либо непоправимом.) ➤ **рыть/вырть яму кому-либо, под кого-либо.** □ *I cooked my own goose by not showing up on time.* □ *Sally cooked Bob's goose for treating her the way he did.*

cook the accounts мошенничать в бухгалтерии; фабриковать финансовый отчёт. ➤ **состряпать (подделать) счета.** □ *Jane was sent to jail for cooking the accounts of her mother's store.* □ *It's hard to tell whether she really cooked the accounts or just didn't know how to add.*

cool as a cucumber, as См. AS COOL AS A CUCUMBER.

cool one's heels дожидаться кого-либо. □ *I spent all afternoon cooling my heels in the waiting room while the doctor talked on the telephone.* □ *All right. If you can't behave properly, just sit down here and cool your heels until I call you.*

copycat, be a См. BE A COPYCAT.

corner of one's eye, out of the См. OUT OF THE CORNER OF ONE'S EYE.

cost an arm and a leg См. на PAY AN ARM AND A LEG (FOR SOMETHING.)

cost a pretty penny стоить уйму денег. ➤ **влететь в копеечку.** □ *I'll bet that diamond cost a pretty penny.* □ *You can be sure that house cost a pretty penny. It has seven bathrooms.*

counter, under the См. UNDER THE COUNTER.

count noses AND **count heads** подсчитывать число присутствующих. (Ибо у каждого человека только один нос и одна голова.) □ *I'll tell you how many people are here after I count noses.* □ *Everyone is here. Let's count noses so we can order hamburgers.*

count one's chickens before they hatch строить преждевременные планы, как использовать результаты прибыльного, но ещё не завершённого дела. (Часто в отрицательной форме.) ➤ **делить шкуру неубитого медведя.** □ *You're way ahead of yourself. Don't count your chickens before they hatch.* □ *You may be disappointed if you count your chickens before they hatch.*

cover a lot of ground 1. покрывать большое расстояние; исследовать большую территорию. □ *The prospectors covered a lot of ground for gold.* □ *My car can cover a lot of ground in one day.* 2. иметь дело с большой информацией и с множеством фактов. ➤ **освещать/осветить множество фактов.** □ *The history lecture covered a lot of ground today.* □ *Mr. and Mrs. Franklin always cover a lot of ground when they argue.*

cover for someone 1. покрывать кого-либо; скрывать чей-либо проступок. □ *If I miss class, please cover for me.* □ *If you're late, I'll cover for you.* 2. подменить кого-либо на работе. □ *Dr. Johnson's partner agreed to cover for him during his vacation.* □ *I'm on duty this afternoon. Will you please cover for me? I have a doctor's appointment.*

crack a joke сострить. ➤ **отпускать/отпустить шутку.** □ *She's never serious. She's always cracking jokes.* □ *As long as she's cracking jokes, she's okay.*

crack a smile слегка улыбнуться, возможно, нехотя. ➤ **выжать из себя улыбку.** □ *She cracked a smile, so I knew she was kidding.* □ *The soldier cracked a smile at the wrong time and had to march for an hour as punishment.*

cramp someone's style ограничивать кого-либо в каком-либо отношении. ➤ **мешать/помешать кому-либо развернуться.** □ *I hope this doesn't cramp your style, but could you please not hum while you work?* □ *To ask him to keep regular hours would really be cramping his style.*

crazy as a loon, as См. AS CRAZY AS A LOON.

cream of the crop самое лучшее, цвет чего-либо. (Клише.) ➤ **сливки общества.** □ *This particular car is the cream of the crop.* □ *The kids are very bright. They are the cream of the crop.*

creation, in См. IN CREATION.

Crime doesn't pay. пословица, означающая, что преступление никому не делает чести. □ *At the end of the radio program, a voice said, "Remember, crime doesn't pay."* □ *No matter how tempting it may appear, crime doesn't pay.*

cross a bridge before one comes to it преждевременно беспокоиться о том, что ещё не произошло. (Обратите внимание на вариации в примерах.) ➤ **поднимать/поднять тревогу заранее.** □ *There is no sense in crossing that bridge before you come to it.* □ *She's always crossing bridges before coming to them. She needs to learn to relax.*

cross a bridge when one comes to it заняться проблемой в нужное время (когда будешь стоять перед ней.) (Обратите внимание на вариации в примерах.) □ *Please wait and cross that bridge when you come to it.* □ *He shouldn't worry about it now. He can cross that bridge when he comes to it.*

cross-examine someone задавать кому-либо подробные вопросы; подробно допрашивать подозреваемого или свидетеля. ➤ **подвергать/подвергнуть кого-либо перекрёстному допросу.** □ *The police cross-examined the suspect for three hours.* □ *The lawyer plans to cross-examine the witness tomorrow morning.*

cross one's heart (and hope to die) клясться, что сказанное чистая правда. ➤ **(клясться) положа руку на сердце.** □ *It's true, cross my heart and hope to die.* □ *It's really true—cross my heart.*

cross swords (with someone) начинать спорить с кем-либо. (Не в буквальном смысле.) ➤ **вступать/вступить в спор с кем-либо.** □ *I don't want to cross swords with Tom.* □ *The last time we crossed swords, we had a terrible time.*

crow flies, as the См. AS THE CROW FLIES.

crux of the matter основной предмет обсуждения. ➤ **суть дела.**

(*Crux* старое значение слова "крест".) □ *All right, this is the crux of the matter.* □ *It's about time that we looked at the crux of the matter.*

cry before one is hurt начинать плакать или жаловаться преждевременно. ➤ **проливать слёзы заранее.** □ *Bill always cries before he's hurt.* □ *There is no point in crying before one is hurt.*

cry bloody murder AND **scream bloody murder** кричать так, будто случилось что-нибудь ужасное. (Кричать так, будто кто-то стал свидетелем кровавого убийства.) ➤ **кричать не своим голосом.** □ *Now that Bill is really hurt, he's screaming bloody murder.* □ *There is no point in crying bloody murder about the bill if you aren't going to pay it.*

cry one's eyes out сильно плакать. (Не в буквальном смысле.) ➤ **выплакать все глаза.** □ *When we heard the news, we cried our eyes out with joy.* □ *She cried her eyes out after his death.*

cry over spilled milk горевать о том, что свершилось и чего нельзя воротить. (Обычно о поступках, совершаемых детьми. (*Spilled* имеет также правописание *spilt*.) ➤ **кусать себе локти.** □ *I'm sorry that you broke your bicycle, Tom. But there is nothing that can be done now. Don't cry over spilled milk.* □ *Ann is always crying over spilt milk.*

cry wolf плакать или жаловаться без повода. ➤ **поднимать/поднять ложную тревогу.** □ *Pay no attention. She's just crying wolf again.* □ *Don't cry wolf too often. No one will come.*

cup of tea, not someone's См. NOT SOMEONE'S CUP OF TEA.

Curiosity killed the cat. пословица, означающая, что любопытство до добра не доведёт. ➤ **Много будешь знать— скоро состаришься.** □ *Don't ask so many questions, Billy. Curiosity killed the cat.* □ *Curiosity killed the cat. Mind your own business.*

curl someone's hair сильно испугать или удивить кого-либо;

поразить кого-либо зрелищем, звуком или вкусом. (Употребляется также в буквальном смысле.) ➤ **пугать/напугать кого-либо до смерти.** □ *Don't ever sneak up on me like that again. You really curled my hair.* □ *The horror film curled my hair.*

curl up and die уйти в себя и умереть. □ *When I heard you say that, I could have curled up and died.* □ *No, it wasn't an illness. She just curled up and died.*

cut class пропускать занятия. (В средней школе или институте.) □ *If Mary keeps cutting classes, she'll fail the course.* □ *I can't cut that class. I've missed too many already.*

cut off one's nose to spite one's face причинять вред себе, желая досадить другому. (Как видно из примеров, эта фраза употребляется в разных формах.) ➤ **себе вредить, чтобы другому досадить.** □ *Billy loves the zoo, but he refused to go with his mother because he was mad at her. He cut off his nose to spite his face.* □ *Find a better way to be angry. It is silly to cut your nose off to spite your face.*

cut one's (own) throat потерпеть неудачу; действовать во вред себе. (Употребляется также в буквальном смысле.) ➤ **подрубать сук, на котором сидишь.** □ *If I were to run for office, I'd just be cutting my throat.* □ *Judges who take bribes are cutting their own throats.*

cut someone or something (off) short прерывать что-либо; обрывать кого-либо. ➤ **прерывать/прервать кого-либо на полуслове.** □ *We cut the picnic short because of the storm.* □ *I'm sorry to cut you off short, but I must go now.*

cut someone or something to the bone 1. порезаться до кости, срезать что-либо до кости. (Буквальное значение.) □ *The knife cut John to the bone. He had to be sewed up.* □ *Cut each slice of ham to the bone. Then each slice will be as big as possible.* 2. [о чём-либо] максимально снижать что-либо. (Не в буквальном значении.) ➤ **урезать расходы.** □ *We cut our expenses to the* *bone and are still losing money.* □ *Congress had to cut the budget to the bone in order to balance it.*

cut someone's losses сводить до минимума потерю денег, товаров или других предметов, имеющих ценность. ➤ **снижать/снизить расходы.** □ *I sold the stock as it went down, thus cutting my losses.* □ *He cut his losses by putting better locks on the doors. There were fewer robberies.* □ *The mayor's reputation suffered because of the scandal. He finally resigned to cut his losses.*

cut someone to the quick сильно обидеть кого-либо. (Употребляется также в буквальном значении, когда *quick* обозначает мясо под ногтями на руке или ноге, которое очень чувствительно.) ➤ **задевать/задеть кого-либо за живое.** □ *Your criticism cut me to the quick.* □ *Tom's sharp words to Mary cut her to the quick.*

cut the ground out from under someone AND **cut out the ground from under someone** срывать или разрушать чьи-либо планы или доводы. ➤ **выбивать/выбить почву из-под ног у кого-либо.** □ *The politician cut the ground out from under his opponent.* □ *Congress cut out the ground from under the president.*

D

dance to another tune присмиреть; изменить своё поведение или отношение к чему-либо. ➤ **запеть на другой лад.** □ *After being yelled at, Ann danced to another tune.* □ *A stern talking-to will make her dance to another tune.*

dash cold water on something См. на POUR COLD WATER ON SOMETHING.

date back (to sometime) относиться к определённой эпохе в прошлом; существовать в определённое время в прошлом. ➤ **восходить ко времени.** □ *My late grandmother dated back to the Civil War.* □ *This record dates back to the sixties.* □ *How far do you date back?*

Davy Jones's locker, go to См. GO TO DAVY JONES'S LOCKER.

dead and buried ушедший навсегда. (В буквальном значении относится к людям, а в переносном—к идеям и другим вещам.) ➤ **в мире ином; дело прошлое.** □ *Now that Uncle Bill is dead and buried, we can read his will.* □ *That kind of thinking is dead and buried.*

dead as a dodo, as См. AS DEAD AS A DODO.

dead as a doornail, as См. AS DEAD AS A DOORNAIL.

dead heat, in a См. IN A DEAD HEAT.

dead to rights, have someone См. HAVE SOMEONE DEAD TO RIGHTS.

dead to the world уставший; утомлённый; спящий крепко. (Спящий и не ведующий, что творится вокруг.) ➤ **до смерти устал; спит как убитый.** □ *I've had such a hard day. I'm really dead to the world.* □ *Look at her sleep. She's dead to the world.*

death on someone or something 1. разрушающий кого-либо или что-либо; вредный для кого-либо или чего-либо. ➤ **чей-либо злейший враг.** □ *This road is terribly bumpy. It's death on tires.* □ *The sergeant is death on lazy soldiers.* 2. [со словом *something*] о человеке, правильно и точно исполняющем что-либо, требующее определённого умения и сил. ➤ **собаку съесть на чём-либо.** □ *John is death on curve balls. He's our best pitcher.* □ *The boxing champ is really death on those fast punches.*

death's door, at См. AT DEATH'S DOOR.

deep end, go off the См. GO OFF THE DEEP END.

deep water, in См. IN DEEP WATER.

depth, beyond one's См. BEYOND ONE'S DEPTH.

desert a sinking ship AND **leave a sinking ship** бросать кого-либо или что-либо в трудное или ненастное время. (Говорят, что крысы первыми покидают тонущий корабль.) ➤ **уходить/уйти в кусты.** □ *I hate to be the one to desert a sinking ship, but I can't stand it around here anymore.* □ *There goes Tom. Wouldn't you know he'd leave a sinking ship rather than stay around and try to help?*

devil and the deep blue sea, between the См. BETWEEN THE DEVIL AND THE DEEP BLUE SEA.

devil of it, for the См. FOR THE DEVIL OF IT.

diamond in the rough ценный или потенциально прекрасный человек или вещь, качество которых спрятано под грубой или неотёсанной внешностью. □ *Ann looks like a stupid woman, but she's a fine person—a real diamond in the rough.* □ *That piece of property is a diamond in the rough. Someday it will be valuable.*

dibs on something, have См. HAVE DIBS ON SOMETHING.

die of a broken heart 1. умереть от переживаний. □ *I was not surprised to hear of her death. They say she died of a broken heart.* □ *In the movie, the heroine appeared to die of a broken heart, but the audience knew she was poisoned.* 2. переживать, особенно неудачный роман. □ *Tom and Mary broke off their romance and both died of broken hearts.* □ *Please don't leave me. I know I'll die of a broken heart.*

die of boredom страдать от скуки; испытывать скуку. ➤ умирать/умереть от скуки. □ *No one has ever really died of boredom.* □ *We sat there and listened politely, even though we almost died of boredom.*

die on the vine См. WITHER ON THE VINE.

different as night and day, as См. AS DIFFERENT AS NIGHT AND DAY.

dig some dirt up on someone AND **dig up some dirt on someone** разузнать что-либо плохое о ком-либо. (Грязь—это "сплетня".) ➤ раскопать что-либо плохое о ком-либо. □ *If you don't stop trying to dig some dirt up on me, I'll get a lawyer and sue you.* □ *The citizens' group dug up some dirt on the mayor and used it against her at election time.*

dirty one's hands См. на GET ONE'S HANDS DIRTY.

dishes, do the См. DO THE DISHES.

distance, go the См. GO THE DISTANCE.

do a land-office business провернуть (большой бизнес) за короткое время. (Будто продаёшь землю во время земельной лихорадки.) □ *The ice-cream shop always does a land-office business on a hot day.* □ *The tax collector's office did a land-office business on the day that taxes were due.*

doghouse, in the См. IN THE DOGHOUSE.

dogs, go to the См. GO TO THE DOGS.

doldrums, in the См. IN THE DOLDRUMS.

dollar for dollar с учётом вложенных денег; с учётом цены. (Часто употребляется в рекламах.) ➤ **за такую цену.** □ *Dollar for dollar, you cannot buy a better car.* □ *Dollar for dollar, this laundry detergent washes cleaner and brighter than any other product on the market.*

Don't hold your breath. Не жди понапрасну. ➤ **Держи карман шире.** □ *You think he'll get a job? Ha! Don't hold your breath.* □ *I'll finish building the fence as soon as I have time, but don't hold your breath.*

Don't let someone or something get you down. Не позволяй кому-либо или чему-либо портить тебе настроение. □ *Don't let their constant teasing get you down.* □ *Don't let Tom get you down. He's not always unpleasant.*

Don't look a gift horse in the mouth. пословица, означающая, что не надо ожидать идеальных подарков. (Обычно употребляется с отрицанием. Обратите внимание на вариации в примерах. Для того, чтобы установить возраст лошади и соответственно её пригодность, ей проверяют зубы. Обследовать зубы дарёного коня, чтобы удостовериться, что он хорошей породы, считается признаком жадности.) ➤ **Дарёному коню в зубы не смотрят.** □ *Don't complain. You shouldn't look a gift horse in the mouth.* □ *John complained that the television set he got for his birthday was black and white rather than color. He was told, "Don't look a gift horse in the mouth."*

doorstep, at someone's См. AT SOMEONE'S DOORSTEP.

doorstep, on someone's См. ON SOMEONE'S DOORSTEP.

dose of one's own medicine к человеку надо относиться так, как он относится к тебе. (Часто употребляется с глаголами *get* или *have*.) ➤ **платить/отплатить тем же.** □ *Sally never is very friendly. Someone is going to give her a dose of her own medicine someday.* □ *He didn't like getting a dose of his own medicine.*

do someone's heart good порадовать кого-либо. (Употребляется также в буквальном смысле.) ➤ **сердечно рад.** □ *It does my heart good to hear you talk that way.* □ *When she sent me a get-well card, it really did my heart good.*

do something by hand делать что-либо ручным способом, а не с помощью машины. ➤ **делать/сделать что-либо вручную.** □ *The computer was broken so I had to do the calculations by hand.* □ *All this tiny stitching was done by hand. Machines cannot do this kind of work.*

do something hands down делать что-либо с лёгкостью, не встречая сопротивления. (Никто не поднимает руку в знак несогласия.) □ *The mayor won the election hands down.* □ *She was the choice of the people hands down.*

do the dishes мыть посуду; вымыть и высушить посуду. □ *Bill, you cannot go out and play until you've done the dishes.* □ *Why am I always the one who has to do the dishes?*

do the honors принимать гостей и обслуживать их, разливая напитки, нарезая ломтями мясо, провозглашая тосты и т. д. □ *All the guests were seated, and a huge juicy turkey sat on the table. Jane Thomas turned to her husband and said, "Bob, will you do the honors?" Mr. Jones smiled and began slicing thick slices of meat from the turkey.* □ *The mayor stood up and addressed the people who were still eating their salads. "I'm delighted to do the honors this evening and propose a toast to your friend and mine, Bill Jones. Bill, good luck and best wishes in your new job in Washington." And everyone sipped a bit of wine.*

dot, on the См. ON THE DOT.

down in the dumps печальный и удручённый. ➤ **как в воду опущенный.** ☐ *I've been down in the dumps for the past few days.* ☐ *Try to cheer Jane up. She's down in the dumps for some reason.*

down in the mouth с печальным выражением лица; удручённый и неулыбающийся. (О насупленных бровях или опущенном рте.) ➤ **в подавленном настроении.** ☐ *Since her dog died, Barbara has been down in the mouth.* ☐ *Bob has been down in the mouth since the car wreck.*

down the drain пропавший навсегда; попусту растраченный. (Употребляется также в буквальном значении.) ➤ **(выброшенный) на ветер (в трубу).** ☐ *I just hate to see all that money go down the drain.* ☐ *Well, there goes the whole project, right down the drain.*

down to the wire в самый последний момент; до самой последней секунды. (О проволочном заграждении, обозначающем конец дистанции скачек.) ➤ **до самого конца.** ☐ *I have to turn this in tomorrow, and I'll be working down to the wire.* ☐ *When we get down to the wire, we'll know better what to do.*

drain, down the См. DOWN THE DRAIN.

draw a blank 1. не получить ответа; ничего не найти. ➤ **оставаться/остаться при пиковом интересе.** ☐ *I asked him about Tom's financial problems, and I just drew a blank.* ☐ *We looked in the files for an hour, but we drew a blank.* 2. быть не в состоянии вспомнить что-либо. ➤ **выпадать/выпасть из памяти.** ☐ *I tried to remember her telephone number, but I could only draw a blank.* ☐ *It was a very hard test with just one question to answer, and I drew a blank.*

draw a line between something and something else разграничивать две вещи; различать или отличать две вещи друг от друга. (Артикль *a* может быть заменён на артикль *the*. Употребляется также в буквальном смысле.) ➤ **проводить/ провести грань между чем-либо.** ☐ *It's necessary to draw a line between bumping into people and striking them.* ☐ *It's very hard to draw the line between slamming a door and just closing it loudly.*

draw blood 1. ударить или укусить (о человеке или животном) до крови. □ *The dog chased me and bit me hard, but it didn't draw blood.* □ *The boxer landed just one punch and drew blood immediately.* 2. разозлить или оскорбить кого-либо. ➤ **приводить/ привести кого-либо в бешенство.** □ *Sally screamed out a terrible insult at Tom. Judging by the look on his face, she really drew blood.* □ *Tom started yelling and cursing, trying to insult Sally. He wouldn't be satisfied until he had drawn blood, too.*

dream come true сбываться (о желании или мечте.) ➤ **исполнение мечты.** □ *Going to Hawaii is like having a dream come true.* □ *Having you for a friend is a dream come true.*

drink to excess много пить; постоянно выпивать. ➤ **(любит) закладывать за галстук; напиваться/напиться в доску.** □ *Mr. Franklin drinks to excess.* □ *Some people drink to excess only at parties.*

drive a hard bargain усиленно торговаться. □ *I saved $200 by driving a hard bargain when I bought my new car.* □ *All right, sir, you drive a hard bargain. I'll sell you this car for $12,450.* □ *You drive a hard bargain, Jane, but I'll sign the contract.*

drive someone to the wall См. на FORCE SOMEONE TO THE WALL.

drop in one's tracks остановиться или рухнуть от усталости; внезапно умереть. ➤ **свалиться как сноп; упасть замертво.** □ *If I keep working this way, I'll drop in my tracks.* □ *Uncle Bob was working in the garden and dropped in his tracks. We are all sorry that he's dead.*

drop of a hat, at the См. AT THE DROP OF A HAT.

drop someone a few lines См. следующую словарную статью.

drop someone a line AND **drop someone a few lines** написать кому-либо письмо или записку. (Слово *line* относится к строке письма.) ➤ **черкнуть кому-либо пару строк.** □ *I dropped Aunt Jane a line last Thanksgiving.* □ *She usually drops me a few lines around the first of the year.*

drop the ball оплошать; провалиться. (В спортивной терминологии употребляется в буквальном значении: по ошибке выпустить мяч из рук.) ➤ **допускать/допустить оплошность.** ☐ *Everything was going fine in the election until my campaign manager dropped the ball.* ☐ *You can't trust John to do the job right. He's always dropping the ball.*

drop the other shoe завершить начатое дело; закончить оставшуюся часть дела. (О туфлях, которые снимают перед сном. Одна туфля уже снята, и для завершения процесса следует снять другую.) ➤ **делать/сделать последний шаг.** ☐ *Mr. Franklin has left his wife. Soon he'll drop the other shoe and divorce her.* ☐ *Tommy has just failed three classes in school. We expect him to drop the other shoe and quit altogether any day now.*

drown one's sorrows См. следующую словарную статью.

drown one's troubles AND **drown one's sorrows** напиваться, чтобы забыть о своих проблемах. ➤ **топить/утопить горе в вине.** ☐ *Bill is in the bar, drowning his troubles.* ☐ *Jane is at home, drowning her sorrows.*

drug on the market в большом количестве на рынке; в избытке. ➤ **залежалый (неходкий) товар.** ☐ *Right now, small computers are a drug on the market.* ☐ *Ten years ago, small transistor radios were a drug on the market.*

drum some business up AND **drum up some business** зазывать покупателей, поощряя их купить товар. (Будто кто-то играет на барабане, стараясь привлечь внимание покупателей.) ☐ *I need to do something to drum some business up.* ☐ *A little bit of advertising would drum up some business.*

dry behind the ears молодой и незрелый. (Имеет отрицательное значение.) ➤ **молоко на губах не обсохло у кого-либо.** ☐ *Tom is going into business by himself? Why, he's hardly dry behind the ears.* ☐ *That kid isn't dry behind the ears. He'll go broke in a month.*

duck takes to water, as a См. AS A DUCK TAKES TO WATER.

dumps, down in the Cm. DOWN IN THE DUMPS.

Dutch, go Cm. GO DUTCH.

duty, off Cm. OFF DUTY.

duty, on Cm. ON DUTY.

E

early bird gets the worm, The. См. THE EARLY BIRD GETS THE WORM.

Early to bed, early to rise(, makes a man healthy, wealthy, and wise.) пословица, утверждающая, что полезно ложиться спать рано и вставать рано. (Иногда употребляется для объяснения, почему человек ложится спать рано. Второя половина пословицы может опускаться.) ➤ **Кто рано ложится и рано встаёт(, здоровье, богатство и ум наживёт.)** □ *Tom left the party at ten o'clock, saying "Early to bed, early to rise, makes a man healthy, wealthy, and wise."* □ *I always get up at six o'clock. After all, early to bed, early to rise.*

earn one's keep помогать по хозяйству в обмен на еду и жильё; зарабатывать, выполняя различную работу. □ *I earn my keep at college by shoveling snow in the winter.* □ *Tom hardly earns his keep around here. He should be fired.*

ears (in something), up to one's См. UP TO ONE'S EARS (IN SOMETHING).

earth, on См. ON EARTH.

ear to the ground, have one's См. HAVE ONE'S EAR TO THE GROUND.

easy as (apple) pie, as См. AS EASY AS (APPLE) PIE.

easy as duck soup, as См. AS EASY AS DUCK SOUP.

easy come, easy go объясняет потерю чего-либо, что легко досталось. ➤ **Как нажито, так и прожито.** □ *Ann found twenty dollars in the morning and spent it foolishly at noon. "Easy come, easy go," she said.* □ *John spends his money as fast as he can earn it. With John it's easy come, easy go.*

Easy does it. Будь осмотрителен. ➤ **Потихоньку да полегоньку!** □ *Be careful with that glass vase. Easy does it!* □ *Now, now, Tom. Don't get angry. Easy does it.*

eat humble pie 1. совершив ошибку, униженно извиняться. ➤ **приходить/прийти с повинной головой.** □ *I think I'm right, but if I'm wrong, I'll eat humble pie.* □ *You think you're so smart. I hope you have to eat humble pie.* 2. сносить оскорбления и унижения. ➤ **проглотить обиду.** □ *John, stand up for your rights. You don't have to eat humble pie all the time.* □ *Beth seems quite happy to eat humble pie. She should stand up for her rights.*

eat like a bird есть понемногу; есть мало. □ *Jane is very slim because she eats like a bird.* □ *Bill is trying to lose weight by eating like a bird.*

eat like a horse обжираться. ➤ **есть как свинья.** □ *No wonder he's so fat. He eats like a horse.* □ *John works like a horse and eats like a horse, so he never gets fat.*

eat one's cake and have it too См. на HAVE ONE'S CAKE AND EAT IT TOO.

eat one's hat означает, на что может пойти человек, если произойдёт что-либо необычное. (Всегда употребляется со словом *if*. Не имеет буквального значения.) ➤ **голову даю на отсечение.** □ *If we get there on time, I'll eat my hat.* □ *I'll eat my hat if you get a raise.* □ *He said he'd eat his hat if she got elected.*

eat one's heart out 1. мучиться мыслями о ком-либо или чём-либо. ➤ **изводить/известти себя.** ☐ *Bill spent a lot of time eating his heart out after his divorce.* ☐ *Sally ate her heart out when she had to sell her house.* 2. завидовать кому-либо или чему-либо. ➤ **лопаться/лопнуть от зависти.** ☐ *Do you like my new watch? Well, eat your heart out. It was the last one in the store.* ☐ *Don't eat your heart out about my new car. Go get one of your own.*

eat one's words отрекаться от уверений; признавать неправомерность своих предположений. ➤ **брать/взять свои слова обратно.** ☐ *You shouldn't say that to me. I'll make you eat your words.* ☐ *John was wrong about the election and had to eat his words.*

eat out of someone's hands беспрекословно слушаться кого-либо; охотно подчиняться кому-либо. (Часто употребляется с глаголом *have;* смотри примеры.) ➤ **плясать под чью-либо дудку.** ☐ *Just wait! I'll have everyone eating out of my hands. They'll do whatever I ask.* ☐ *The president has Congress eating out of his hands.* ☐ *A lot of people are eating out of his hands.*

eat someone out of house and home объедать кого-либо; истреблять всю имеющуюся в доме пищу. ☐ *Billy has a huge appetite. He almost eats us out of house and home.* ☐ *When the kids come home from college, they always eat us out of house and home.*

egg on one's face, have См. HAVE EGG ON ONE'S FACE.

element, out of one's См. OUT OF ONE'S ELEMENT.

eleventh hour, at the См. AT THE ELEVENTH HOUR.

empty-handed, come away См. COME AWAY EMPTY-HANDED.

empty-handed, go away См. GO AWAY EMPTY-HANDED.

end in itself самоцель; конечная цель. ☐ *For Bob, art is an end in itself. He doesn't hope to make any money from it.* ☐ *Learning is an end in itself. Knowledge does not have to have a practical application.*

end of one's rope, at the См. AT THE END OF ONE'S ROPE.

end of one's tether, at the См. AT THE END OF ONE'S TETHER.

end of the line См. следующую словарную статью.

end of the road AND **end of the line** конец; завершение всего процесса; смерть. (*Line* первоначально означало железнодорожный путь.) ➤ **окончить дни свои (о смерти).** □ *Our house is at the end of the road.* □ *We rode the train to the end of the line.* □ *When we reach the end of the road on this project, we'll get paid.* □ *You've come to the end of the line. I'll not lend you another penny.* □ *When I reach the end of the road, I wish to be buried in a quiet place, near some trees.*

ends of the earth, to the См. TO THE ENDS OF THE EARTH.

end up with the short end of the stick См. на GET THE SHORT END OF THE STICK.

Enough is enough. Достаточно, хватит! □ *Stop asking for money! Enough is enough!* □ *I've heard all the complaining from you that I can take. Stop! Enough is enough!*

enter one's mind вспоминать о чём-либо; [о мысли или воспоминании] подумать о чём-либо. ➤ **приходить/прийти в голову.** □ *Leave you behind? The thought never even entered my mind.* □ *A very interesting idea just entered my mind. What if I ran for Congress?*

Every cloud has a silver lining. пословица, означающая, что любое затруднение имеет и свои положительные стороны. ➤ **Нет худа без добра.** □ *Jane was upset when she saw that all her flowers had died from the frost. But when she saw that the weeds had died too, she said, "Every cloud has a silver lining."* □ *Sally had a sore throat and had to stay home from school. When she learned she missed a math test, she said, "Every cloud has a silver lining."*

Every dog has its day. AND **Every dog has his day.** пословица, означающая, что к каждому приходит удача, пусть даже и небольшая. ➤ **Будет и на нашей улице праздник.** ☐ *Don't worry, you'll get chosen for the team. Every dog has its day.* ☐ *You may become famous someday. Every dog has his day.*

every living soul каждый человек. ➤ **каждая живая душа.** ☐ *I expect every living soul to be there and be there on time.* ☐ *This is the kind of problem that affects every living soul.*

every minute counts AND **every moment counts** важна каждая минута. ➤ **каждая минута на счету.** ☐ *Doctor, please try to get here quickly. Every minute counts.* ☐ *When you take a test, you must work rapidly because every minute counts.* ☐ *When you're trying to meet a deadline, every moment counts.*

every (other) breath, with См. WITH EVERY (OTHER) BREATH.

everything but the kitchen sink почти всё, что приходит на ум. ➤ **всякая всячина.** ☐ *When Sally went off to college, she took everything but the kitchen sink.* ☐ *John orders everything but the kitchen sink when he goes out to dinner, especially if someone else is paying for it.*

everything from A to Z См. следующую словарную статью.

everything from soup to nuts AND **everything from A to Z** почти всё, что приходит на ум. (Основная словарная статья употребляется при описании обильной пищи, поданной к столу.) ➤ **от альфы до омеги.** ☐ *For dinner we had everything from soup to nuts.* ☐ *In college I studied everything from soup to nuts.* ☐ *She mentioned everything from A to Z.*

expecting (a child) быть беременной. (Эвфемизм.) ➤ **в положении.** ☐ *Tommy's mother is expecting a child.* ☐ *Oh, I didn't know she was expecting.*

eye for an eye, a tooth for a tooth, An. См. AN EYE FOR AN EYE, A TOOTH FOR A TOOTH.

eye out (for someone or something), have an См. HAVE AN EYE OUT (FOR SOMEONE OR SOMETHING).

eyes bigger than one's stomach, have Cм. HAVE EYES BIGGER THAN ONE'S STOMACH.

eyes in the back of one's head, have Cм. HAVE EYES IN THE BACK OF ONE'S HEAD.

F

face the music быть наказанным; расплачиваться за свои поступки. ➤ **расхлёбывать кашу.** □ *Mary broke a dining-room window and had to face the music when her father got home.* □ *After failing a math test, Tom had to go home and face the music.*

fair-weather friend о друге, который рядом с тобой только тогда, когда тебе хорошо. (Такой друг покидает тебя в беде.) ➤ **друг до первой беды.** □ *Bill wouldn't help me with my homework. He's just a fair-weather friend.* □ *A fair-weather friend isn't much help in an emergency.*

fall down on the job оскандалиться; не справляться с работой должным образом. (Употребляется также в буквальном значении.) ➤ **провалить работу.** □ *The team kept losing because the coach was falling down on the job.* □ *Tom was fired because he fell down on the job.*

fall flat (on one's face) AND **fall flat (on its face)** проваливаться. ➤ **проваливаться/провалиться с треском.** □ *I fell flat on my face when I tried to give my speech.* □ *The play fell flat on its face.* □ *My jokes fall flat most of the time.*

fall in(to) place становиться в один ряд; систематизироваться. ➤ **становиться/стать на своё место (на свои места).** □ *After we heard the whole story, things began to fall in place.* □ *When you get older, the different parts of your life begin to fall into place.*

fall short (of something) 1. не хватает (о чём-либо); не иметь чего-либо в достаточном количестве. □ *We fell short of money at the end of the month.* □ *When baking a cake, the cook fell short of eggs and had to go to the store for more.* 2. не оправдать ожиданий. ➤ **не достигать/не достигнуть цели.** □ *We fell short of our goal of collecting a thousand dollars.* □ *Ann ran a fast race, but fell short of the record.*

Familiarity breeds contempt. пословица, означающая, что чем ближе знаешь человека, тем яснее видишь его недостатки. ➤ **Чем ближе знаешь, тем меньше почитаешь.** □ *Bill and his brothers are always fighting. As they say: "Familiarity breeds contempt."* □ *Mary and John were good friends for many years. Finally they got into a big argument and became enemies. That just shows that familiarity breeds contempt.*

familiar ring, have a См. HAVE A FAMILIAR RING.

fan of someone, be a См. BE A FAN OF SOMEONE.

far as it goes, as См. AS FAR AS IT GOES.

farm someone or something out AND **farm out someone or something** 1. отдавать кого-либо на воспитание или обучение. □ *When my mother died, they farmed me out to my aunt and uncle.* □ *The team manager farmed out the baseball player to the minor leagues until he improved.* 2. сдавать что-либо в аренду. □ *I farmed out various parts of the work to different people.* □ *Bill farmed his chores out to his brothers and sisters and went to a movie.*

fat is in the fire, The. См. THE FAT IS IN THE FIRE.

fear of something, for См. FOR FEAR OF SOMETHING.

feast one's eyes (on someone or something) смотреть на кого-либо или на что-либо с удовольствием, завистью или восхищением. (Будто такое зрелище—наслаждение для глаз.) □ *Just feast your eyes on that beautiful juicy steak!* □ *Yes, feast your eyes. You won't see one like that again for a long time.*

feather in one's cap честь; награда за что-либо. □ *Getting a new client was really a feather in my cap.* □ *John earned a feather in his cap by getting an A in physics.*

feather one's (own) nest 1. украшать или обставлять свой дом со вкусом. (Птицы выстилают гнёзда перьями, чтобы им было тепло и удобно.) □ *Mr. and Mrs. Simpson have feathered their nest quite comfortably.* □ *It costs a great deal of money to feather one's nest these days.* 2. использовать свою власть и положение в личных корыстных целях. (Обычно о политиках, которые используют своё положение в целях наживы.) ➤ **набивать/набить себе карман.** □ *The mayor seemed to be helping people, but she was really feathering her own nest.* □ *The building contractor used a lot of public money to feather his nest.*

feed the kitty вносить пожертвования. (Слово *kitty* означает общий фонд.) □ *Please feed the kitty. Make a contribution to help sick children.* □ *Come on, Bill. Feed the kitty. You can afford a dollar for a good cause.*

feel like a million (dollars) быть в хорошем настроении и чувствовать себя отлично. (Чувствовать себя неправдоподобно хорошо.) ➤ **чувствовать себя как нельзя лучше.** □ *A quick swim in the morning makes me feel like a million dollars.* □ *What a beautiful day! It makes you feel like a million.*

feel like a new person чувствовать себя бодрым и обновлённым (особенно, когда человек выздоровел или разоделся.) ➤ **чувствовать себя другим человеком.** □ *I bought a new suit, and now I feel like a new person.* □ *Bob felt like a new person when he got out of the hospital.*

feel out of place чувствовать себя не на своём месте. ➤ **быть не в своей стихии.** □ *I feel out of place at formal dances.* □ *Bob and Ann felt out of place at the picnic, so they went home.*

feel something in one's bones AND **know something in one's bones** предчувствовать что-либо; интуитивно чувствовать что-либо. ➤ **чувствовать что-либо всем своим существом.** □

The train will be late. I feel it in my bones. □ *I failed the test. I know it in my bones.*

feet of clay, have См. HAVE FEET OF CLAY.

feet, on one's См. ON ONE'S FEET.

fell swoop, at one См. AT ONE FELL SWOOP.

fell swoop, in one См. IN ONE FELL SWOOP.

fight someone or something hammer and tongs AND **fight someone or something tooth and nail; go at it hammer and tongs; go at it tooth and nail** со всей энергией и решительностью бороться с кем-либо или с чем-либо. (Данные фразы устаревшие и обозначают борьбу с применением или без применения оружия.) ➤ **бить кого-либо и в хвост и в гриву.** □ *They fought against the robber tooth and nail.* □ *The dogs were fighting each other hammer and tongs.* □ *The mayor fought the new law hammer and tongs.* □ *We'll fight this zoning ordinance tooth and nail.*

fight someone or something tooth and nail См. предыдущую словарную статью.

fill someone's shoes занимать место другого человека и хорошо справляться с его обязанностями. (Будто на ногах у человека чужие туфли, и он целиком заполняет их.) ➤ **занимать/занять чьё-либо место.** □ *I don't know how we'll be able to do without you. No one can fill your shoes.* □ *It'll be difficult to fill Jane's shoes. She did her job very well.*

fill the bill соответствовать своему назначению. ➤ **как раз то, что надо.** □ *Ah, this steak is great. It really fills the bill.* □ *This new pair of shoes fills the bill nicely.*

Finders keepers(, losers weepers). фраза употребляется, когда человек находит что-либо. (Пословица, означающая, что человек, который находит, всегда в выигрыше, а тому, кто теряет, остаётся только плакать.) □ *John lost a quarter in the* *dining room yesterday. Ann found the quarter there today. Ann claimed that since she found it, it was hers. She said, "Finders keepers, losers weepers."* □ *John said, "I'll say finders keepers when I find something of yours!"*

find it in one's heart (to do something) иметь мужество или сострадание сделать что-либо. ➤ **духа не хватает у кого-либо (сделать что-либо).** □ *She couldn't find it in her heart to refuse to come home to him.* □ *I can't do it! I can't find it in my heart.*

find one's or something's way somewhere 1. [со словом *one's*] найти дорогу к какому-либо месту. □ *Mr. Smith found his way to the museum.* □ *Can you find your way home?* 2. [со словом *something's*] попасть куда-либо. (В этом выражении никто не обвиняется в перемещении вещи, предмета и т. д.) □ *The money found its way into the mayor's pocket.* □ *The secret plans found their way into the enemy's hands.*

fine feather, in См. IN FINE FEATHER.

fine kettle of fish полный беспорядок; неприятное положение. (Лишено буквального смысла.) ➤ **Хорошенькое дело!** □ *The dog has eaten the steak we were going to have for dinner. This is a fine kettle of fish!* □ *This is a fine kettle of fish. It's below freezing outside, and the furnace won't work.*

fine-tooth comb, go over something with a См. GO OVER SOMETHING WITH A FINE-TOOTH COMB.

finger in the pie, have one's См. HAVE ONE'S FINGER IN THE PIE.

fingertips, have something at one's См. HAVE SOMETHING AT ONE'S FINGERTIPS.

fire, under См. UNDER FIRE.

first and foremost прежде всего. (Клише.) ➤ **в первую очередь.** □ *First and foremost, I think you should work harder on your biology.* □ *Have this in mind first and foremost: Keep smiling!*

First come, first served. Кто первый пришёл, того первого и обслужили. (Клише.) □ *They ran out of tickets before we got there. It was first come, first served, but we didn't know that.* □ *Please line up and take your turn. It's first come, first served.*

first of all в первую очередь; раньше всего остального. (Аналогичные выражения "second of all" или "third of all" также употребляются, но лишены большого смысла.) ➤ **прежде всего.** □ *First of all, put your name on this piece of paper.* □ *First of all, we'll try to find a place to live.*

first thing (in the morning) то, что необходимо сделать утром в первую очередь. ➤ **первым делом (долгом).** □ *Please call me first thing in the morning. I can't help you now.* □ *I'll do that first thing.*

first things first в первую очередь самое важное. □ *It's more important to get a job than to buy new clothes. First things first!* □ *Do your homework now. Go out and play later. First things first.*

first water, of the См. OF THE FIRST WATER.

fish for a compliment напрашиваться на комплименты. (Будто подбиваешь кого-либо на комплимент.) □ *When she showed me her new dress, I could tell that she was fishing for a compliment.* □ *Tom was certainly fishing for a compliment when he modeled his fancy haircut for his friends.*

fishing expedition, go on a См. GO ON A FISHING EXPEDITION.

fish or cut bait либо выполнять возложенную на тебя работу, либо уволиться и дать работать другому. (Либо всерьёз заняться рыбной ловлей, либо уступить место другому и отдать наживку тому, кто более активно будет заниматься рыбной ловлей.) ➤ **принимать/принять одно из двух решений.** □ *Mary is doing much better on the job since her manager told her to fish or cut bait.* □ *The boss told Tom, "Quit wasting time! Fish or cut bait!"*

fish out of water, like a См. LIKE A FISH OUT OF WATER.

fish to fry, have other См. HAVE OTHER FISH TO FRY.

fit as a fiddle, as См. AS FIT AS A FIDDLE.

fit for a king полностью пригодный; достойный членов королевской семьи. (Клише.) ➤ **достойный короля.** □ *What a delicious meal. It was fit for a king.* □ *Our room at the hotel was fit for a king.*

fit like a glove хорошо сидеть (о чём-либо); плотно облегать фигуру. ➤ **быть в самый раз.** □ *My new shoes fit like a glove.* □ *My new coat is a little tight. It fits like a glove.*

fit someone to a T См. на SUIT SOMEONE TO A T.

fix someone's wagon наказывать кого-либо; расквитаться с кем-либо; плести заговор против кого-либо. ➤ **намылить шею кому-либо; сводить/свести счёты с кем-либо.** □ *If you ever do that again, I'll fix your wagon!* □ *Tommy! You clean up your room this instant, or I'll fix your wagon!* □ *He reported me to the boss, but I fixed his wagon. I knocked his lunch on the floor.*

flames, go up in См. GO UP IN FLAMES.

flash, in a См. IN A FLASH.

flash in the pan привлекающий внимание на короткое время (о ком-либо или о чём-либо.) □ *I'm afraid that my success as a painter was just a flash in the pan.* □ *Tom had hoped to be a singer, but his career was only a flash in the pan.*

flat as a pancake, as См. AS FLAT AS A PANCAKE.

flat broke совершенно разорённый, обанкротившийся; совсем без денег. ➤ **без гроша.** □ *I spent my last dollar, and I'm flat broke.* □ *The bank closed its doors to the public. It was flat broke!*

flesh and blood 1. облечённый в кровь и плоть человек (особенно с учётом предела его естественных возможностей); человек. ➤ **выше человеческих сил.** □ *This cold weather is more* *than flesh and blood can stand.* □ *Carrying 300 pounds is beyond mere flesh and blood.* 2. плоть и кровь. ➤ **(не) облечён в живую форму.** □ *The paintings of this artist are lifeless. They lack flesh and blood.* □ *These ideas have no flesh and blood.* 3. родственники; близкие по крови люди. ➤ **кровные родственники.** □ *That's no way to treat one's own flesh and blood.* □ *I want to leave my money to my own flesh and blood.* □ *Grandmother was happier living with her flesh and blood.*

flesh, in the См. IN THE FLESH.

float a loan получить займ; договориться о займе. ➤ **брать/ взять в кредит.** □ *I couldn't afford to pay cash for the car, so I floated a loan.* □ *They needed money, so they had to float a loan.*

flying colors, with См. WITH FLYING COLORS.

fly in the face of someone or something AND **fly in the teeth of someone or something** не считаться, пренебрегать или относиться неуважительно к кому-либо или чему-либо. ➤ **бросать/бросить вызов кому-либо или чему-либо.** □ *John loves to fly in the face of tradition.* □ *Ann made it a practice to fly in the face of standard procedures.* □ *John finds great pleasure in flying in the teeth of his father.*

fly in the ointment незначительное, неприятное событие, омрачающее ситуацию; помеха. ➤ **ложка дёгтя в бочке мёда.** □ *We enjoyed the play, but the fly in the ointment was not being able to find our car afterward.* □ *It sounds like a good idea, but there must be a fly in the ointment somewhere.*

fly in the teeth of someone or something См. на FLY IN THE FACE OF SOMEONE OR SOMETHING.

fly off the handle вспылить. ➤ **лезть/полезть в бутылку.** □ *Every time anyone mentions taxes, Mrs. Brown flies off the handle.* □ *If she keeps flying off the handle like that, she'll have a heart attack.*

foam at the mouth в сильном гневе. (Соотносится с "бешеной собакой", у которой изо рта идёт пена.) ➤ **с пеной у рта.** ☐ *Bob was raving—foaming at the mouth. I've never seen anyone so angry.* ☐ *Bill foamed at the mouth in anger.*

follow one's heart поступать согласно своим чувствам; следовать своей склонности (например, сочувствию или состраданию.) ➤ **следовать/последовать велению сердца.** ☐ *I couldn't decide what to do, so I just followed my heart.* ☐ *I trust that you will follow your heart in this matter.*

food for thought то, над чем можно размышлять. ➤ **пища для размышлений.** ☐ *I don't like your idea very much, but it's food for thought.* ☐ *Your lecture was very good. It contained much food for thought.*

fool and his money are soon parted, A. См. A FOOL AND HIS MONEY ARE SOON PARTED.

foot-in-mouth disease, have См. HAVE FOOT-IN-MOUTH DISEASE.

foot the bill оплатить счёт; заплатить за что-либо. ➤ **нести/понести расходы.** ☐ *Let's go out and eat. I'll foot the bill.* ☐ *If the bank goes broke, don't worry. The government will foot the bill.*

force someone's hand заставить кого-либо обнаружить свои истинные планы, намерения или секреты. (относится к картам, которые игрок держит в руках во время игры.) ➤ **раскрыть чьи-либо карты.** ☐ *We didn't know what she was doing until Tom forced her hand.* ☐ *We couldn't plan our game until we forced the other team's hand in the last play.*

force someone to the wall AND **drive someone to the wall** поставить кого-либо в чрезвычайно трудное положение; поставить кого-либо в неудобное положение. ➤ **припирать/ припереть кого-либо к стене.** ☐ *He wouldn't tell the truth until we forced him to the wall.* ☐ *They don't pay their bills until you drive them to the wall.*

for fear of something из страха перед чем-либо; из-за страха перед чем-либо. □ *He doesn't drive for fear of an accident.* □ *They lock their doors for fear of being robbed.*

forgive and forget прощать кого-либо (за что-либо) и полностью забывать о случившемся. (Клише.) □ *I'm sorry, John. Let's forgive and forget. What do you say?* □ *It was nothing. We'll just have to forgive and forget.*

fork money out (for something) AND **fork out money (for something)** платить за что-либо (возможно, с неохотой.) (Часто указывается сумма денег. Смотри примеры.) □ *I like that stereo, but I don't want to fork out a lot of money.* □ *Do you think I'm going to fork twenty dollars out for that book?* □ *I hate having to fork out money day after day.* □ *Forking money out to everyone is part of life in a busy economy.*

form an opinion составить мнение о чём-либо. (Обратите внимание на вариации в примерах.) □ *I don't know enough about the issue to form an opinion.* □ *Don't tell me how to think! I can form my own opinion.* □ *I don't form opinions without careful consideration.*

for the devil of it AND **for the heck of it; for the hell of it** для забавы; чтобы немного напакостить; без всякой причины. (Слово *hell* может у некоторых вызвать возражение.) ➤ **ради шутки.** □ *We filled their garage with leaves just for the devil of it.* □ *Tom tripped Bill for the heck of it.* □ *John picked a fight with Tom just for the hell of it.*

for the heck of it См. предыдущую словарную статью.

for the odds to be against one всё оборачивается против кого-либо; у кого-либо мало шансов. ➤ **один шанс из тысячи.** □ *You can give it a try, but the odds are against you.* □ *I know the odds are against me, but I wish to run in the race anyway.*

for the record чтобы чья-либо версия изложения фактов стала известна; чтобы факт был зафиксирован. (Часто употребляется в присутствии журналистов.) ➤ **к сведению.** □ *I'd like to say—for the record—that at no time have I ever accepted* *a bribe from anyone.* □ *For the record, I've never been able to get anything done around city hall without bribing someone.*

foul play нелегальная деятельность; жульничество. ➤ **грязная игра.** □ *The police investigating the death suspect foul play.* □ *Each student got an A on the test, and the teacher imagined it was the result of foul play.*

free and easy непринуждённый. □ *John is so free and easy. How can anyone be so relaxed?* □ *Now, take it easy. Just act free and easy. No one will know you're nervous.*

free as a bird, as См. AS FREE AS A BIRD.

free-for-all неорганизованная свалка или соревнование, доступное для всех; шумная ссора. □ *The picnic turned into a free-for-all after midnight.* □ *The race started out in an organized manner, but ended up being a free-for-all.*

friend in need is a friend indeed, A. См. A FRIEND IN NEED IS A FRIEND INDEED.

from hand to hand от одного человека к другим; из одних рук в другие. ➤ **из рук в руки.** □ *The book traveled from hand to hand until it got back to its owner.* □ *By the time the baby had been passed from hand to hand, it was crying.*

from pillar to post с одного места на другое; (в переносном смысле) от одного человека к другому, например, о сплетне. (Клише.) ➤ **туда и сюда.** □ *My father was in the army, and we moved from pillar to post year after year.* □ *After I told one person my secret, it went quickly from pillar to post.*

from rags to riches от нищеты к богатству; от скромности к элегантности. □ *The princess used to be quite poor. She certainly moved from rags to riches.* □ *After I inherited the money, I went from rags to riches.*

from start to finish от начала до конца; всё время. □ *I disliked* *the whole business from start to finish.* □ *Mary caused problems from start to finish.*

from stem to stern с одного конца в другой. (О всей длине корабля—от носа до кормы. В буквальном смысле употребляется с ссылкой на корабли.) □ *Now, I have to clean the house from stem to stern.* □ *I polished my car carefully from stem to stern.*

from the bottom of one's heart искренне. ➤ **от всего сердца (от всей души).** □ *When I returned the lost kitten to Mrs. Brown, she thanked me from the bottom of her heart.* □ *Oh, thank you! I'm grateful from the bottom of my heart.*

from the ground up до основания; от начала до конца. (В буквальном смысле о строительстве дома или другого сооружения.) ➤ **во всех отношениях.** □ *We must plan our sales campaign carefully from the ground up.* □ *Sorry, but you'll have to start all over again from the ground up.*

from the word go с начала; с самого же начала. (Фактически с момента произнесения слова *go*.) □ *I knew about the problem from the word go.* □ *She was failing the class from the word go.*

from top to bottom от самой высшей точки до самой низшей; целиком. ➤ **сверху донизу.** □ *I have to clean the house from top to bottom today.* □ *We need to replace our elected officials from top to bottom.*

frying pan into the fire, out of the См. OUT OF THE FRYING PAN INTO THE FIRE.

full as a tick, as См. AS FULL AS A TICK.

full swing, in См. IN FULL SWING.

fun and games забава; глупости; трата времени. □ *All right, Bill, the fun and games are over. It's time to get down to work.* □ *This isn't a serious course. It's nothing but fun and games.*

funny as a crutch, as Cм. AS FUNNY AS A CRUTCH.

further ado, without Cм. WITHOUT FURTHER ADO.

G

gas, out of См. OUT OF GAS.

get a black eye (Также с глаголом *have*. Примечание: *Get* может быть заменён на *have*. Обратите внимание на вариации в примерах. *Get* обычно означает стать, получить или вызвать. *Have* обычно означает владеть, содержать или иметь как результат чего-либо.) 1. получить синяк под глазом в результате сильного удара. ➤ **фонарь под глазом у кого-либо.** □ *I got a black eye from walking into a door.* □ *I have a black eye where John hit me.* 2. иметь плохое имя или репутацию. ➤ **подмоченная репутация у кого-либо.** □ *Mary got a black eye because of her complaining.* □ *The whole group now has a black eye.* ТАКЖЕ: **give someone a black eye** 1. ударить кого-либо в область глаза и поставить синяк. ➤ **поставить кому-либо фонарь под глазом.** □ *John became angry and gave me a black eye.* 2. испортить кому-либо имя или репутацию. ➤ **подмочить репутацию кому-либо.** □ *The constant complaining gave the whole group a black eye.*

get a clean bill of health быть признанным здоровым (врачом). (Также с глаголом *have*. См. примечание на GET A BLACK EYE.) □ *Sally got a clean bill of health from the doctor.* □ *Now that Sally has a clean bill of health, she can go back to work.* ТАКЖЕ: **give someone a clean bill of health** признать кого-либо здоровым [о враче]. □ *The doctor gave Sally a clean bill of health.*

get (all) dolled up разодеться. (Обычно о женщинах, но не обязательно.) ➤ **вырядиться в пух и в прах.** ☐ *I have to get all dolled up for the dance tonight.* ☐ *I just love to get dolled up in my best clothes.*

get a load off one's feet AND **take a load off one's feet** сесть; сидеть и наслаждаться отдыхом. ➤ **переводить/перевести дух.** ☐ *Come in, John. Sit down and take a load off your feet.* ☐ *Yes, I need to get a load off my feet. I'm really tired.*

get a load off one's mind выговориться. ➤ **снимать/снять тяжесть с души.** ☐ *He sure talked a long time. I guess he had to get a load off his mind.* ☐ *You aren't going to like what I'm going to say, but I have to get a load off my mind.*

get along (on a shoestring) жить на небольшие средства. ➤ **обходиться малым.** ☐ *For the last two years, we have had to get along on a shoestring.* ☐ *With so little money, it's hard to get along.*

get a lump in one's throat в состоянии, близком к слезам, когда у кого-либо к горлу подступает комок. (Также с глаголом *have.* См. примечание на GET A BLACK EYE.) ➤ **комок в горле у кого-либо.** ☐ *Whenever they play the national anthem, I get a lump in my throat.* ☐ *I have a lump in my throat because I'm frightened.*

get a word in edgewise AND **get a word in edgeways** суметь сказать что-либо, когда другие разговаривают и не обращают на тебя внимания. (Часто употребляется с отрицанием. Будто кто-то старается внести свою лепту в разговор.) ➤ **вставлять/вставить слово (словечко).** ☐ *It was such an exciting conversation that I could hardly get a word in edgewise.* ☐ *Mary talks so fast that nobody can get a word in edgeways.*

get cold feet смалодушничать или струсить; когда кажется, что ноги леденеют от страха. (Также с *have.* См. примечание на GET A BLACK EYE.) ➤ **душа в пятки уходит (ушла) у кого-либо.** ☐ *I usually get cold feet when I have to speak in public.* ☐ *John got cold feet and wouldn't run in the race.* ☐ *I can't give my speech now. I have cold feet.*

get down to brass tacks приступать к обсуждению важных вопросов. ➤ **переходить/перейти к сути дела.** ☐ *Let's get down to brass tacks. We've wasted too much time chatting.* ☐ *Don't you think that it's about time to get down to brass tacks?*

get down to business AND **get down to work** стать серьёзным; приступать к переговорам или обсуждению деловых вопросов. ➤ **браться/взяться за дело вплотную.** ☐ *All right, everyone. Let's get down to business. There has been enough playing around.* ☐ *When the president and vice president arrive, we can get down to business.* ☐ *They're here. Let's get down to work.*

get down to work См. предыдущую словарную статью.

get fresh (with someone) становиться чрезмерно дерзким или наглым. ➤ **вести себя развязно с кем-либо.** ☐ *When I tried to kiss Mary, she slapped me and shouted, "Don't get fresh with me!"* ☐ *I can't stand people who get fresh.*

get goose bumps AND **get goose pimples** говорится, когда от страха или волнения чья-либо кожа покрывается пупырышками. (Также с глаголом *have.* См. примечание на GET A BLACK EYE. О чьей-либо коже, похожей на кожу ощипанного гуся. Мало кто из американцев видел ощипанного гуся.) ➤ **мурашки бегают (бегали) по спине у кого-либо.** ☐ *When he sings, I get goose bumps.* ☐ *I never get goose pimples.* ☐ *That really scared her. Now she's got goose pimples.*

get goose pimples См. предыдущую словарную статью.

get in someone's hair надоедать или раздражать кого-либо. (Обычно не в буквальном смысле.) ➤ **капать на мозги кому-либо.** ☐ *Billy is always getting in his mother's hair.* ☐ *I wish you'd stop getting in my hair.*

get into the swing of things включаться в будничную работу или деятельность. (О ритме будничной работы.) ➤ **входить/войти в курс дела.** ☐ *Come on, Bill. Try to get into the swing of things.* ☐ *John just couldn't seem to get into the swing of things.*

get off scot-free См. на GO SCOT-FREE.

get one's ducks in a row приводить свои дела в порядок; подготавливать свои дела. (Неофициальный стиль или слэнг. Как в карнавальных играх, будто в качестве мишени выстраивают в ряд деревянных уток, а затем стреляют по каждой из них в отдельности.) ➤ **приводить/привести дела в порядок.** □ *You can't hope to go into a company and sell something until you get your ducks in a row.* □ *As soon as you people get your ducks in a row, we'll leave.*

get one's feet on the ground приобретать независимое положение. (Также с глаголом *have.* См. примечание к GET A BLACK EYE.) ➤ **становиться/стать на ноги.** □ *He's new at the job, but soon he'll get his feet on the ground.* □ *Her productivity will improve after she gets her feet on the ground again.* □ *Don't worry about Sally. She has her feet on the ground.* ТАКЖЕ: **keep one's feet on the ground** сохранять своё прочное положение. □ *Sally will have no trouble keeping her feet on the ground.*

get one's feet wet приступать к чему-либо; делать что-либо впервые. (Будто кто-то входит в воду.) ➤ **делать/сделать первые шаги.** □ *Of course he can't do the job right. He's hardly got his feet wet yet.* □ *I'm looking forward to learning to drive. I can't wait to get behind the steering wheel and get my feet wet.*

get one's fill of someone or something пресытиться кем-либо или чем-либо. (Также с глаголом *have.* См. примечание к GET A BLACK EYE.) ➤ **набивать/набить оскомину кому-либо.** □ *You'll soon get your fill of Tom. He can be quite a pest.* □ *I can never get my fill of shrimp. I love it.* □ *Three weeks of visiting grandchildren is enough. I've had my fill of them.*

get one's fingers burned обжечься на чём-либо. (Употребляется также в буквальном смысле.) □ *I tried that once before and got my fingers burned. I won't try it again.* □ *If you go swimming and get your fingers burned, you won't want to swim again.*

get one's foot in the door оказаться в выигрышном положении (что облегчает продвижение вперёд); сделать первый шаг на пути к чему-либо. (О людях, которые продают товар и ходят от дома к дому. Обычно они ставят ногу в дверь, чтобы её не закрыли. Также с глаголом *have*. См. примечание к GET A BLACK EYE.) ➤ **делать/сделать первый шаг.** □ *I think I could get the job if I could only get my foot in the door.* □ *It pays to get your foot in the door. Try to get an appointment with the boss.* □ *I have a better chance now that I have my foot in the door.*

get one's hands dirty AND **dirty one's hands; soil one's hands**
быть вовлечённым в какое-либо нелегальные дело; совершить неблаговидный поступок; совершить недостойный поступок. ➤ **пачкать/запачкать руки.** □ *The mayor would never get his hands dirty by giving away political favors.* □ *I will not dirty my hands by breaking the law.* □ *Sally felt that to talk to the hobo was to soil her hands.*

get one's head above water разделаться с проблемами; наверстать упущенное (о работе или других обязанностях.) (Употребляется также в буквальном значении. Также с глаголом *have*. См. примечание к GET A BLACK EYE.) ➤ **вздохнуть свободно.** □ *I can't seem to get my head above water. Work just keeps piling up.* □ *I'll be glad when I have my head above water.* ТАКЖЕ: **keep one's head above water** выполнить свои обязанности досрочно. ➤ **дышать свободно.** □ *Now that I have more space to work in, I can easily keep my head above water.*

get one's just deserts получить то, что заслуживаешь. ➤ **получать/получить по заслугам.** □ *I feel better now that Jane got her just deserts. She really insulted me.* □ *Bill got back exactly the treatment that he gave out. He got his just deserts.*

get one's second wind (Также с глаголом *have*. См. примечание к GET A BLACK EYE.) 1. отдышаться после небольшого напряжения. ➤ **переводить/перевести дыхание.** □ *John was having a hard time running until he got his second wind.* □ *Bill had to quit the race because he never got his second wind.* □ *"At last," thought Ann, "I have my second wind. Now I can really swim fast."* 2. стать более активным и продуктивным (в отличие от прежней медлительности.) ➤ **собираться/собраться с**

силами. □ *I usually get my second wind early in the afternoon.* □ *Mary is a better worker now that she has her second wind.*

get one's teeth into something приняться за что-либо серьёзно, особенно за трудное дело. (Также употребляется в буквальном смысле о еде.) ➤ **браться/взяться за что-либо всерьёз.** □ *Come on, Bill. You have to get your teeth into your biology.* □ *I can't wait to get my teeth into this problem.*

get on someone's nerves раздражать кого-либо. ➤ **действовать кому-либо на нервы.** □ *Please stop whistling. It's getting on my nerves.* □ *All this arguing is getting on their nerves.*

get on the bandwagon AND **jump on the bandwagon** присоединиться к популярной точке зрения (о вопросе); занять популярную позицию. □ *You really should get on the bandwagon. Everyone else is.* □ *Jane has always had her own ideas about things. She's not the kind of person to jump on the bandwagon.*

get out of the wrong side of the bed См. на GET UP ON THE WRONG SIDE OF THE BED.

get second thoughts about someone or something сомневаться в ком-либо или в чём-либо. (Употребляется также с глаголом *have*. См. примечание к GET A BLACK EYE.) ➤ **иметь сомнения в отношении кого-либо.** □ *I'm beginning to get second thoughts about Tom.* □ *Tom is getting second thoughts about it, too.* □ *We now have second thoughts about going to Canada.*

get (someone) off the hook освобождать кого-либо от обязанностей; помогать кому-либо выйти из неловкого положения. □ *Thanks for getting me off the hook. I didn't want to attend that meeting.* □ *I couldn't get off the hook by myself.*

get someone over a barrel AND **get someone under one's thumb** заставлять кого-либо повиноваться; подчинять кого-либо себе. (Также с глаголом *have*. См. примечание к GET A BLACK EYE.) ➤ **брать/взять кого-либо в свои руки.** □ *He got me over a barrel, and I had to do what he said.* □ *Ann will do exactly* *what I say. I've got her over a barrel.* □ *All right, John. You've got me under your thumb. What do you want me to do?*

get someone's back up См. следующую словарную статью.

get someone's dander up AND **get someone's back up; get someone's hackles up; get someone's Irish up** разозлиться. (Также с глаголом *have*. См. примечание к GET A BLACK EYE.) ➤ **выходить/выйти из себя.** □ *Now, don't get your dander up. Calm down.* □ *Bob had his Irish up all day yesterday. I don't know what was wrong.* □ *She really got her back up when I asked her for money.* □ *Now, now, don't get your hackles up. I didn't mean any harm.*

get someone's ear быть выслушанным кем-либо; добиться чьего-либо внимания. (Также с глаголом *have*. См. примечание к GET A BLACK EYE. Не в буквальном смысле.) □ *He got my ear and talked for an hour.* □ *While I have your ear, I'd like to tell you about something I'm selling.*

get someone's eye См. на CATCH SOMEONE'S EYE.

get someone's hackles up См. на GET SOMEONE'S DANDER UP.

get someone's Irish up См. на GET SOMEONE'S DANDER UP.

get someone under one's thumb См. на GET SOMEONE OVER A BARREL.

get something into someone's thick head См. на GET SOMETHING THROUGH SOMEONE'S THICK SKULL.

get something off one's chest высказать то, что тебя тревожит. (Также с глаголом *have*. См. примечание на GET A BLACK EYE.) ➤ **облегчить душу.** □ *I have to get this off my chest. I broke your window with a stone.* □ *I knew I'd feel better when I had that off my chest.*

get something off (the ground) осуществлять. ➤ **пускать/пустить в ход что-либо.** □ *I can relax after I get this* *project off the ground.* □ *You'll have a lot of free time when you get the project off.*

get something sewed up (Также с глаголом *have*. См. примечание к GET A BLACK EYE.) 1. зашивать что-либо. (В буквальном смысле.) □ *I want to get this tear sewed up now.* □ *I'll have this hole sewed up tomorrow.* 2. AND **get something wrapped** улаживать или заканчивать что-либо. (Также с глаголом *have*.) □ *I'll take the contract to the mayor tomorrow morning. I'll get the whole deal sewed up by noon.* □ *Don't worry about the car loan. I'll have it sewed up in time to make the purchase.* □ *I'll get the loan wrapped up, and you'll have the car this week.*

get something straight понять что-либо правильно. (Также с глаголом *have*. См. примечание на GET A BLACK EYE.) □ *Now get this straight. You're going to fail history.* □ *Let me get this straight. I'm supposed to go there in the morning?* □ *Let me make sure I have this straight.*

get something through someone's thick skull AND **get something into someone's thick head** стараться понять что-либо; стараться усвоить какую-либо информацию. ➤ вбивать что-либо (себе) в башку. □ *He can't seem to get it through his thick skull.* □ *If I could get this into my thick head once, I'd remember it.*

get something under one's belt (Также с глаголом *have*. См. примечание к GET A BLACK EYE.) 1. съесть или выпить что-либо. (Означает, что пища попадает в желудок и находится там под поясом.) □ *I'd feel a lot better if I had a cool drink under my belt.* □ *Come in out of the cold and get a nice warm meal under your belt.* 2. выучить что-либо хорошо; запомнить какую-либо информацию. (Не в буквальном смысле. Знание находится в голове и никак не соприкасается с поясом.) ➤ вбивать/вбить что-либо себе в голову; держать что-либо в голове. □ *I have to study tonight. I have to get a lot of algebra under my belt.* □ *Now that I have my lessons under my belt, I can rest easy.*

get something under way приступить к чему-либо. (Также с глаголом *have*. См. примечание к GET A BLACK EYE.

Первоначально из морской терминологии.) □ *The time has come to get this meeting under way.* □ *Now that the president has the meeting under way, I can relax.*

get something wrapped up См. на GET SOMETHING SEWED UP.

get stars in one's eyes быть одержимым шоу бизнесом; увлекаться театром. (Также с глаголом *have*. См. примечание к GET A BLACK EYE. О звёздах, например, о звёздах Голливуда или Нью-Йорка.) □ *Many young people get stars in their eyes at this age.* □ *Ann has stars in her eyes. She wants to go to Hollywood.*

get the benefit of the doubt принять благоприятное для кого-либо решение при отсутствии доказательств за и против. (Также с глаголом *have*. См. примечание к GET A BLACK EYE.) □ *I was right between a B and an A. I got the benefit of the doubt—an A.* □ *I thought I should have had the benefit of the doubt, but the judge made me pay a fine.* ТАКЖЕ: **give someone the benefit of the doubt** оправдать кого-либо за недостаточностью улик. □ *I'm glad the teacher gave me the benefit of the doubt.* □ *Please, judge. Give me the benefit of the doubt.*

get the blues хандрить или тосковать. (Также с глаголом *have*. См. примечание к GET A BLACK EYE.) ➤ **быть не в себе.** □ *You'll have to excuse Bill. He has the blues tonight.* □ *I get the blues every time I hear that song.*

get the final word См. на GET THE LAST WORD.

get the hang of something приобрести навык в чём-либо; освоиться с какой-либо работой (Также с глаголом *have*. См. примечание к GET A BLACK EYE.) ➤ **набить руку на чём-либо.** □ *As soon as I get the hang of this computer, I'll be able to work faster.* □ *Now that I have the hang of starting the car in cold weather, I won't have to get up so early.*

get the inside track быть в выигрышном положении, благодаря особым связям, знанию или привилегированности. (Также с глаголом *have*. См. примечание к GET A BLACK EYE.) ➤ **иметь связи.** □ *If I could get the inside track, I could win the contract.* □

The boss likes me. Since I have the inside track, I'll probably be the new office manager.

get the jump on someone опередить кого-либо; быть впереди кого-либо. (Также с глаголом *have*. См. примечание к GET A BLACK EYE.) ➤ **иметь (получить) преимущество перед кем-либо.** ☐ *I got the jump on Tom and got a place in line ahead of him.* ☐ *We'll have to work hard to get the contract, because they have the jump on us.*

get the last laugh посмеяться или высмеить того, кто смеялся или высмеивал тебя; поставить кого-либо в такое же затруднительное положение, в котором ты ранее находился. (Также с глаголом *have*. См. примечание к GET A BLACK EYE.) ☐ *John laughed when I got a D on the final exam. I got the last laugh, though. He failed the course.* ☐ *Mr. Smith said I was foolish when I bought an old building. I had the last laugh when I sold it a month later for twice what I paid for it.*

get the last word AND **get the final word** сказать последнее слово (в споре); иметь право окончательного решения (в каком-либо деле). (Также с глаголом *have*. См. примечание к GET A BLACK EYE.) ➤ **последнее слово за кем-либо.** ☐ *The boss gets the last word in hiring.* ☐ *Why do you always have to have the final word in an argument?*

get the message См. на GET THE WORD.

get the nod быть избранным. (Также с глаголом *have*. См. примечание к GET A BLACK EYE.) ➤ **получать/получить назначение.** ☐ *The boss is going to pick the new sales manager. I think Ann will get the nod.* ☐ *I had the nod for captain of the team, but I decided not to do it.*

get the red-carpet treatment быть принятым с особым почётом; быть удостоенным королевского приёма. (Говорится, когда для чьего-либо приёма пол устилается чистым красным ковром. Иногда в буквальном смысле.) ➤ **удостаиваться/удостоиться особой почести.** ☐ *I love to go to fancy stores where I get the red-carpet treatment.* ☐ *The queen expects to get the red-*

carpet treatment wherever she goes. ТАКЖЕ: **give someone the red-carpet treatment** принять кого-либо с особым почётом; оказать кому-либо королевский приём. ➤ **оказывать/оказать кому-либо королевский приём.** □ *We always give the queen the red-carpet treatment when she comes to visit.* ТАКЖЕ: **roll out the red carpet for someone** встречать кого-либо с почестями. □ *There's no need to roll out the red carpet for me.* □ *We rolled out the red carpet for the king and queen.*

get the runaround в ответ на вопрос получить множество отговорок, отсрочек или ссылок. ➤ **получать/получить уклончивый ответ.** □ *You'll get the runaround if you ask to see the manager.* □ *I hate it when I get the runaround.* ТАКЖЕ: **give someone the runaround** приводить кому-либо разные отговорки, отсрочки и ссылки. ➤ **заговаривать зубы кому-либо.** □ *If you ask to see the manager, they'll give you the runaround.*

get the shock of one's life быть в состоянии сильного (эмоционального) потрясения. (Также с глаголом *have.* См. примечание к GET A BLACK EYE.) ➤ **быть потрясённым до глубины души.** □ *I opened the telegram and got the shock of my life.* □ *I had the shock of my life when I won $5,000.*

get the short end of the stick AND **end up with the short end of the stick** получить меньше кого-либо; оказаться одураченным или обманутым. (Также с глаголом *have.* См. примечание к GET A BLACK EYE.) ➤ **оставаться/остаться в дураках.** □ *Why do I always get the short end of the stick? I want my fair share!* □ *She's unhappy because she has the short end of the stick again.* □ *I hate to end up with the short end of the stick.*

get the upper hand (on someone) оказаться в лучшем положении, чем кто-либо; добиться преимущества перед кем-либо. (Также с глаголом *have.* См. примечание к GET A BLACK EYE.) ➤ **брать/взять верх над кем-либо.** □ *John is always trying to get the upper hand on someone.* □ *He never ends up having the upper hand, though.*

get the word AND **get the message** получить разъяснение;

получить окончательное и авторитетное разъяснение. (Также с глаголом *have*. См.примечание к GET A BLACK EYE.) ➤ **получать/получить донесение.** □ *I'm sorry, I didn't get the word. I didn't know the matter had been settled.* □ *Now that I have the message, I can be more effective in answering questions.*

get time to catch one's breath найти время для того, чтобы расслабиться и почувствовать себя нормально. (Также с глаголом *have*. См. примечание к GET A BLACK EYE.) ➤ **иметь время перевести дух.** □ *When things slow down around here, I'll get time to catch my breath.* □ *Sally was so busy she didn't even have time to catch her breath.*

get to first base (with someone or something) AND **reach first base (with someone or something)** добиться первого (первоначального) успеха. (*First base* относится к бейсболу.) ➤ **сдвинуться с места.** □ *I wish I could get to first base with this business deal.* □ *John adores Sally, but he can't even reach first base with her. She won't even speak to him.* □ *He smiles and acts friendly, but he can't get to first base.*

get to one's feet встать. ➤ **подниматься/подняться на ноги.** □ *On a signal from the director, the singers got to their feet.* □ *I was so weak, I could hardly get to my feet.*

get to the bottom of something понять причину чего-либо. ➤ **доходить/дойти до сути чего-либо.** □ *We must get to the bottom of this problem immediately.* □ *There is clearly something wrong here, and I want to get to the bottom of it.*

get to the heart of the matter понять сущность чего-либо. ➤ **докапываться/докопаться до сути дела.** □ *We have to stop wasting time and get to the heart of the matter.* □ *You've been very helpful. You really seem to be able to get to the heart of the matter.*

get to the point См. на COME TO THE POINT.

get two strikes against one о ситуации, когда шансы против кого-либо; о ситуации, когда успех маловероятен. (Из игры в бейсбол, когда игрок "выбывает" после трёх ударов. Также с

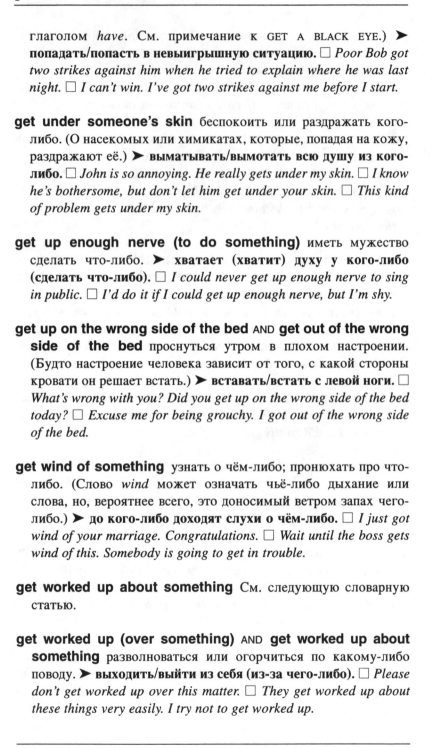

глаголом *have*. См. примечание к GET A BLACK EYE.) ➤ **попадать/попасть в невыигрышную ситуацию.** □ *Poor Bob got two strikes against him when he tried to explain where he was last night.* □ *I can't win. I've got two strikes against me before I start.*

get under someone's skin беспокоить или раздражать кого-либо. (О насекомых или химикатах, которые, попадая на кожу, раздражают её.) ➤ **выматывать/вымотать всю душу из кого-либо.** □ *John is so annoying. He really gets under my skin.* □ *I know he's bothersome, but don't let him get under your skin.* □ *This kind of problem gets under my skin.*

get up enough nerve (to do something) иметь мужество сделать что-либо. ➤ **хватает (хватит) духу у кого-либо (сделать что-либо).** □ *I could never get up enough nerve to sing in public.* □ *I'd do it if I could get up enough nerve, but I'm shy.*

get up on the wrong side of the bed AND **get out of the wrong side of the bed** проснуться утром в плохом настроении. (Будто настроение человека зависит от того, с какой стороны кровати он решает встать.) ➤ **вставать/встать с левой ноги.** □ *What's wrong with you? Did you get up on the wrong side of the bed today?* □ *Excuse me for being grouchy. I got out of the wrong side of the bed.*

get wind of something узнать о чём-либо; пронюхать про что-либо. (Слово *wind* может означать чьё-либо дыхание или слова, но, вероятнее всего, это доносимый ветром запах чего-либо.) ➤ **до кого-либо доходят слухи о чём-либо.** □ *I just got wind of your marriage. Congratulations.* □ *Wait until the boss gets wind of this. Somebody is going to get in trouble.*

get worked up about something См. следующую словарную статью.

get worked up (over something) AND **get worked up about something** разволноваться или огорчиться по какому-либо поводу. ➤ **выходить/выйти из себя (из-за чего-либо).** □ *Please don't get worked up over this matter.* □ *They get worked up about these things very easily. I try not to get worked up.*

gild the lily пытаться украсить что-либо, не нуждающееся в украшении; пытаться улучшить что-либо, не нуждающееся в улучшении. (Часто о лести или преувеличении. Лилия красива и без украшения. Золотить её, то есть покрывать золотом, излишне.) □ *Your house has lovely brickwork. Don't paint it. That would be gilding the lily.* □ *Oh, Sally. You're beautiful the way you are. You don't need makeup. You would be gilding the lily.*

gird (up) one's loins приготовиться; подготовиться (к чему-либо). (Клише. В основном означает приодеться, готовясь к чему-либо. Из библейского источника.) □ *Well, I guess I had better gird up my loins and go to work.* □ *Somebody has to do something about the problem. Why don't you gird your loins and do something?*

give a good account of oneself успешно справиться с чем-либо. ➤ **оставлять/оставить о себе хорошее впечатление.** □ *John gave a good account of himself when he gave his speech last night.* □ *Mary was not hungry, and she didn't give a good account of herself at dinner.*

give as good as one gets отвечать кому-либо тем же. (Обычно в настоящем времени.) ➤ **не оставаться/не остаться в долгу.** □ *John can take care of himself in a fight. He can give as good as he gets.* □ *Sally usually wins a formal debate. She gives as good as she gets.*

give credit where credit is due воздавать кому-либо должное; признавать что-либо чьей-либо заслугой или благодарить кого-либо по заслугам. (Клише.) ➤ **воздавать/воздать по заслугам.** □ *We must give credit where credit is due. Thank you very much, Sally.* □ *Let's give credit where credit is due. Mary is the one who wrote the report, not Jane.*

Give one an inch, and one will take a mile. AND **If you give one an inch, one will take a mile.** пословица, означающая, что человек, которому оказана небольшая услуга, потом захочет большего. ➤ **Дай ему палец, он и всю руку откусит.** □ *I told John he could turn in his paper one day late, but he turned it in three* *days late. Give him an inch, and he'll take a mile.* □ *First we let John borrow our car for a day. Now he wants to go on a two-week vacation. If you give him an inch, he'll take a mile.*

give one an inch, one will take a mile, If you. См. предыдущую словарную статью.

give one one's freedom освободить кого-либо; развестись с кем-либо. (В случае с разводом употребляется как эвфемизм.) ➤ давать/дать кому-либо свободу. □ *Mrs. Brown wanted to give her husband his freedom.* □ *Well, Tom, I hate to break it to you this way, but I have decided to give you your freedom.*

give oneself airs вести себя самодовольно или высокомерно. ➤ ходить с важным видом. □ *Sally is always giving herself airs. You'd think she had royal blood.* □ *Come on, John. Don't act so haughty. Stop giving yourself airs.*

give one's right arm (for someone or something) быть готовым отдать что-либо очень ценное за кого-либо или что-либо. (Не употребляется в буквальном значении.) ➤ (готов) отдать жизнь за кого-либо или за что-либо. □ *I'd give my right arm for a nice cool drink.* □ *I'd give my right arm to be there.* □ *Tom really admired John. Tom would give his right arm for John.*

give someone a black eye См. на GET A BLACK EYE.

give someone a buzz См. на GIVE SOMEONE A RING.

give someone a clean bill of health См. на GET A CLEAN BILL OF HEALTH.

give someone a piece of one's mind наорать на кого-либо; отчитать кого-либо. (Высказать кому-либо то, что ты думаешь о нём.) ➤ показать кому-либо, где раки зимуют. □ *I've had enough from John. I'm going to give him a piece of my mind.* □ *Sally, stop it, or I'll give you a piece of my mind.*

give someone a ring AND **give someone a buzz** позвонить кому-либо по телефону. (*Ring* и *buzz* относятся к телефонному звонку.) □ *Nice talking to you. Give me a ring sometime.* □ *Give me a buzz when you're in town.*

give someone or something a wide berth сторониться кого-либо; избегать кого-либо. (Первоначально о парусном судне.) ➤ **держаться на расстоянии от кого-либо.** □ *The dog we are approaching is very mean. Better give it a wide berth.* □ *Give Mary a wide berth. She's in a very bad mood.*

give someone the benefit of the doubt См. на GET THE BENEFIT OF THE DOUBT.

give someone the eye подмигнуть кому-либо. (Не в буквальном значении.) □ *Ann gave John the eye. It really surprised him.* □ *Tom kept giving Sally the eye. She finally left.*

give someone the red-carpet treatment См. на GET THE RED-CARPET TREATMENT.

give someone the runaround См. на GET THE RUNAROUND.

give someone the shirt off one's back проявлять щедрость или заботу по отношению к кому-либо. ➤ **снимать/снять с себя последнюю рубашку.** □ *Tom really likes Bill. He'd give Bill the shirt off his back.* □ *John is so friendly that he'd give anyone the shirt off his back.*

give someone tit for tat расквитаться с кем-либо; получить и дать сдачи. ➤ **платить/отплатить кому-либо той же монетой.** □ *They gave me the same kind of difficulty that I gave them. They gave me tit for tat.* □ *He punched me, so I punched him. Every time he hit me, I hit him. I just gave him tit for tat.*

give something a lick and a promise делать что-либо плохо, быстро и небрежно. ➤ **делать/сделать что-либо из рук вон плохо.** □ *John! You didn't clean your room! You just gave it a lick and a promise.* □ *This time, Tom, comb your hair. It looks as if you just gave it a lick and a promise.*

give the bride away [об отце невесты] сопровождать невесту к жениху в брачной церемонии. □ *Mr. Brown is ill. Who'll give the bride away?* □ *In the traditional wedding ceremony, the bride's father gives the bride away.*

give the devil his due AND **give the devil her due** ставить что-нибудь в заслугу своему врагу. (Клише. Обычно о человеке, совершившем, подобно дъяволу, зло.) ➤ **отдавать/отдать должное и плохому человеку.** □ *She's generally impossible, but I have to give the devil her due. She cooks a terrific cherry pie.* □ *John may cheat on his taxes and yell at his wife, but he keeps his car polished. I'll give the devil his due.*

give up the ghost умереть; испустить дух. (Клише. Литературный или юмористический стиль.) ➤ **отправиться на тот свет.** □ *The old man sighed, rolled over, and gave up the ghost.* □ *I'm too young to give up the ghost.*

go about one's business заняться своим делом; оставить кого-либо в покое и заняться своим делом. ➤ **не встревать в чужие дела.** □ *Leave me alone! Just go about your business!* □ *I have no more to say. I would be pleased if you would go about your business.*

go against the grain идти вразрез с чьей-либо склонностью. (О строении древесного волокна. Против волокна означает перпендикулярно его строению.) ➤ **быть не по душе кому-либо.** □ *Don't expect me to help you cheat. That goes against the grain.* □ *Would it go against the grain for you to call in sick for me?*

go along for the ride прокатиться с кем-либо; сопровождать кого-либо в поездке без особой причины, просто так. □ *Join us. You can go along for the ride.* □ *I don't really need to go to the grocery store, but I'll go along for the ride.* □ *We're having a little party next weekend. Nothing fancy. Why don't you come along for the ride?*

go and never darken my door again уйти и больше не появляться. (Клише.) ➤ **чтобы (твоей, его, её . . .) ноги не было где-либо.** □ *The heroine of the drama told the villain never to darken her door again.* □ *She touched the back of her hand to her forehead and said, "Go and never darken my door again!"*

go (a)round the bend 1. завернуть за угол или за поворот; развернуться. ☐ *You'll see the house you're looking for as you go round the bend.* ☐ *John waved to his father until the car went round the bend.* 2. сойти с ума; потерять рассудок. ➤ **сходить/сойти с ума.** ☐ *If I don't get some rest, I'll go round the bend.* ☐ *Poor Bob. He has been having trouble for a long time. He finally went around the bend.*

go away empty-handed уходить ни с чем. ➤ **уходить/уйти с пустыми руками.** ☐ *I hate for you to go away empty-handed, but I cannot afford to contribute any money.* ☐ *They came hoping for some food, but they had to go away empty-handed.*

go back on one's word не сдержать обещания. ➤ **нарушать/нарушить обещание.** ☐ *I hate to go back on my word, but I won't pay you $100 after all.* ☐ *Going back on your word makes you a liar.*

go down in history сохраниться в памяти людей (о выдающихся событиях и людях). (Клише.) ➤ **входить/войти в историю.** ☐ *Bill is so great. I'm sure that he'll go down in history.* ☐ *This is the greatest party of the century. I bet it'll go down in history.*

go Dutch делить поровну расходы за еду или за что-либо другое. ☐ JANE: *Let's go out and eat.* MARY: *Okay, but let's go Dutch.* ☐ *It's getting expensive to have Sally for a friend. She never wants to go Dutch.*

go in one ear and out the other услышать и забыть о чём-либо. (Не в буквальном значении.) ➤ **в одно ухо входит, а из другого выходит.** ☐ *Everything I say to you seems to go in one ear and out the other. Why don't you pay attention?* ☐ *I can't concentrate. Things people say to me just go in one ear and out the other.*

go into a nosedive AND **take a nosedive** 1. [о самолёте] круто пикировать носом вниз. ☐ *It was a bad day for flying, and I was afraid we'd go into a nosedive.* ☐ *The small plane took a nosedive. The pilot was able to bring it out at the last minute, so the plane didn't crash.* 2. резко ухудшаться, об эмоциональном состоянии, финансах или здоровье. ➤ **идти/пойти на убыль.** ☐ *Our profits* *took a nosedive last year.* □ *After he broke his hip, Mr. Brown's health went into a nosedive, and he never recovered.*

go into a tailspin 1. [о самолёте] потерять управление и врезаться носом в землю. ➤ **войти в неуправляемый штопор.** □ *The plane shook and then suddenly went into a tailspin.* □ *The pilot was not able to bring the plane out of the tailspin, and it crashed into the sea.* 2. [о ком-либо] потерять ориентацию или начать паниковать; [о чьей-либо жизни] развалиться. ➤ **идти/пойти прахом (о чём-либо); быть выбитым из колеи.** □ *Although John was a great success, his life went into a tailspin. It took him a year to get straightened out.* □ *After her father died, Mary's world fell apart, and she went into a tailspin.*

go into one's song and dance about something приводить одни и те же знакомые объяснения и отговорки по поводу чего-либо. (Клише. *One's* может быть заменено на *the same old.* Не имеет отношения к пению или к танцу.) ➤ **браться/взяться за старое.** □ *Please don't go into your song and dance about how you always tried to do what was right.* □ *John went into his song and dance about how he won the war all by himself.* □ *He always goes into the same old song and dance every time he makes a mistake.*

go like clockwork продвигаться (точно и надёжно). (Относится скорее к механическим видам работы вообще, чем к часовому механизму.) ➤ **работать как часы.** □ *The building project is progressing nicely. Everything is going like clockwork.* □ *The elaborate pageant was a great success. It went like clockwork from start to finish.*

good as done, as См. AS GOOD AS DONE.

good as gold, as См. AS GOOD AS GOLD.

good condition, in См. IN GOOD CONDITION.

good head on one's shoulders, have a См. HAVE A GOOD HEAD ON ONE'S SHOULDERS.

good shape, in См. IN GOOD SHAPE.

go off the deep end AND **jump off the deep end** серьёзно увлечься кем-либо или чем-либо, будучи не подготовленным к этому; действовать сгоряча. (О ком-либо, кто входит в бассейн не с той стороны, где мелко, а бросается в его глубь. В результате человек не достаёт до дна. Говорится, в основном, когда кто-либо влюбляется.) ➤ **действовать очертя голову.** □ *Look at the way Bill is looking at Sally. I think he's about to go off the deep end.* □ *Now, John, I know you really want to go to Australia, but don't go jumping off the deep end. It isn't all perfect there.*

go on a fishing expedition стараться раздобыть какую-либо информацию. (Также употребляется в буквальном смысле. Будто кто-то забрасывает удочку в невидимую глубину воды, чтобы выловить оттуда что-нибудь.) ➤ **закидывать/закинуть удочку.** □ *We are going to have to go on a fishing expedition to try to find the facts.* □ *One lawyer went on a fishing expedition in court, and the other lawyer objected.*

go, on the См. ON THE GO.

go (out) on strike [о группе людей] прекращать работу до выполнения их требований. ➤ **объявлять/объявить забастовку.** □ *If we don't have a contract by noon tomorrow, we'll go out on strike.* □ *The entire work force went on strike at noon today.*

go overboard 1. упасть за борт лодки или корабля. □ *My fishing pole just went overboard. I'm afraid it's lost.* □ *That man just went overboard. I think he jumped.* 2. переусердствовать; быть экстравагантным. ➤ **перегибать/перегнуть палку.** □ *Look, Sally, let's have a nice party, but don't go overboard. It doesn't need to be fancy.* □ *Okay, you can buy a big comfortable car, but don't go overboard.*

go over someone's head [об интеллектуальном содержании чего-либо] быть слишком трудным для чьего-либо восприятия. (Будто информация пролетает над чьей-то головой, вместо того, чтобы войти в неё.) ➤ **быть выше чьего-либо понимания.** □ *All that talk about computers went over my head.* □ *I hope my lecture didn't go over the students' heads.*

go over something with a fine-tooth comb AND **search something with a fine-tooth comb** прочёсывать что-либо тщательно. (Будто ищешь маленький предмет, затерянный в волокне.) ➤ **перевернуть всё вверх ногами (чтобы найти что-либо).** ☐ *I can't find my calculus book. I went over the whole place with a fine-tooth comb.* ☐ *I searched this place with a fine-tooth comb and didn't find my ring.*

go over with a bang [о чём-либо] быть смешным или занимательным. (В основном о шутках или театральных представлениях.) ➤ **иметь шумный спех.** ☐ *The play was a success. It really went over with a bang.* ☐ *That's a great joke. It went over with a bang.*

go scot-free AND **get off scot-free** оставаться безнаказанным; быть оправданным. (Слово *scot* устаревшее значение слова *"tax"* или *"tax burden."*) ➤ **выходить/выйти сухим из воды.** ☐ *The thief went scot-free.* ☐ *Jane cheated on the test and got caught, but she got off scot-free.*

go stag посещать какое-либо мероприятие (предназначенное для пар) без партнёра или партнёрши. (Первоначально относилось только к представителям мужского пола.) ☐ *Is Tom going to take you, or are you going stag?* ☐ *Bob didn't want to go stag, so he took his sister to the party.*

go the distance доводить что-либо до конца; проводить игру до конца; пробежать всю дистанцию. (Первоначально относилось к спорту.) ➤ **доходить/дойти до конца.** ☐ *That horse runs fast. I hope it can go the distance.* ☐ *This is going to be a long, hard project. I hope I can go the distance.*

go the limit всё, что только можно. ☐ *What do I want on my hamburger? Go the limit!* ☐ *Don't hold anything back. Go the limit.*

go through channels действовать обычным порядком по инстанции, обращаясь к соответствующим людям или ведомству. (*Channels* обозначает путь, по которому проходит дело через иерархические или бюрократические структуры.) ➤ **идти/пойти по инстанциям.** ☐ *If you want an answer to your* *questions, you'll have to go through channels.* □ *If you know the answers, why do I have to go through channels?*

go through the motions делать что-либо кое-как; делать что-либо неискренне. ➤ **делать/сделать вид.** □ *Jane isn't doing her best. She's just going through the motions.* □ *Bill was supposed to be raking the yard, but he was just going through the motions.*

go through the roof подняться высоко; достичь высокой степени чего-либо. (В этом случае не в буквальном значении.) ➤ **подняться до предела; лезть/полезть на стену.** □ *It's so hot! The temperature is going through the roof.* □ *Mr. Brown got so angry he almost went through the roof.*

go to bat for someone поддерживать или помогать кому-либо. (В бейсболе, о заменённом игроке с битой.) ➤ **вставать/встать на чью-либо сторону.** □ *I tried to go to bat for Bill, but he said he didn't want any help.* □ *I heard them gossiping about Sally, so I went to bat for her.*

go to Davy Jones's locker утонуть (в море). (Предполагается, что выражение взято из морского обихода.) ➤ **идти/пойти на дно.** □ *My camera fell overboard and went to Davy Jones's locker.* □ *My uncle was a sailor. He went to Davy Jones's locker during a terrible storm.*

go to pot AND **go to the dogs** разрушаться; ухудшаться. ➤ **лететь вверх тормашками; идти/пойти насмарку.** □ *My whole life seems to be going to pot.* □ *My lawn is going to pot. I had better weed it.* □ *The government is going to the dogs.*

go to rack and ruin AND **go to wrack and ruin** разрушаться. (Слова *rack* и *wrack* означают "разрушение" и встречаются только в этом выражении.) ➤ **приходить/прийти в упадок.** □ *That lovely old house on the corner is going to go to rack and ruin.* □ *My lawn is going to wrack and ruin.*

go to seed См. на RUN TO SEED.

go to someone's head стать заносчивым; стать излишне

гордым. ➤ **ударять/ударить в голову кому-либо.** □ *You did a fine job, but don't let it go to your head.* □ *He let his success go to his head, and soon he became a complete failure.*

go to the dogs См. на GO TO POT.

go to the wall провалиться или проиграть (находясь в экстремальной ситуации). ➤ **терпеть/потерпеть фиаско.** □ *We really went to the wall on that deal.* □ *The company went to the wall because of that contract. Now it's broke.*

go to town работать много и быстро. (Употребляется также в буквальном значении.) ➤ **с головой окунуться в работу.** □ *Look at all those ants working. They are really going to town.* □ *Come on, you guys! Let's go to town. We have to finish this job before noon.*

go to wrack and ruin См. GO TO RACK AND RUIN.

go up in flames AND **go up in smoke** сгореть; быть уничтоженным в огне. □ *The whole museum went up in flames.* □ *My paintings—my whole life's work—went up in flames.* □ *What a shame for all that to go up in smoke.*

go up in smoke См. предыдущую словарную статью.

grain, go against the См. GO AGAINST THE GRAIN.

green thumb, have a См. HAVE A GREEN THUMB.

green with envy завистливый; ревнивый. (Клише. Не в буквальном значении.) ➤ **готовый лопнуть от зависти.** □ *When Sally saw me with Tom, she turned green with envy. She likes him a lot.* □ *I feel green with envy whenever I see you in your new car.*

grin and bear it относиться к чему-либо неприятному с юмором. ➤ **смотреть на вещи просто.** □ *There is nothing you can do but grin and bear it.* □ *I hate having to work for rude people. I guess I have to grin and bear it.*

grind to a halt замедлить движение и остановиться; остановиться. □ *By the end of the day, the factory had ground to a halt.* □ *The car ground to a halt, and we got out to stretch our legs.*

grit one's teeth скрежетать зубами от злобы или непреклонности. □ *I was so mad, all I could do was stand there and grit my teeth.* □ *All through the race, Sally was gritting her teeth. She was really determined.*

ground up, from the См. FROM THE GROUND UP.

gun for someone искать кого-либо, предположительно, с целью расправы (с оружием в руках). (Первоначально из фильмов о ковбоях и гангстерах.) □ *The coach is gunning for you. I think he's going to bawl you out.* □ *I've heard that the sheriff is gunning for me, so I'm getting out of town.*

gutter, in the См. IN THE GUTTER.

H

hail-fellow-well-met в дружеских отношениях со всеми; проявляющий ко всем показную дружелюбность. (Обычно о представителях мужского рода.) ➤ **со всеми запанибрата.** □ *Yes, he's friendly, sort of hail-fellow-well-met.* □ *He's not a very sincere person. Hail-fellow-well-met—you know the type.* □ *What a pain he is! Good old Mr. Hail-fellow-well-met. What a phony!*

hair of the dog that bit one порция спиртного для того, чтобы опохмелиться; порция спиртного, принимаемого во время лечения от пьянства. (Не имеет никакого отношения к собакам или волосам.) ➤ **клин клином вышибают.** □ *Oh, I'm miserable. I need some of the hair of the dog that bit me.* □ *That's some hangover you've got there, Bob. Here, drink this. It's some of the hair of the dog that bit you.*

hair's breadth, by a См. BY A HAIR'S BREADTH.

hale and hearty бодрый и здоровый. □ *Doesn't Ann look hale and hearty?* □ *I don't feel hale and hearty. I'm really tired.*

Half a loaf is better than none. пословица, означающая, что лучше иметь часть чего-либо, чем совсем ничего. ➤ **На безрыбье и рак рыба.** □ *When my raise was smaller than I wanted, Sally said, "Half a loaf is better than none."* □ *People who keep saying "Half a loaf is better than none" usually have as much as they need.*

halfhearted (about someone or something), be См. be half-hearted (about someone or something).

half-mast, at См. at half-mast.

hand, do something by См. do something by hand.

hand, have something at См. have something at hand.

hand in glove (with someone) в тесной дружбе с кем-либо. ➤ закадычные друзья. □ *John is really hand in glove with Sally.* □ *The teacher and the principal work hand in glove.*

hand in the till, have one's См. have one's hand in the till.

handle someone with kid gloves быть осторожным в обращении с чувствительным человеком; иметь дело с трудным человеком. ➤ **проявлять/проявить мягкость по отношению к кому-либо.** □ *Bill has become so sensitive. You really have to handle him with kid gloves.* □ *You don't have to handle me with kid gloves. I can take it.*

hand, out of См. out of hand.

hand over fist [о процессе обмена денег на покупки] очень быстро и легко. □ *What a busy day. We took in money hand over fist.* □ *They were buying things hand over fist.*

hand over hand перехватывая руками. □ *Sally pulled in the rope hand over hand.* □ *The man climbed the rope hand over hand.*

hands down, do something См. do something hands down.

hands full (with someone or something), have one's См. have one's hands full (with someone or something).

hands, have someone or something in one's См. have someone or something in one's hands.

hands tied, have one's См. have one's hands tied.

hand tied behind one's back, with one См. WITH ONE HAND TIED BEHIND ONE'S BACK.

hand to hand, from См. FROM HAND TO HAND.

hang by a hair AND **hang by a thread** находиться в неопределённом положении; не иметь опоры. (Также с предлогом *on*, как видно из второго.) ➤ **держаться на ниточке.** □ *Your whole argument is hanging by a thread.* □ *John isn't failing geometry, but he's just hanging on by a hair.*

hang by a thread См. предыдущую словарную статью.

hanging over one's head, have something См. HAVE SOMETHING HANGING OVER ONE'S HEAD.

hang in the balance быть в нерешительном положении; иметь два равных шанса. ➤ **висеть на волоске (в воздухе).** □ *The prisoner stood before the judge with his life hanging in the balance.* □ *This whole issue will have to hang in the balance until Jane gets back from her vacation.*

Hang on! приготовиться к быстрому или резкому движению. "Держитесь!" □ *Hang on! Here we go!* □ *The airplane passengers suddenly seemed weightless. Someone shouted, "Hang on!"*

hang on someone's every word слушать кого-либо с большим вниманием. ➤ **ловить каждое слово кого-либо.** □ *He gave a great lecture. We hung on his every word.* □ *Look at the way John hangs on Mary's every word. He must be in love with her.*

Hang on to your hat! AND **Hold on to your hat!** "Держи крепче шляпу"; "Готовься к неожиданному сюрпризу или шоку." ➤ **Держись крепче!** □ *What a windy day. Hang on to your hat!* □ *Here we go! Hold on to your hat!* □ *Are you ready to hear the final score? Hang on to your hat! We won ten to nothing!*

hang someone in effigy повесить чучело или другое изображение человека, которого ненавидишь. ➤ **символически предавать/предать кого-либо казни.** □ *They* *hanged the dictator in effigy.* □ *The angry mob hanged the president in effigy.*

happy as a clam, as См. AS HAPPY AS A CLAM.

happy as a lark, as См. AS HAPPY AS A LARK.

hard-and-fast rule твёрдо установленное правило. ➤ строгое правило. □ *It's a hard-and-fast rule that you must be home by midnight.* □ *You should have your project completed by the end of the month, but it's not a hard-and-fast rule.*

hard as nails, as См. AS HARD AS NAILS.

hardly have time to breathe быть очень занятым. ➤ не иметь возможности перевести дух. □ *This was such a busy day. I hardly had time to breathe.* □ *They made him work so hard that he hardly had time to breathe.*

hard on someone's heels идущий за кем-либо на близком расстоянии; следующий за кем-либо, почти наступая на пятки. ➤ следовать за кем-либо по пятам. □ *I ran as fast as I could, but the dog was still hard on my heels.* □ *Here comes Sally, and John is hard on her heels.*

Haste makes waste. пословица, означаюшая, что действовать надо не торопясь, чтобы не допустить промаха, а то всё придётся начинать сначала. ➤ **Поспешишь—людей насмешишь.** □ *Now, take your time. Haste makes waste.* □ *Haste makes waste, so be careful as you work.*

hat, be old См. BE OLD HAT.

hate someone's guts люто ненавидеть кого-либо. (Неофициальное и грубое выражение.) ➤ ненавидеть кого-либо всей душой. □ *Oh, Bob is terrible. I hate his guts!* □ *You may hate my guts for saying so, but I think you're getting gray hair.*

haul someone over the coals См. на RAKE SOMEONE OVER THE COALS.

have a bee in one's bonnet носиться с какой-либо идеей или мыслью; быть помешанным на чём-либо. (Пчела—это мысль, засевшая в голове, на которой надета шапка.) ➤ **иметь навязчивую идею.** □ *I have a bee in my bonnet that you'd be a good manager.* □ *I had a bee in my bonnet about swimming. I couldn't stop wanting to go swimming.* ТАКЖЕ: **put a bee in someone's bonnet** навязывать/навязать кому-либо мысль о чём-либо. □ *Somebody put a bee in my bonnet that we should go to a movie.* □ *Who put a bee in your bonnet?*

have a big mouth быть сплетником; не уметь держать секреты. (О человеке, который говорит во всеуслышание и слишком громко.) ➤ **иметь длинный язык.** □ *Mary has a big mouth. She told Bob what I was getting him for his birthday.* □ *You shouldn't say things like that about people all the time. Everyone will say you have a big mouth.*

have a bone to pick (with someone) иметь повод для спора с кем-либо; иметь разногласия с кем-либо. ➤ **сводить/свести счёты с кем-либо.** □ *Hey, Bill. I've got a bone to pick with you. Where is the money you owe me?* □ *I had a bone to pick with her, but she was so sweet that I forgot about it.* □ *You always have a bone to pick.*

have a brush with something столкнуться с чем-либо; испытать что-либо. (Особенно о законе. Иногда *close brush*.) □ *Ann had a close brush with the law. She was nearly arrested for speeding.* □ *When I was younger, I had a brush with scarlet fever, but I got over it.*

have a chip on one's shoulder провоцировать кого-либо на спор или драку. (Предложение сбить щепку с плеча расценивается как предложение вступить в драку. Человек со щепкой на плече всегда провоцирует кого-либо вступить в драку или дискуссию.) ➤ **искать повода для ссоры (или драки).** □ *Who are you mad at? You always seem to have a chip on your shoulder.* □ *John's had a chip on his shoulder ever since he got his speeding ticket.*

have a close call См. следующую словарную статью.

have a close shave AND **have a close call** с трудом избежать опасности. ➤ **чудом спастись.** ☐ *What a close shave I had! I nearly fell off the roof when I was working there.* ☐ *I almost got struck by a speeding car. It was a close shave.*

have a familiar ring [о рассказе или объяснении] звучит знакомо. ☐ *Your excuse has a familiar ring. Have you done this before?* ☐ *This term paper has a familiar ring. I think it has been copied.*

have a good head on one's shoulders быть разумным; быть смышлёным и сообразительным. ➤ **иметь голову на плечах.** ☐ *Mary doesn't do well in school, but she's got a good head on her shoulders.* ☐ *John has a good head on his shoulders and can be depended on to give good advice.*

have a green thumb уметь хорошо выращивать растения. (Не в буквальном смысле.) ☐ *Just look at Mr. Simpson's garden. He has a green thumb.* ☐ *My mother has a green thumb when it comes to house plants.*

have a heart быть сострадательным; быть великодушным и уметь прощать; быть милосердным. ☐ *Oh, have a heart! Give me some help!* ☐ *If Ann had a heart, she'd have made us feel more welcome.*

have a heart of gold быть великодушным, искренним и дружелюбным. (Не в буквальном смысле. Иметь прекрасный характер и быть прекрасным человеком.) ➤ **иметь золотое сердце.** ☐ *Mary is such a lovely person. She has a heart of gold.* ☐ *You think Tom stole your watch? Impossible! He has a heart of gold.*

have a heart of stone быть холодным, бесчувственным и недружелюбным. (Не в буквальном смысле.) ➤ **не иметь сердца.** ☐ *Sally has a heart of stone. She never even smiles.* ☐ *The villain in the play had a heart of stone. He was an ideal villain.*

have a lot going (for one) о человеке, которому в жизни везёт. ➤ **счастье улыбается кому-либо.** ☐ *Jane is so lucky. She has a* *lot going for her.* □ *She has a good job and a nice family. She has a lot going.*

have a low boiling point быть вспыльчивым. ➤ не владеть собой; иметь вспыльчивый характер. □ *Be nice to John. He's upset and has a low boiling point.* □ *Mr. Jones sure has a low boiling point. I hardly said anything, and he got angry.*

have an ax to grind есть, на что пожаловаться. ➤ иметь претензии к кому-либо. □ *Tom, I need to talk to you. I have an ax to grind.* □ *Bill and Bob went into the other room to argue. They had an ax to grind.*

have an eye out (for someone or something) AND **keep an eye out (for someone or something)** следить за появлением кого-либо или чего-либо. (Слово *an* может быть заменено словом *one's*.) □ *Please try to have an eye out for the bus.* □ *Keep an eye out for rain.* □ *Have your eye out for a raincoat on sale.* □ *Okay. I'll keep my eye out.*

have an in (with someone) иметь право обратиться к кому-либо с просьбой об услуге; пользоваться влиянием у кого-либо. (Слово *in* существительное.) ➤ иметь протекцию к кому-либо. □ *Do you have an in with the mayor? I have to ask him a favor.* □ *Sorry, I don't have an in, but I know someone who does.*

have an itchy palm AND **have an itching palm** нуждаться в чаевых; иметь привычку просить чаевые; быть жадным к деньгам. (Будто, если положить деньги на ладонь, она перестанет чесаться.) □ *All the waiters at that restaurant have itchy palms.* □ *The cab driver was troubled by an itching palm. Since he refused to carry my bags, I gave him nothing.*

have a price on one's head о человеке, которого разыскивают власти и за поимку которого назначена награда. (Не в буквальном значении. Обычно встречается только в фильмах о ковбоях или гангстерах. Будто предъявление чьей-либо головы даёт вознаграждение.) ➤ за чью-либо голову назначена награда. □ *We captured a thief who had a price on his* *head, and the sheriff gave us the reward.* ☐ *The crook was so mean, he turned in his own brother, who had a price on his head.*

have a scrape (with someone or something) входить в контакт с кем-либо или с чем-либо; побороться с кем-либо или с чем-либо. ➤ **иметь неприятности с кем-либо или с чем-либо.** ☐ *I had a scrape with the county sheriff.* ☐ *John and Bill had a scrape, but they are friends again now.*

have a soft spot in one's heart for someone or something тёпло относиться к кому-либо или чему-либо. ➤ **питать нежные чувства к кому-либо.** ☐ *John has a soft spot in his heart for Mary.* ☐ *I have soft spot in my heart for chocolate cake.*

have a sweet tooth любить сладости, особенно конфеты и печёное. (Будто какой-то один зуб жаждет сладкого.) ☐ *I have a sweet tooth, and if I don't watch it, I'll really get fat.* ☐ *John eats candy all the time. He must have a sweet tooth.*

have a weakness for someone or something быть не в состоянии устоять перед кем-либо или чем-либо; быть неравнодушным к кому-либо или чему-либо; быть (фигурально выражаясь) бессильным перед кем-либо или чем-либо. ➤ **питать слабость к кому-либо или к чему-либо.** ☐ *I have a weakness for chocolate.* ☐ *John has a weakness for Mary. I think he's in love.*

have bats in one's belfry быть слегка сумасшедшим. (Звонница—колокольня—олицетворяет чью-либо голову или мозги. Летучие мыши олицетворяют беспорядок.) ➤ **винтика не хватает у кого-либо.** ☐ *Poor old Tom has bats in his belfry.* ☐ *Don't act so silly, John. People will think you have bats in your belfry.*

have clean hands быть невиновным. (Будто у виновного человека руки обязательно в крови.) ➤ **иметь чистые руки.** ☐ *Don't look at me. I have clean hands.* ☐ *The police took him in, but let him go again because he had clean hands.*

have dibs on something AND **put one's dibs on something**

предъявлять права на что-либо. □ *I have dibs on the last piece of cake.* □ *John put his dibs on the last piece again. It isn't fair.*

have egg on one's face сконфузиться из-за допущенной ошибки, которая стала очевидна всем. (Редко употребляется в буквальном смысле.) ➤ **быть в неловком положении.** □ *Bob has egg on his face because he wore jeans to the party and everyone else wore formal clothing.* □ *John was completely wrong about the weather for the picnic. It snowed! Now he has egg on his face.*

have eyes bigger than one's stomach См. на ONE'S EYES ARE BIGGER THAN ONE'S STOMACH.

have eyes in the back of one's head видеть даже то, что делается за спиной. (Не в буквальном смысле.) ➤ **видеть на три аршина в землю.** □ *My teacher seems to have eyes in the back of her head.* □ *My teacher doesn't need to have eyes in the back of his head. He watches us very carefully.*

have feet of clay [о сильном человеке] иметь недостаток в характере. ➤ **иметь уязвимое место.** □ *All human beings have feet of clay. No one is perfect.* □ *Sally was popular and successful. She was nearly fifty before she learned that she, too, had feet of clay.*

have foot-in-mouth disease смутиться из-за сказанной глупости. (Это пародия на *foot-and-mouth disease* или *hoof-and-mouth disease*, которая поражает скот и оленей.) ➤ **допускать/допустить промах.** □ *I'm sorry I keep saying stupid things. I guess I have foot-in-mouth disease.* □ *Yes, you really have foot-in-mouth disease tonight.*

have mixed feelings (about someone or something) быть неуверенным в ком-либо или в чём-либо. ➤ **иметь двойное чувство к кому-либо или к чему-либо.** □ *I have mixed feelings about Bob. Sometimes I think he likes me; other times I don't.* □ *I have mixed feelings about my trip to England. I love the people, but the climate upsets me.* □ *Yes, I also have mixed feelings.*

have money to burn иметь много денег; иметь слишком много денег; иметь столько денег, что можно не считаться с потерями. ➤ **загребать деньги лопатой.** □ *Look at the way Tom buys things. You'd think he had money to burn.* □ *If I had money to burn, I'd just put it in the bank.*

have one's back to the wall обороняться. ➤ **быть припёртым к стенке.** □ *He'll have to give in. He has his back to the wall.* □ *How can I bargain when I've got my back to the wall?*

have one's cake and eat it too AND **eat one's cake and have it too** пытаться совместить несовместимое. (Употребляется обычно с отрицанием.) ➤ **(чтоб) и волки (были) сыты и овцы целы.** □ *Tom wants to have his cake and eat it too. It can't be done.* □ *Don't buy a car if you want to walk and stay healthy. You can't eat your cake and have it too.*

have one's ear to the ground AND **keep one's ear to the ground** прислушиваться, надеясь разузнать, что может произойти. (Не в буквальном смысле. Будто прислушиваешься к отдалённому звуку лошадиных копыт, отдающих в землю.) ➤ **держать ухо востро.** □ *John had his ear to the ground, hoping to find out about new ideas in computers.* □ *His boss told him to keep his ear to the ground so that he'd be the first to know of a new idea.*

have one's finger in the pie быть вовлечённым во что-либо. (Не в буквальном смысле.) □ *I like to have my finger in the pie so I can make sure things go my way.* □ *As long as John has his finger in the pie, things will happen slowly.*

have one's hand in the till обворовывать какую-либо фирму или организацию. (Имеется в виду касса или ящик для хранения денег.) ➤ **запускать/запустить руку в казну.** □ *Mr. Jones had his hand in the till for years before he was caught.* □ *I think that the new clerk has her hand in the till. There is cash missing every morning.*

have one's hands full (with someone or something) быть занятым или всецело поглощенным кем-либо или чем-либо. ➤ **иметь работы по горло.** □ *I have my hands full with my three children.* □ *You have your hands full with the store.* □ *We both have our hands full.*

have one's hands tied быть лишённым возможности сделать что-либо. ➤ **руки связаны у кого-либо.** □ *I can't help you. I was told not to, so I have my hands tied.* □ *John can help. He doesn't have his hands tied.*

have one's head in the clouds не знать, что происходит вокруг. ➤ **витать в облаках.** □ *"Bob, do you have your head in the clouds?" said the teacher.* □ *She walks around all day with her head in the clouds. She must be in love.*

have one's heart in one's mouth испытывать сильные чувства к кому-либо или к чему-либо. ➤ **сердце замирает (замерло) у кого-либо.** □ *"Gosh, Mary," said John, "I have my heart in my mouth whenever I see you."* □ *My heart is in my mouth whenever I hear the national anthem.* ТАКЖЕ: **one's heart is in one's mouth** испытывать сильные чувства. ➤ **сердце замирает (замерло) у кого-либо.** □ *It was a touching scene. My heart was in my mouth the whole time.*

have one's heart set on something настроиться на что-либо. ➤ **спать и видеть.** □ *Jane has her heart set on going to London.* □ *Bob will be disappointed. He had his heart set on going to college this year.* □ *His heart is set on it.* ТАКЖЕ: **set one's heart on something** решиться на что-либо. ➤ **принимать/принять решение.** □ *Jane set her heart on going to London.* ТАКЖЕ: **one's heart is set on something** желать или ожидать чего-либо. □ *Jane's heart is set on going to London.*

have one's nose in a book читать книгу; постоянно читать. ➤ **у кого-либо нос в книге.** □ *Bob has his nose in a book every time I see him.* □ *His nose is always in a book. He never gets any exercise.*

have one's tail between one's legs быть перепуганным или запуганным. (О перепуганной собаке. Также употребляется в буквальном смысле по отношению к собакам.) ➤ **поджимать/поджать хвост.** □ *John seems to lack courage. Whenever there is an argument, he has his tail between his legs.* □ *You can tell that the dog is frightened because it has its tail between its legs.* ТАКЖЕ: **one's tail is between one's legs** быть перепуганным или запуганным. ➤ **поджилки трясутся у кого-либо.** ☐ *He should have stood up and argued, but—as usual—his tail was between his legs.*

have one's words stick in one's throat о человеке, которого так захлеснули эмоции, что он даже слова вымолвить не может. ➤ **слова застревают (застряли) в горле у кого-либо.** ☐ *I sometimes have my words stick in my throat.* ☐ *John said that he never had his words stick in his throat.* ТАКЖЕ: **one's words stick in one's throat** испытывать сильные чувства и быть не в состоянии вымолвить ни слова. ➤ **слова застревают (застряли) в горле у кого-либо.** ☐ *My words stick in my throat whenever I try to say something kind or tender.*

have other fish to fry иметь другие дела; иметь более важные дела. (*Other* может быть заменено на *bigger, better, more important*, и т. д. Не употребляется в буквальном смысле.) ☐ *I can't take time for your problem. I have other fish to fry.* ☐ *I won't waste time on your question. I have bigger fish to fry.*

have someone dead to rights с достоверностью доказать чью-либо вину. ➤ **ловить/поймать кого-либо на месте преступления.** ☐ *The police burst in on the robbers while they were at work. They had the robbers dead to rights.* ☐ *All right, Tom! I've got you dead to rights! Get your hands out of the cookie jar.*

have someone in one's pocket иметь власть над кем-либо. ➤ **прибирать/прибрать кого-либо к рукам.** ☐ *Don't worry about the mayor. She'll cooperate. I've got her in my pocket.* ☐ *John will do just what I tell him. I've got him and his brother in my pocket.*

have someone or something in one's hands контролировать или нести ответственность за кого-либо или за что-либо. (*Have* может быть заменено на *leave* или *put*.) ➤ **быть на чьём-либо попечении; оставить на чьё-либо попечении (о ком-либо или о чём-либо.)** ☐ *You have the whole project in your hands.* ☐ *The boss put the whole project in your hands.* ☐ *I have to leave the baby in your hands while I go to the doctor.*

have something at hand См. следующую словарную статью.

have something at one's fingertips AND **have something at hand** иметь что-либо рядом с собой. (*Have* может быть заменено на *keep*.) ➤ **иметь что-либо под рукой.** □ *I have a dictionary at my fingertips.* □ *I try to have everything I need at hand.* □ *I keep my medicine at my fingertips.*

have something hanging over one's head беспокоиться или тревожиться о чём-либо; беспокоиться о сроке сдачи чего-либо. (Употребляется также в буквальном смысле.) ➤ **висеть над чьей-либо головой.** □ *I keep worrying about getting drafted. I hate to have something like that hanging over my head.* □ *I have a history paper that is hanging over my head.*

have something in stock иметь наличный товар для продажи. ➤ **иметь что-либо в наличии.** □ *Do you have extra large sizes in stock?* □ *Of course, we have all sizes and colors in stock.*

have something to spare иметь что-либо в более чем достаточном количестве. ➤ **иметь что-либо с избытком; иметь лишнее.** □ *Ask John for some firewood. He has firewood to spare.* □ *Do you have any candy to spare?*

have the right-of-way иметь официальное право использовать определённый участок общественной дороги. ➤ **иметь право на дорогу.** □ *I had a traffic accident yesterday, but it wasn't my fault. I had the right-of-way.* □ *Don't pull out onto a highway if you don't have the right-of-way.*

have the shoe on the other foot попасть в ситуацию, которая диаметрально противоположна предшествующей. (Также с глаголом *be* вместо *have*. Смотри примеры.) ➤ **роли поменялись.** □ *I used to be a student, and now I'm the teacher. Now I have the shoe on the other foot.* □ *You were mean to me when you thought I was cheating. Now that I have caught you cheating, the shoe is on the other foot.*

have the time of one's life хорошо провести время; провести самое лучшее время в своей жизни. □ *What a great party! I had the time of my life.* □ *We went to Florida last winter and had the time of our lives.*

have too many irons in the fire разбрасываться. (Клише. Будто кузнец занимается одновременно столькими делами в своей кузнице, что не может справиться с нимн.) ➤ **браться/взяться за многое.** ☐ *Tom had too many irons in the fire and missed some important deadlines.* ☐ *It's better if you don't have too many irons in the fire.*

head and shoulders above someone or something быть намного лучше кого-либо или чего-либо. (Часто употребляется с *stand*, как видно из примеров.) ➤ **быть на голову выше кого-либо; не выдерживать сравнения с чем-либо.** ☐ *This wine is head and shoulders above that one.* ☐ *John stands head and shoulders above Bob.*

head, go over someone's См. GO OVER SOMEONE'S HEAD.

head, go to someone's См. GO TO SOMEONE'S HEAD.

head, in over one's См. IN OVER ONE'S HEAD.

head in the clouds, have one's См. HAVE ONE'S HEAD IN THE CLOUDS.

head, on someone's См. ON SOMEONE'S HEAD.

head, out of one's См. OUT OF ONE'S HEAD.

heart and soul, with all one's См. WITH ALL ONE'S HEART AND SOUL.

heart good, do someone's См. DO SOMEONE'S HEART GOOD.

heart, have a См. HAVE A HEART.

heart in one's mouth, have one's См. HAVE ONE'S HEART IN ONE'S MOUTH.

heart of gold, have a См. HAVE A HEART OF GOLD.

heart of stone, have a См. HAVE A HEART OF STONE.

heart set on something, have one's См. HAVE ONE'S HEART SET ON SOMETHING.

heat, in См. IN HEAT.

heck of it, for the См. FOR THE HECK OF IT.

heels of something, on the См. ON THE HEELS OF SOMETHING.

He laughs best who laughs last. См. следующую словарную статью.

He who laughs last, laughs longest. AND **He laughs best who laughs last.** пословица, означающая, что наивысшее удовольствие получает тот, за кем последний шаг или последняя шутка. ➤ **Хорошо смеётся тот, кто смеётся последним.** □ *Bill had pulled many silly tricks on Tom. Finally Tom pulled a very funny trick on Bill and said, "He who laughs last, laughs longest."* □ *Bill pulled another, even bigger trick on Tom, and said, laughing, "He laughs best who laughs last."*

hide one's head in the sand См. на BURY ONE'S HEAD IN THE SAND.

hide one's light under a bushel не раскрывать своих способностей. (Из библейского источника.) ➤ **зарывать/ зарыть свой талант в землю.** □ *Jane has some good ideas, but she doesn't speak very often. She hides her light under a bushel.* □ *Don't hide your light under a bushel. Share your gifts with other people.*

high as a kite, as См. AS HIGH AS A KITE.

high as the sky, as См. AS HIGH AS THE SKY.

high man on the totem pole человек, стоящий на самом верху иерархической лестницы; человек, стоящий во главе какой-либо организации. (См. также LOW MAN ON THE TOTEM POLE.) ➤ **самый главный.** □ *I don't want to talk to a secretary. I demand to talk to the high man on the totem pole.* □ *Who's in charge around here? Who's high man on the totem pole?*

hill, over the См. OVER THE HILL.

history, go down in См. GO DOWN IN HISTORY.

hit a happy medium См. на STRIKE A HAPPY MEDIUM.

hit a snag столкнуться с проблемой. ➤ **встать перед проблемой.** □ *We've hit a snag with the building project.* □ *I stopped working on the roof when I hit a snag.*

hit a sour note См. на STRIKE A SOUR NOTE.

hit bottom достичь самого низкого или худшего уровня. ➤ **идти/пойти под откос.** □ *Our profits have hit bottom. This is our worst year ever.* □ *When my life hit bottom, I began to feel much better. I knew that if there was going to be any change, it would be for the better.*

hitch a ride См. на THUMB A RIDE.

hit someone between the eyes быть особенно заметным; удивлять или производить впечатление на кого-либо. (Также с *right*, как видно из примеров. Также употребляется в буквальном смысле.) ➤ **бросаться/броситься кому-либо в глаза.** □ *Suddenly, it hit me right between the eyes. John and Mary were in love.* □ *Then—as he was talking—the exact nature of the evil plan hit me between the eyes.*

hit (someone) like a ton of bricks удивлять, поражать или потрясать кого-либо. ➤ **ударять/ударить кого-либо как обухом по голове.** □ *Suddenly, the truth hit me like a ton of bricks.* □ *The sudden tax increase hit like a ton of bricks. Everyone became angry.*

hit the bull's-eye 1. попасть в яблоко мишени. (В буквальном значении.) ➤ **попадать/попасть в цель.** □ *The archer hit the bull's-eye three times in a row.* □ *I didn't hit the bull's-eye even once.* 2. успешно добиться поставленной цели. ➤ **попадать/попасть в самую точку.** □ *Your idea really hit the bull's-eye. Thank you!* □ *Jill has a lot of insight. She knows how to hit the bull's-eye.*

hit the nail (right) on the head сделать то, что надо; сделать что-либо самым эффективным и продуктивным способом. (Клише.) ➤ **попадать/попасть не в бровь, а в глаз.** □ *You've spotted the flaw, Sally. You hit the nail on the head.* □ *Bob doesn't say much, but every now and then he hits the nail right on the head.*

hit the spot именно такой, как надо; освежающий. ➤ **быть, что надо.** □ *This cool drink really hits the spot.* □ *That was a delicious meal, dear. It hit the spot.*

hold one's end (of the bargain) up AND **hold up one's end (of the bargain)** выполнять свою часть обязательств; заниматься возложенной на тебя ответственностью. ➤ **вносить/внести свою лепту.** □ *Tom has to learn to cooperate. He must hold up his end of the bargain.* □ *If you don't hold your end up, the whole project will fail.*

hold one's ground См. на STAND ONE'S GROUND.

hold one's head up AND **hold up one's head** обладать чувством собственного достоинства; сохранять или проявлять своё достоинство. ➤ **высоко держать голову.** □ *I've done nothing wrong. I can hold my head up in public.* □ *I'm so embarrassed and ashamed. I'll never be able to hold up my head again.*

hold one's own не уступать другим. ➤ **уметь стоять/постоять за себя.** □ *I can hold my own in a footrace any day.* □ *She was unable to hold her own, and she had to quit.*

hold one's peace помалкивать. ➤ **держать язык за зубами.** □ *Bill was unable to hold his peace any longer. "Don't do it!" he cried.* □ *Quiet, John. Hold your peace for a little while longer.*

hold one's temper См. на KEEP ONE'S TEMPER.

hold one's tongue воздержаться от высказываний; воздерживаться разговора, чтобы не сказать что-либо неприятное. (Не в буквальном смысле.) ➤ **придержать язык.** □ *I felt like scolding her, but I held my tongue.* □ *Hold your tongue, John. You can't talk to me that way.*

Hold on to your hat! См. на HANG ON TO YOUR HAT!

hold out the olive branch предлагать покончить с враждой и помириться; стараться уладить дело миром. (Масличная ветвь—символ мира и примирения. Из библейского источника.) ➤ **делать/сделать попытку к примирению.** □ *Jill was the first to hold out the olive branch after our argument.* □ *I always try to hold out the olive branch to someone I have hurt. Life is too short for a person to bear grudges for very long.*

hold the fort присматривать за чем-либо, например, за магазином или своим домом. (Из ковбойских фильмов.) □ *I'm going next door to visit Mrs. Jones. You stay here and hold the fort.* □ *You should open the store at eight o'clock and hold the fort until I get there at ten o'clock.*

hold true [о чём-либо] быть действительным; (о чём-либо) оставаться действительным. ➤ **оставаться в силе.** □ *Does this rule hold true all the time?* □ *Yes, it holds true no matter what.*

hold water, not См. NOT HOLD WATER.

hole in one 1. о мяче, забитом с первой попытки. (Из игры в гольф.) □ *John made a hole in one yesterday.* □ *I've never gotten a hole in one.* 2. об успехе с самого начала. □ *It worked the first time I tried it—a hole in one.* □ *Bob got a hole in one on that sale. A lady walked in the door, and he sold her a car in five minutes.*

hole, in the См. IN THE HOLE.

hole, out of the См. OUT OF THE HOLE.

honeymoon is over, The. См. THE HONEYMOON IS OVER.

honor, on one's См. ON ONE'S HONOR.

honors, do the См. DO THE HONORS.

honor someone's check принимать к оплате чей-либо персональный чек. □ *The clerk at the store wouldn't honor my* *check. I had to pay cash.* □ *The bank didn't honor your check when I tried to deposit it. Please give me cash.*

hope against all hope не терять надежды даже в безвыходной ситуации. ➤ **надеяться на чудо.** □ *We hope against all hope that she'll see the right thing to do and do it.* □ *There is little point in hoping against all hope, except that it makes you feel better.*

horizon, on the См. ON THE HORIZON.

horn in (on someone) стараться вытеснить кого-либо. ➤ **возникать на горизонте.** □ *I'm going to ask Sally to the party. Don't you dare try to horn in on me!* □ *I wouldn't think of horning in.*

horns of a dilemma, on the См. ON THE HORNS OF A DILEMMA.

horse of a different color См. следующую словарную статью.

horse of another color AND **horse of a different color** это совсем другое дело. ➤ **это совсем из другой оперы.** □ *I was talking about the tree, not the bush. That's a horse of another color.* □ *Gambling is not the same as investing in the stock market. It's a horse of a different color.*

hot under the collar рассердившийся. (Клише.) ➤ **(становиться/стать) красный как рак.** □ *The boss was really hot under the collar when you told him you lost the contract.* □ *I get hot under the collar every time I think about it.*

hour, on the См. ON THE HOUR.

house, on the См. ON THE HOUSE.

huff, in a См. IN A HUFF.

hump, over the См. OVER THE HUMP.

hungry as a bear, as См. AS HUNGRY AS A BEAR.

I

(ifs, ands, or) buts about it, no См. NO (IFS, ANDS, OR) BUTS ABOUT IT.

If the shoe fits, wear it. пословица, означающая, что надо обращать внимание только на то, что относится к тебе. ➤ **У кого свербит, тот и чешись.** ☐ *Some people here need to be quiet. If the shoe fits, wear it.* ☐ *This doesn't apply to everyone. If the shoe fits, wear it.*

if worst comes to worst в худшем случае; если случится самое худшее. (Клише.) ➤ **на худой конец.** ☐ *If worst comes to worst, we'll hire someone to help you.* ☐ *If worst comes to worst, I'll have to borrow some money.*

If you give one an inch, one will take a mile. См. на GIVE ONE AN INCH, AND ONE WILL TAKE A MILE.

in a dead heat приходящие к финишу одновременно; вместе. (В этом случае, *dead* означает "точный" или "абсолютный".) ➤ **в одно и то же время.** ☐ *The two horses finished the race in a dead heat.* ☐ *They ended the contest in a dead heat.*

in a flash быстро; незамедлительно. ➤ **в два счёта.** ☐ *I'll be there in a flash.* ☐ *It happened in a flash. Suddenly my wallet was gone.*

in a huff с рассерженным или оскорблённым видом. (*In* может быть заменено на *into*. См. примеры.) ➤ **в сердцах.** ☐ *He heard what we had to say, then left in a huff.* ☐ *She came in a huff and ordered us to bring her something to eat.* ☐ *She gets into a huff very easily.*

in a mad rush в спешке; впопыхах. ➤ **в суматохе.** ☐ *I ran around all day today in a mad rush, looking for a present for Bill.* ☐ *Why are you always in a mad rush?*

in a (tight) spot в трудном положении; в тяжёлом положении. (*In* может быть заменено на *into*. См. примеры.) ➤ **в затруднительном положении.** ☐ *Look, John, I'm in a tight spot. Can you lend me twenty dollars?* ☐ *I'm in a spot too. I need $300.* ☐ *I have never gotten into a tight spot.*

in a vicious circle в ситуации, когда решение одной проблемы ведёт к другой, решение которой, в свою очередь, связано с решением первой. (*In* может быть заменено на *into*. См. примеры.) ➤ **в заколдованном кругу.** ☐ *Life is so strange. I seem to be in a vicious circle most of the time.* ☐ *I put lemon in my tea to make it sour, then sugar to make it sweet. I'm in a vicious circle.* ☐ *Don't let your life get into a vicious circle.*

in a world of one's own отчуждённый; обособленный; замкнутый. (*In* может быть заменено на *into*. См. примеры.) ➤ **держаться особняком.** ☐ *John lives in a world of his own. He has very few friends.* ☐ *Mary walks around in a world of her own, but she's very intelligent.* ☐ *When she's thinking, she drifts into a world of her own.*

in bad faith неискренно; с плохими или нечестными намерениями; лицемерно. ➤ **не по совести.** ☐ *It appears that you acted in bad faith and didn't live up to the terms of our agreement.* ☐ *If you do things in bad faith, you'll get a bad reputation.*

in bad sorts в плохом настроении. ➤ **не в духе.** ☐ *Bill is in bad sorts today. He's very grouchy.* ☐ *I try to be extra nice to people when I'm in bad sorts.*

in bad taste AND **in poor taste** грубый; вульгарный;

непристойный. □ *Mrs. Franklin felt that your joke was in bad taste.* □ *We found the play to be in poor taste, so we walked out in the middle of the second act.*

in black and white официальный, представленный в написанном или напечатанном виде. (О соглашении или другом документе, представленном в письменном виде. *In* может быть заменено на *into*. См. примеры.) ➤ **(напечатано) чёрным по белому.** □ *I have it in black and white that I'm entitled to three weeks of vacation each year.* □ *It says right here in black and white that oak trees make acorns.* □ *Please put the agreement into black and white.*

in broad daylight публично в дневное время. ➤ **средь бела дня.** □ *The thief stole the car in broad daylight.* □ *There they were, selling drugs in broad daylight.*

inch by inch сантиметр за сантиметром; мало-помалу. ➤ **шаг за шагом.** □ *Traffic moved along inch by inch.* □ *Inch by inch, the snail moved across the stone.*

inch of one's life, within an См. WITHIN AN INCH OF ONE'S LIFE.

in creation См. на ON EARTH.

in deep water в опасном или затруднительном положении; в тяжёлой ситуации; в беде. (Будто кто-то плывёт или падает в воду, которая накрывает его с головой. *In* может быть заменено на *into*. См. примеры.) ➤ **в трудном положении.** □ *John is having trouble with his taxes. He's in deep water.* □ *Bill is in deep water in algebra class. He's almost failing.* □ *He really got himself into deep water.*

in fine feather в хорошем настроении; в добром здравии. (Клише. *In* может быть заменено на *into*. См. примеры. О здоровой и поэтому красивой птице.) ➤ **в хорошем расположении духа.** □ *Hello, John. You appear to be in fine feather.* □ *Of course I'm in fine feather. I get lots of sleep.* □ *Good food and lots of sleep put me into fine feather.*

in full swing в действии; протекающий или проходящий без помех. (*In* может быть заменено на *into*. См. примеры.) ➤ **в самом (полном) разгаре.** ☐ *We can't leave now! The party is in full swing.* ☐ *Our program to help the starving people is in full swing. You should see results soon.* ☐ *Just wait until our project gets into full swing.*

in good condition См. следующую словарную статью.

in good shape AND **in good condition** физически здоровый и крепкий. (О людях и вещах. *In* может быть заменено на *into*. См. примеры.) ➤ **в хорошей форме.** ☐ *This car isn't in good shape. I'd like to have one that's in better condition.* ☐ *Mary is in good condition. She works hard to keep healthy.* ☐ *You have to make an effort to get into good shape.*

in heat в период сексуального возбуждения; в период течки. (Во время течки самки проявляют особую активность к размножению. См. также IN SEASON. В основном о животных. В отношении людей выражение приобретает шутливый оттенок. *In* может быть заменено на *into*. См. примеры.) ☐ *Our dog is in heat. She goes into heat every year at this time.* ☐ *When my dog is in heat, I have to keep her locked in the house.*

in less than no time моментально. ➤ **в одну секунду.** ☐ *I'll be there in less than no time.* ☐ *Don't worry. This won't take long. It'll be over with in less than no time.*

in mint condition в прекрасном состоянии. (О только что отчеканенной монете. *In* может быть заменено на *into*. См. примеры.) ➤ **в отличном состоянии.** ☐ *This is a fine car. It runs well and is in mint condition.* ☐ *We went through a house in mint condition and decided to buy it.* ☐ *We put our house into mint condition before we sold it.*

in name only номинально; только по документам, но не в действительности. ➤ **только на бумаге.** ☐ *The president is head of the country in name only. Congress makes the laws.* ☐ *Mr. Smith is the boss of the Smith Company in name only. Mrs. Smith handles all the business affairs.*

innocent as a lamb, as См. as innocent as a lamb.

in no mood to do something не в настроении делать что-либо; не хотеть сделать что-либо. ➤ **не иметь желания делать что-либо.** □ *I'm in no mood to cook dinner tonight.* □ *Mother is in no mood to put up with our arguing.*

in nothing flat мгновенно. ➤ **в один миг.** □ *Of course I can get there in a hurry. I'll be there in nothing flat.* □ *We covered the distance between New York and Philadelphia in nothing flat.*

in one ear and out the other игнорировать что-либо; не слушать или не обращать внимания на что-либо. (Клише. *In* может быть заменено на *into.* См. примеры.) ➤ **в одно ухо входит, а из другого выходит.** □ *Everything I say to you goes into one ear and out the other!* □ *Bill just doesn't pay attention. Everything is in one ear and out the other.*

in one fell swoop См. на at one fell swoop.

in one's birthday suit нагой; голый. (В "одежде"), в которой человек родился. *In* может быть заменено на *into.* См. примеры.) ➤ **в чём мать родила.** □ *I've heard that John sleeps in his birthday suit.* □ *We used to go down to the river and swim in our birthday suits.* □ *You have to get into your birthday suit to bathe.*

in one's mind's eye мысленно. (О чём-либо, что представляешь себе мысленно.) ➤ **в чьём-либо воображении.** □ *In my mind's eye, I can see trouble ahead.* □ *In her mind's eye, she could see a beautiful building beside the river. She decided to design such a building.*

in one's or its prime о наилучшем периоде в жизни кого-либо чего-либо. ➤ **в самом расцвете (сил.)** □ *Our dog—which is in its prime—is very active.* □ *The program ended in its prime when we ran out of money.* □ *I could work long hours when I was in my prime.*

in one's right mind здравомыслящий; рациональный и разумный. (Часто с отрицанием.) ➤ **в здравом (в своём) уме.** □

That was a stupid thing to do. You're not in your right mind. □ *You can't be in your right mind! That sounds crazy!*

in one's second childhood интересоваться тем, чем интересуются дети. ➤ **впадать/впасть в детство.** □ *My father bought himself a toy train, and my mother said he was in his second childhood.* □ *Whenever I go to the river and throw stones, I feel as though I'm in my second childhood.*

in one's spare time в оставшееся время; в нерабочее время. ➤ **в свободное время.** □ *I write novels in my spare time.* □ *I'll try to paint the house in my spare time.*

in over one's head не справляться с проблемами. ➤ **выше чьего-либо понимания (чьих-либо сил).** □ *Calculus is very hard for me. I'm in over my head.* □ *Ann is too busy. She's really in over her head.*

in poor taste См. на IN BAD TASTE.

in print [о книге] находящаяся в продаже. (Сравните с OUT OF PRINT. разошедшаяся.) ➤ **в продаже.** □ *I think I can get that book for you. It's still in print.* □ *This is the only book in print on this subject.*

in rags в поношенной и порванной одежде. ➤ **в лохмотьях.** □ *Oh, look at my clothing. I can't go to the party in rags!* □ *I think the new casual fashions make you look as if you're in rags.*

in round figures См. следующую словарную статью.

in round numbers AND **in round figures** приблизительно; в округлённых цифрах, наиболее приближённых к целой. ➤ **в круглых цифрах.** (*In* может быть заменено на *into*. Смотри примеры.) □ *Please tell me in round numbers what it'll cost.* □ *I don't need the exact amount. Just give it to me in round figures.*

ins and outs of something правильный и успешный путь к чему-либо; знания, необходимые для чего-либо. ➤ **(знать) все ходы и выходы чего-либо.** □ *I don't understand the ins and outs* *of politics.* ☐ *Jane knows the ins and outs of working with computers.*

in season 1. в настоящее время в продаже. (Некоторые продукты и другие вещи доступны только в определённое время года. *In* может быть заменено на *into*, особенно при употреблении с *come.* См. примеры.) ☐ *Oysters are available in season.* ☐ *Strawberries aren't in season in January.* ☐ *When do strawberries come into season?* 2. рыба или другая живность, на ловлю или охоту которых требуется официальное разрешение. ☐ *Catfish are in season all year round.* ☐ *When are salmon in season?* 3. [о собаке] в период течки; *in heat.* ☐ *My dog is in season every year at this time.* ☐ *When my dog is in season, I have to keep her locked in the house.*

in seventh heaven очень счастливый. (Клише. Эти высокие небеса—обитель Бога.) ➤ **на седьмом небе.** ☐ *Ann was really in seventh heaven when she got a car of her own.* ☐ *I'd be in seventh heaven if I had a million dollars.*

in short order незамедлительно. ➤ **в спешном порядке.** ☐ *I can straighten out this mess in short order.* ☐ *The people came in and cleaned the place up in short order.*

in short supply дефицитный. ➤ **кот наплакал.** (*In* может быть заменено на *into.* См. примеры.) ☐ *Fresh vegetables are in short supply in the winter.* ☐ *Yellow cars are in short supply because everyone likes them and buys them.* ☐ *At this time of the year, fresh vegetables go into short supply.*

in stock имеющийся в наличии, как, например, товары в магазине. ➤ **в наличии.** ☐ *I'm sorry, I don't have that in stock. I'll have to order it for you.* ☐ *We have all our Christmas merchandise in stock now.*

in the air везде; повсюду. (Также употребляется в буквальном смысле.) ➤ **в воздухе.** ☐ *There is such a feeling of joy in the air.* ☐ *We felt a sense of tension in the air.*

in the bargain в добавок к тому, о чём была договорённость. (*In* может быть заменено на *into*. См. примеры.) ➤ **в придачу.** ☐ *I bought a car, and they threw an air conditioner into the bargain.* ☐ *When I bought a house, I asked the seller to include the furniture in the bargain.*

in the black не имеющий долгов; в благоприятном финансовом положении. (О цифрах, написанных чёрными чернилами, а не красными, означающими, что кто-то имеет долг. См. также IN THE RED. *In* может быть заменено на *into*. См. примеры.) ☐ *I wish my accounts were in the black.* ☐ *Sally moved the company into the black.*

in the blood AND **in one's blood** неотъемлемая часть чьей-либо личности или характера. (Обычно, в генах, а не в крови.) ➤ **(входить) в чью-либо плоть и кровь.** ☐ *John's a great runner. It's in his blood.* ☐ *The whole family is very athletic. It's in the blood.*

in the bullpen в определённом месте бейсбольной игровой площадки, где должен находиться подающий во время разминки перед броском. (*In* может быть заменено на *into*. См. примеры.) ☐ *You can tell who is pitching next by seeing who is in the bullpen.* ☐ *Our best pitcher just went into the bullpen. He'll be pitching soon.*

in the cards в будущем. ➤ **что мне (тебе, ему . . .) светит.** ☐ *Well, what do you think is in the cards for tomorrow?* ☐ *I asked the boss if there was a raise in the cards for me.*

in the doghouse в беде; в немилости у кого-либо. (*In* может быть заменено на *into*. См. примеры. Будто кого-либо выгоняют из дома за плохое поведение, как выгоняют собаку из уютного дома на двор.) ➤ **в беде; в немилости.** ☐ *I'm really in the doghouse. I was late for an appointment.* ☐ *I hate being in the doghouse all the time. I don't know why I can't stay out of trouble.*

in the doldrums упавший духом; пассивный; в плохом настроении. (*In* может быть заменено на *into*. См. примеры.) ➤ **в подавленном настроении.** ☐ *He's usually in the doldrums in the winter.* ☐ *I had some bad news yesterday, which put me into the doldrums.*

in the flesh действительно присутствующий; лично присутствующий. ➤ **собственной персоной.** □ *I've heard that the queen is coming here in the flesh.* □ *Is she really here? In the flesh?* □ *I've wanted a color television for years, and now I've got one right here in the flesh.*

in the gutter [о ком-либо] опустившийся; ставший порочным. (*In* может быть заменено на *into.* См. примеры.) ➤ **на дне (на дно).** □ *You had better straighten out your life, or you'll end up in the gutter.* □ *His bad habits put him into the gutter.*

in the hole задолжать. (*In* может быть заменено на *into.* См. примеры. Также употребляется в буквальном смысле.) ➤ **в долгу.** □ *I'm $200 in the hole.* □ *Our finances end up in the hole every month.*

in the know посвящённый в обстоятельства дела. (*In* может быть заменено на *into.* См. примеры.) ➤ **в курсе дела.** □ *Let's ask Bob. He's in the know.* □ *I have no knowledge of how to work this machine. I think I can get into the know very quickly though.*

in the lap of luxury окружённый роскошью. (Клише. *In* может быть заменено на *into.* См. примеры.) ➤ **в роскоши.** □ *John lives in the lap of luxury because his family is very wealthy.* □ *When I retire, I'd like to live in the lap of luxury.*

in the limelight AND **in the spotlight** в центре внимания. (*In* может быть заменено на *into.* См. примеры. Употребляется также и в буквальном смысле. *Limelight* вышедший из употребления вид освещения. Это слово употребляется только в данном словосочетании.) ➤ **в центре внимания.** □ *John will do almost anything to get himself into the limelight.* □ *I love being in the spotlight.* □ *All elected officials spend a lot of time in the limelight.*

in the line of duty как часть возложенных на кого-либо обязательств (военная или полицейская служба). ➤ **по долгу службы.** □ *When soldiers fight people in a war, it's in the line of duty.* □ *Police officers have to do things they may not like in the line of duty.*

in the long run в течение длительного времени; в конце концов. (Клише.) ➤ **в конечном счёте.** ☐ *We'd be better off in the long run buying one instead of renting one.* ☐ *In the long run, we'd be happier in the South.*

in the money 1. состоятельный. ➤ **при деньгах.** ☐ *John is really in the money. He's worth millions.* ☐ *If I am ever in the money, I'll be generous.* 2. в выигрышном положении на скачках или соревнованиях. (Будто кто-либо выиграл денежный приз.) ➤ **в выигрыше.** ☐ *I knew when Jane came around the final turn that she was in the money.* ☐ *The horses coming in first, second, and third are said to be in the money.*

in the nick of time как раз вовремя; в самый последний момент; когда ещё не поздно. (Клише.) ➤ **в самый раз.** ☐ *The doctor arrived in the nick of time. The patient's life was saved.* ☐ *I reached the airport in the nick of time.*

in the pink (of condition) в добром здравии; в очень хорошем физическом и эмоциональном состоянии. (*In* может быть заменено на *into*. См. примеры.) ➤ **в превосходном (хорошем) состоянии.** ☐ *The garden is lovely. All the flowers are in the pink of condition.* ☐ *Jane has to exercise hard to get into the pink of condition.* ☐ *I'd like to be in the pink, but I don't have the time.*

in the prime of life находящийся в лучшем и наиболее продуктивном периоде своей жизни. (*In* может быть заменено на *into*. См. примеры.) ☐ *The good health of one's youth can carry over into the prime of life.* ☐ *He was struck down by a heart attack in the prime of life.*

in the public eye на публике; у всех на виду; заметный. (*In* может быть заменено на *into*. См. примеры.) ➤ **на людях.** ☐ *Elected officials find themselves constantly in the public eye.* ☐ *The mayor made it a practice to get into the public eye as much as possible.*

in the red задолжать. (О цифрах, указывающих на долг, которые пишутся красными чернилами, а не чёрными. См. также IN THE

BLACK. In может быть заменено на *into*. См. примеры.) ➤ **показывать дефицит; быть (оказаться) в долгу.** □ *My accounts are in the red at the end of every month.* □ *It's easy to get into the red if you don't pay close attention to the amount of money you spend.*

in the right придерживающийся моральной или юридической стороны дела; стоящий на правильной позиции. ➤ **правда на чьей-либо стороне.** □ *I felt I was in the right, but the judge ruled against me.* □ *It's hard to argue with Jane. She always believes that she's in the right.*

in the same boat в одинаковом положении с кем-либо; имеющий ту жу проблему, что и другой. (Клише. *In* может быть заменено на *into*. См. примеры.) ➤ **на одной доске с кем-либо.** □ TOM: *I'm broke. Can you lend me twenty dollars?* BILL: *Sorry. I'm in the same boat.* □ *Jane and Mary are in the same boat. They both have been called for jury duty.*

in the same breath [утверждать или говорить] в одно и то же время; развивая ту же мысль. ➤ **не переводя духу.** □ *He told me I was lazy, but then in the same breath he said I was doing a good job.* □ *The teacher said that the students were working hard and, in the same breath, that they were not working hard enough.*

in the spotlight См. IN THE LIMELIGHT.

in the twinkling of an eye очень быстро. (Из библейского источника.) ➤ **за секунду.** □ *In the twinkling of an eye, the deer had disappeared into the forest.* □ *I gave Bill ten dollars and, in the twinkling of an eye, he spent it.*

in the wind о том, что должно вот-вот произойти. (Также употребляется в буквальном смысле.) ➤ **в воздухе запахло чем-либо.** □ *There are some major changes in the wind. Expect these changes to happen soon.* □ *There is something in the wind. We'll find out what it is soon.*

in the world См. на ON EARTH.

in the wrong придерживающийся неправильной или нелегальной стороны дела; виноватый или неправый. ➤ **вина лежит на ком-либо.** ☐ *I felt she was in the wrong, but the judge ruled in her favor.* ☐ *It's hard to argue with Jane. She always believes that everyone else is in the wrong.*

in two shakes of a lamb's tail моментально. (Клише.) ➤ **в два счёта.** ☐ *I'll be there in two shakes of a lamb's tail.* ☐ *In two shakes of a lamb's tail, the bird flew away.*

itchy palm, have an См. HAVE AN ITCHY PALM.

It never rains but it pours. пословица, означающая, что иногда наступает полоса неудач. ➤ **Пришла беда—отворяй ворота.** ☐ *The car won't start, the stairs broke, and the dog died. It never rains but it pours.*

J

Johnny-come-lately о человеке, который присоединятся к чему-либо позднее остальных. □ *Don't pay any attention to Sally. She's just a Johnny-come-lately and doesn't know what she's talking about.* □ *We've been here for thirty years. Why should some Johnny-come-lately tell us what to do?*

Johnny-on-the-spot о человеке, который всегда бывает на нужном месте в нужное время. □ *Here I am, Johnny-on-the-spot. I told you I would be here at 12:20.* □ *Bill is late again. You can hardly call him Johnny-on-the-spot.*

jump off the deep end См. на GO OFF THE DEEP END.

jump on the bandwagon См. на GET ON THE BANDWAGON.

jump out of one's skin вздрогнуть от испуга или удивления. (Обычно с *nearly, almost,* и т. д. Никогда не употребляется в буквальном смысле.) ➤ **чуть сердце не выскочило из груди у кого-либо.** □ *Oh! You really scared me. I nearly jumped out of my skin.* □ *Bill was so startled he almost jumped out of his skin.*

jump the gun преждевременно стартовать (до выстрела из стартового пистолета). (Из спортивной терминологии. О спортивных соревнованиях, начало которых предвещается выстрелом из стартового пистолета.) □ *We all had to start the* *race again because Jane jumped the gun.* □ *When we took the test, Tom jumped the gun and started early.*

jump the track 1. [о чём-либо] сходить с рельсов. (Обычно о поездах.) □ *The train jumped the track, causing many injuries to the passengers.* □ *The engine jumped the track, but the other cars stayed on.* 2. перескакивать с одной темы на другую, с одной мысли на другую, с одного плана на другой. □ *The entire project jumped the track, and we finally had to give up.* □ *John's mind jumped the track while he was in the play, and he forgot his lines.*

just what the doctor ordered именно то, что требуется, особенно для чьего-либо здоровья или удобства. (Клише.) ➤ **(как раз то), что доктор прописал.** □ *That meal was delicious, Bob. Just what the doctor ordered.* □ BOB: *Would you like something to drink?* MARY: *Yes, a cold glass of water would be just what the doctor ordered.*

K

keep a civil tongue (in one's head) говорить учтиво и вежливо. (Также с *have*.) □ *Please, John. Don't talk like that. Keep a civil tongue in your head.* □ *John seems unable to keep a civil tongue.* □ *He'd be welcome here if he had a civil tongue in his head.*

keep an eye out (for someone or something) См. на HAVE AN EYE OUT (FOR SOMEONE OR SOMETHING.)

keep a stiff upper lip сохранять хладнокровие и присутствие духа в трудной ситуации. (Также с *have*. См. примечание к KEEP A STRAIGHT FACE.) ➤ **не вешать носа.** □ *John always keeps a stiff upper lip.* □ *Now, Billy, don't cry. Keep a stiff upper lip.* □ *Bill can take it. He has a stiff upper lip.*

keep a straight face стараться не засмеяться и сохранять невозмутимое выражение лица. (*Keep* может быть заменено на *have*. Обратите внимание: *Keep* подразумевает усилие, а *have* просто означает иметь.) ➤ **делать/сделать серьёзное лицо.** □ *It's hard to keep a straight face when someone tells a funny joke.* □ *I knew it was John who played the trick. He couldn't keep a straight face.* □ *John didn't have a straight face.*

keep body and soul together зарабатывать на еду, одежду и кров. (Клише.) ➤ **сводить концы с концами.** □ *I hardly have* *enough money to keep body and soul together.* □ *How the old man was able to keep body and soul together is beyond me.*

keep late hours поздно ложиться или задерживаться где-либо допоздна; работать допоздна. □ *I'm always tired because I keep late hours.* □ *If I didn't keep late hours, I wouldn't sleep so late in the morning.*

keep one's ear to the ground См. на HAVE ONE'S EAR TO THE GROUND.

keep one's eye on the ball 1. неотступно следить или следовать за мячом, особенно во время игры; непрерывно следить за всеми нюансами игры. ➤ **не спускать глаз с мяча.** □ *John, if you can't keep your eye on the ball, I'll have to take you out of the game.* □ *"Keep your eye on the ball," the coach roared at the players.* 2. зорко наблюдать за происходящим. ➤ **смотреть в оба.** □ *If you want to get along in this office, you're going to have to keep your eye on the ball.* □ *Bill would do better in his classes if he would just keep his eye on the ball.*

keep one's feet on the ground См. на GET ONE'S FEET ON THE GROUND.

keep one's head above water См. на GET ONE'S HEAD ABOVE WATER.

keep one's nose to the grindstone См. на PUT ONE'S NOSE TO THE GRINDSTONE.

keep one's temper AND **hold one's temper** не выходить из себя; сдерживать свои эмоции. ➤ **владеть собой.** □ *She should have learned to keep her temper when she was a child.* □ *Sally got thrown off the team because she couldn't hold her temper.*

keep one's weather eye open зорко следить за тем, что может произойти; быть начеку; не зевать. ➤ **держать ушки на макушке.** □ *Some trouble is brewing. Keep your weather eye open.* □ *Try to be more alert. Learn to keep your weather eye open.*

keep one's word сдержать своё обещение. ➤ **сдержать своё слово.** □ *I told her I'd be there to pick her up, and I intend to keep my word.* □ *Keeping one's word is necessary in the legal profession.*

keep someone in stitches непрерывно смешить кого-либо. (Также с *have*. См. примечание к KEEP A STRAIGHT FACE.) ➤ **смешить кого-либо до упаду (до слёз).** □ *The comedian kept us in stitches for nearly an hour.* □ *The teacher kept the class in stitches, but the students didn't learn anything.*

keep someone on tenterhooks держать кого-либо в состоянии беспокойства или неизвестности. (Также с *have*. См. примечание к KEEP A STRAIGHT FACE.) ➤ **держать кого-либо в напряжении.** □ *Please tell me now. Don't keep me on tenterhooks any longer!* □ *Now that we have her on tenterhooks, shall we let her worry, or shall we tell her?*

keep someone or something hanging in midair См. на LEAVE SOMEONE OR SOMETHING HANGING IN MIDAIR.

keep someone or something in mind AND **bear someone or something in mind** вспоминать и думать о ком-либо или о чём-либо. ➤ **держать в мыслях (в уме) кого-либо или что-либо.** □ *When you're driving a car, you must bear this in mind at all times: Keep your eyes on the road.* □ *As you leave home, keep your family in mind.*

keep someone posted осведомлять кого-либо о происходящем; сообщать кому-либо о том, что происходит. ➤ **держать кого-либо в курсе дела.** □ *If the price of corn goes up, I need to know. Please keep me posted.* □ *Keep her posted about the patient's status.*

keep something to oneself помалкивать о чём-либо. (Обратите внимание на употребление *but* в примерах.) ➤ **держать что-либо при себе.** □ *I'm quitting my job, but please keep that to yourself.* □ *Keep it to yourself, but I'm quitting my job.* □ *John is always gossiping. He can't keep anything to himself.*

keep something under one's hat помалкивать о чём-либо; держать что-либо (только) в голове. (Если секрет под шапкой, значит он только в голове. Обратите внимание на употребление *but* в примерах.) ➤ **держать язык на привяеи.** □ *Keep this under your hat, but I'm getting married.* □ *I'm getting married, but keep it under your hat.*

keep something under wraps скрывать что-либо (до поры до времени.) ➤ **держать что-либо под спудом.** □ *We kept the plan under wraps until after the election.* □ *The automobile company kept the new model under wraps until most of the old models had been sold.*

keep the home fires burning заниматься делами дома или в других учреждениях. (Клише.) ➤ **вести дела (домашнее хозяйство.)** □ *My uncle kept the home fires burning when my sister and I went to school.* □ *The manager stays at the office and keeps the home fires burning while I'm out selling our products.*

keep the wolf from the door поддерживать минимальный уровень существования; стараться предотвратить голод, холод и т. д. (Клише.) ➤ **не залезать в долги.** □ *I don't make a lot of money, just enough to keep the wolf from the door.* □ *We have a small amount of money saved, hardly enough to keep the wolf from the door.*

keep up (with the Joneses) быть в материальном отношении на равных с людьми своего сословия; много работать, чтобы иметь столько же, сколько имеют твои друзья и соседи. ➤ **не отставать от других.** □ *Mr. and Mrs. Brown bought a new car simply to keep up with the Joneses.* □ *Keeping up with the Joneses can take all your money.*

keep up (with the times) оставаться в моде; быть в курсе событий; быть современным. ➤ **идти в ногу со временем.** □ *I try to keep up with the times. I want to know what's going on.* □ *I bought a whole new wardrobe because I want to keep up with the times.* □ *Sally learns all the new dances. She likes to keep up.*

kick up a fuss AND **kick up a row; kick up a storm** бузить; вести себя плохо и беспокоить кого-либо. (*Row* рифмуется с *cow*. Обратите внимание на вариации в примерах.) ➤

поднимать/поднять шум. ☐ *The customer kicked up such a fuss about the food that the manager came to apologize.* ☐ *I kicked up such a row that they kicked me out.*

kick up a row См. предыдущую словарную статью.

kick up a storm См. на KICK UP A FUSS.

kick up one's heels вести себя игриво; резвиться и развлекаться. ➤ **резвиться до упаду.** ☐ *I like to go to an old-fashioned square dance and really kick up my heels.* ☐ *For an old man, your uncle is really kicking up his heels.*

kill the fatted calf устроить изысканный банкет в чью-либо честь. (Библейская этимология. О возвращении блудного сына.) ➤ **устроить пир горой.** ☐ *When Bob got back from college, his parents killed the fatted calf and threw a great party.* ☐ *Sorry this meal isn't much, John. We didn't have time to kill the fatted calf.*

kill the goose that laid the golden egg пословица, повествующая о разрушении источника собственного благосостояния. (Выражение взято из старой басни.) ➤ **рубить сук, на котором сидишь.** ☐ *If you fire your best office worker, you'll be killing the goose that laid the golden egg.* ☐ *He sold his computer, which was like killing the goose that laid the golden egg.*

kill time затрачивать время попусту. ➤ **плевать в потолок; убивать/убить время.** ☐ *Stop killing time. Get to work!* ☐ *We went over to the record shop just to kill time.*

kill two birds with one stone решить две проблемы одним махом. (Клише.) ➤ **убивать/убить двух зайцев одним ударом** ☐ *John learned the words to his part in the play while peeling potatoes. He was killing two birds with one stone.* ☐ *I have to cash a check and make a payment on my bank loan. I'll kill two birds with one stone by doing them both in one trip to the bank.*

kiss and make up простить кого-либо и помириться. (Также употребляется в буквальном смысле.) ☐ *They were very angry,* *but in the end they kissed and made up.* □ *I'm sorry. Let's kiss and make up.*

kiss of death поступок, наносящий удар по кому-либо или чему-либо. ➤ **мощный удар по чему-либо.** □ *The mayor's veto was the kiss of death for the new law.* □ *Fainting on stage was the kiss of death for my acting career.*

kiss something good-bye говорится, когда человек потерял или может потерять что-либо. (Не в буквальном смысле.) ➤ **поставить крест на чём-либо.** □ *If you leave your camera on a park bench, you can kiss it good-bye.* □ *You kissed your wallet good-bye when you left it in the store.*

knit one's brow хмуриться. □ *The woman knit her brow and asked us what we wanted from her.* □ *While he read his book, John knit his brow occasionally. He must not have agreed with what he was reading.*

knock on wood говорится, когда кто-либо пытается предотвратить воображаемое дурное предзнаменование. (То же самое, что в британском английском "touch wood.") ➤ **тьфу, тьфу, чтобы не сглазить!** □ *My stereo has never given me any trouble—knock on wood.* □ *We plan to be in Florida by tomorrow evening—knock on wood.*

knock someone for a loop См. на THROW SOMEONE FOR A LOOP.

know all the tricks of the trade обладать умением и знанием необходимыми для выполнения чего-либо. (Также без *all.*) ➤ **иметь сноровку.** □ *Tom can repair car engines. He knows the tricks of the trade.* □ *If I knew all the tricks of the trade, I could be a better plumber.*

know enough to come in out of the rain, not См. NOT KNOW ENOUGH TO COME IN OUT OF THE RAIN.

know, in the См. IN THE KNOW.

know one's ABCs знать алфавит; иметь самое элементарное

представление о чём-либо. ➤ **знать азбучные истины.** ☐ *Bill can't do it. He doesn't even know his ABCs.* ☐ *You can't expect to write novels when you don't even know your ABCs.*

know someone by sight знать кого-либо по имени и узнавать по внешнему виду. ➤ **знать кого-либо в лицо.** ☐ *I've never met the man, but I know him by sight.* ☐ BOB: *Have you ever met Mary?* JANE: *No, but I know her by sight.*

know someone from Adam, not См. NOT KNOW SOMEONE FROM ADAM.

know someone or something like a book См. на KNOW SOME-ONE OR SOMETHING LIKE THE PALM OF ONE'S HAND.

know someone or something like the back of one's hand См. следующую словарную статью.

know someone or something like the palm of one's hand AND **know someone or something like the back of one's hand; know someone or something like a book** прекрасно знать кого-либо или что-либо. ➤ **знать кого-либо или что-либо как свои пять пальцев.** ☐ *Of course I know John. I know him like the back of my hand.* ☐ *I know him like a book.*

know something from memory выучить что-либо наизусть и воспроизводить, не обращаясь к тексту; запомнить наизусть (то, с чем часто соприкасаешься.) ➤ **знать что-либо по памяти.** ☐ *Mary didn't need the script because she knew the play from memory.* ☐ *The conductor went through the entire concert without music. He knew it from memory.*

know something in one's bones См. на FEEL SOMETHING IN ONE'S BONES.

know something inside out знать что-либо досконально; знать о чём-либо досконально. ➤ **знать что-либо вдоль и поперёк.** ☐ *I know my geometry inside out.* ☐ *I studied and studied for my driver's test until I knew the rules inside out.*

know the ropes хорошо ориентироваться в чём-либо. ➤ **быть в курсе дела.** □ *I can't do the job because I don't know the ropes. Ask Sally to do it. She knows the ropes.* ТАКЖЕ: **show someone the ropes** рассказывать или показывать кому-либо, как следует делать что-либо. ➤ **вводить/ввести кого-либо в курс дела.** □ *Since this was my first day on the job, the manager spent a lot of time showing me the ropes.*

know the score AND **know what's what** разбираться в фактах; разбираться в жизни и её привратностях. (Также употребляется в буквальном смысле.) ➤ **понимать (знать), что к чему.** □ *Bob is so naive. He sure doesn't know the score.* □ *I know what you're trying to do. Oh, yes, I know what's what.*

know what's what См. предыдущую словарную статью.

know which side one's bread is buttered on знать, что выгодно для тебя. (Клише.) ➤ **знать, откуда ветер дует.** □ *He'll do it if his boss tells him to. He knows which side his bread is buttered on.* □ *Since John knows which side his bread is buttered on, he'll be there on time.*

L

land-office business, do a См. DO A LAND-OFFICE BUSINESS.

lap of luxury, in the См. IN THE LAP OF LUXURY.

last but not least последний по счёту, но не по значению. (Избитое клише. Часто употребляется, когда представляют кого-либо.) ➤ хотя и последний, но не менее важный. □ *The speaker said, "And now, last but not least, I'd like to present Bill Smith, who will give us some final words."* □ *And last but not least, here is the loser of the race.*

last legs, on someone's or something's См. ON SOMEONE'S OR SOMETHING'S LAST LEGS.

last minute, at the См. AT THE LAST MINUTE.

laughing matter, no См. NO LAUGHING MATTER.

laugh out of the other side of one's mouth неожиданно перейти от веселья к печали. (Клише.) □ *Now that you know the truth, you'll laugh out of the other side of your mouth.* □ *He was so proud that he won the election. He's laughing out of the other side of his mouth since they recounted the ballots and found out that he lost.*

laugh up one's sleeve смеяться украдкой; смеяться

втихомолку. ➤ **смеяться в кулак.** □ *Jane looked very serious, but I knew she was laughing up her sleeve.* □ *I told Sally that her dress was darling, but I was laughing up my sleeve because her dress was too small.*

law unto oneself человек, у которого свои собственные законы и правила; человек, у которого свои стандарты поведения. ➤ **закон не писан для кого-либо.** □ *You can't get Bill to follow the rules. He's a law unto himself.* □ *Jane is a law unto herself. She's totally unwilling to cooperate.*

lay a finger on someone or something дотронуться до кого-либо или до чего-либо, пусть даже слегка, пусть даже пальцем. (Обычно с отрицанием.) ➤ **(не) дотрагиваться пальцем до кого-либо или до чего-либо.** □ *Don't you dare lay a finger on my pencil. Go get your own!* □ *If you lay a finger on me, I'll scream.*

lay an egg проваливаться (о спектакле.) (Употребляется также в буквальном значении в отношении птиц.) ➤ **не иметь успеха.** □ *The cast of the play really laid an egg last night.* □ *I hope I don't lay an egg when it's my turn to sing.*

lay down the law 1. устанавливать правила, которым следует подчиняться. (Клише.) ➤ **устанавливать/установить твёрдое правило.** □ *Before the meeting, the boss laid down the law. We all knew exactly what to do.* □ *The way she laid down the law means that I'll remember her rules.* 2. отчитывать кого-либо за плохое поведение. ➤ **всыпать кому-либо по первое число.** □ *When the teacher caught us, he really laid down the law.* □ *Poor Bob. He really got it when his mother laid down the law.*

lay it on thick AND **pour it on thick; spread it on thick** преувеличивать (о хвале, отговорках или вине.) ➤ **сгущать/сгустить краски.** □ *Sally was laying it on thick when she said that Tom was the best singer she had ever heard.* □ *After Bob finished making his excuses, Sally said that he was pouring it on thick.* □ *Bob always spreads it on thick.*

lay one's cards on the table См. на PUT ONE'S CARDS ON THE TABLE.

lay something on the line См. на PUT SOMETHING ON THE LINE.

lay something to waste AND **lay waste to something** уничтожить что-либо (в буквальном или переносном смысле). ➤ **камня на камне не оставить от чего-либо.** □ *The invaders laid the village to waste.* □ *The kids came in and laid waste to my clean house.*

lay waste to something См. предыдущую словарную статью.

lead a dog's life AND **live a dog's life** бедствовать. ➤ **вести собачью жизнь.** □ *Poor Jane really leads a dog's life.* □ *I've been working so hard. I'm tired of living a dog's life.*

lead someone down the garden path обманывать кого-либо. (Клише.) ➤ **лапшу на уши вешать кому-либо.** □ *Now, be honest with me. Don't lead me down the garden path.* □ *That cheater really led her down the garden path.*

lead someone on a merry chase давать кому-либо бессмысленное поручение. ➤ **послать кого-либо искать ветра в поле.** □ *What a waste of time. You really led me on a merry chase.* □ *Jane led Bill on a merry chase trying to find an antique lamp.*

lead the life of Riley жить в роскоши. (Никто не знает, кто такой Риле.) ➤ **жить на широкую ногу.** □ *If I had a million dollars, I could live the life of Riley.* □ *The treasurer took our money to Mexico, where he lived the life of Riley until the police caught him.*

leaps and bounds, by См. BY LEAPS AND BOUNDS.

learn something from the bottom up выучить что-либо досконально, начиная с самого начала; изучить все аспекты чего-либо, даже самые простые. ➤ **начинать/начать с азов.** □ *I learned my business from the bottom up.* □ *I started out sweeping the floors and learned everything from the bottom up.*

leave a bad taste in someone's mouth [о ком-либо или о чём-либо] оставлять у кого-либо неприятное чувство или воспоминание. (Употребляется также в буквальном смысле.)

➤ оставлять/оставить неприятный осадок у кого-либо. □ *The whole business about the missing money left a bad taste in his mouth.* □ *It was a very nice party, but something about it left a bad taste in my mouth.* □ *I'm sorry that Bill was there. He always leaves a bad taste in my mouth.*

leave a sinking ship См. на DESERT A SINKING SHIP.

leave no stone unturned искать повсюду. (Клише. Будто можно найти что-нибудь под камнем.) ➤ **перевернуть всё вверх дном.** □ *Don't worry. We'll find your stolen car. We'll leave no stone unturned.* □ *In searching for a nice place to live, we left no stone unturned.*

leave one to one's fate предоставить человека самому себе, что может привести к смерти или другим неприятным последствиям. ➤ **бросать/бросить кого-либо на произвол судьбы.** □ *We couldn't rescue the miners, and we were forced to leave them to their fate.* □ *Please don't try to help. Just go away and leave me to my fate.*

leave someone for dead бросать кого-либо, приняв его за мёртвого. (Человек, которого бросили, может оказаться живым.) □ *He looked so bad that they almost left him for dead.* □ *As the soldiers turned—leaving the enemy captain for dead—the captain fired at them.*

leave someone high and dry 1. оставлять кого-либо в беде и без поддержки; оставлять кого-либо в беспомощном состоянии. (О корабле, который сел на мель или натолкнулся на подводную скалу.) ➤ **бросать/бросить кого-либо в беде.** □ *All my workers quit and left me high and dry.* □ *All the children ran away and left Billy high and dry to take the blame for the broken window.* 2. оставлять кого-либо совершенно без денег. ➤ **оставлять/оставить кого-либо на мели.** □ *Mrs. Franklin took all the money out of the bank and left Mr. Franklin high and dry.* □ *Paying the bills always leaves me high and dry.*

leave someone holding the bag перекладывать всю вину на

другого; приписывать вину кому-либо. ➤ **оставлять/оставить кого-либо с носом.** □ *They all ran off and left me holding the bag. It wasn't even my fault.* □ *It was the mayor's fault, but he wasn't left holding the bag.*

leave someone in peace перестать беспокоить кого-либо; уйти и больше не тревожить кого-либо. (Не обязательно означает "уход.") ➤ **оставлять/оставить кого-либо в покое.** □ *Please go—leave me in peace.* □ *Can't you see that you're upsetting her? Leave her in peace.*

leave someone in the lurch оставлять кого-либо в ожидании дальнейших действий. ➤ **ставить/поставить кого-либо в неудобное положение.** □ *Where were you, John? You really left me in the lurch.* □ *I didn't mean to leave you in the lurch. I thought we had canceled our meeting.*

leave someone or something hanging in midair держать кого-либо в состоянии неуверенности, неизвестности или ожидания. (Употребляется также в буквальном смысле.) ➤ **повисать в воздухе; держать кого-либо в неизвестности.** □ *She left her sentence hanging in midair.* □ *She left us hanging in midair when she paused.* □ *Tell me the rest of the story. Don't leave me hanging in midair.* □ *Don't leave the story hanging in midair.* ТАКЖЕ: **keep someone or something hanging in midair** прерывать разговор и заставлять слушателей дожидаться продолжения. ➤ **держать кого-либо в напряжении.** □ *Please don't keep us hanging in midair.*

left field, out in См. OUT IN LEFT FIELD.

leg to stand on, not have a См. NOT HAVE A LEG TO STAND ON.

lend an ear (to someone) выслушать кого-либо. □ *Lend an ear to John. Hear what he has to say.* □ *I'd be delighted to lend an ear. I find great wisdom in everything John has to say.*

lend oneself or itself to something [о ком-либо или чём-либо] быть подходящим для чего-либо; [о ком-либо или чём-либо] быть пригодным для чего-либо. □ *This room doesn't lend itself to bright colors.* □ *John doesn't lend himself to casual conversation.*

less than no time, in См. IN LESS THAN NO TIME.

Let bygones be bygones. пословица, означающая, что прошлые обиды следует предать забвению. (Также является клише.) ➤ **Кто старое помянет, тому глаз вон.** □ *Okay, Sally, let bygones be bygones. Let's forgive and forget.* □ *Jane was unwilling to let bygones be bygones. She still won't speak to me.*

let grass grow under one's feet ничем не заниматься; бездействовать. (Клише.) ➤ **лодыря гонять.** □ *Mary doesn't let the grass grow under her feet. She's always busy.* □ *Bob is too lazy. He's letting the grass grow under his feet.*

let off steam AND **blow off steam** выплёскивать энергию или гнев. (Употребляется также в буквальном значении.) ➤ **выпускать пар.** □ *Whenever John gets a little angry, he blows off steam.* □ *Don't worry about John. He's just letting off steam.*

let one's hair down AND **let down one's hair** сближаться с кем-либо и становиться более откровенным. ➤ **отводить/отвести душу.** □ *Come on, Jane, let your hair down and tell me all about it.* □ *I have a problem. Do you mind if I let down my hair?*

Let sleeping dogs lie. пословица, означающая, что не следует касаться неприятных вопросов или затрагивать то, что может причинить неприятность. (Клише.) ➤ **Что прошло, то прошло.** □ *Don't mention that problem with Tom again. It's almost forgotten. Let sleeping dogs lie.* □ *You'll never be able to reform Bill. Leave him alone. Let sleeping dogs lie.*

let someone off (the hook) освобождать кого-либо от обязанности. □ *Please let me off the hook for Saturday. I have other plans.* □ *Okay, I'll let you off.*

let something slide пренебрегать чем-либо. ➤ **делать что-либо спустя рукава.** □ *John let his lessons slide.* □ *Jane doesn't let her work slide.*

let something slide by См. следующую словарную статью.

let something slip by AND **let something slide by** 1. забывать или пропускать важное событие или дату. ➤ **выскочить из головы.** □ *I'm sorry I just let your birthday slip by.* □ *I let it slide by accidentally.* 2. потратить какое-то время попусту. □ *You wasted the whole day by letting it slip by.* □ *We were having fun, and we let the time slide by.*

let the cat out of the bag AND **spill the beans** нечаянно проговориться или проболтаться (о секрете или сюрпризе.) (Обе единицы являются клише.) ➤ **выдавать/выдать секрет.** □ *When Bill glanced at the door, he let the cat out of the bag. We knew then that he was expecting someone to arrive.* □ *We are planning a surprise party for Jane. Don't let the cat out of the bag.* □ *It's a secret. Try not to spill the beans.*

let the chance slip by потерять возможность(сделать что-либо.) ➤ **упускать/упустить удобный случай.** □ *When I was younger, I wanted to become a doctor, but I let the chance slip by.* □ *Don't let the chance slip by. Do it now!*

level, on the См. ON THE LEVEL.

lie through one's teeth нагло и явно врать, врать без зазрения совести. (Клише.) ➤ **врать как сивый мерин.** □ *I knew she was lying through her teeth, but I didn't want to say so just then.* □ *I'm not lying through my teeth! I never do!*

life of the party о весёлом человеке, благодаря которому вечеринка становится живой и захватывающей. ➤ **душа общества.** □ *Bill is always the life of the party. Be sure to invite him.* □ *Bob isn't exactly the life of the party, but he's polite.*

light as a feather, as См. AS LIGHT AS A FEATHER.

light, out like a См. OUT LIKE A LIGHT.

like a bat out of hell очень быстро и во всю мочь. (Клише. Будьте осторожны с употреблением слова *hell*.) ➤ **как**

угорелый. □ *Did you see her leave? She left like a bat out of hell.* □ *The car sped down the street like a bat out of hell.*

like a bolt out of the blue откуда ни возьмись. (Клише. О неожиданной вспышке молнии на чистом голубом небосклоне.) ➤ **как гром среди ясного неба.** □ *The news came to us like a bolt out of the blue.* □ *Like a bolt out of the blue, the boss came and fired us all.*

like a bump on a log нереагирующий; неподвижный. (Клише.) ➤ **как бревно (истукан).** □ *I spoke to him, but he just sat there like a bump on a log.* □ *Don't stand there like a bump on a log. Give me a hand!*

like a fish out of water чувствующий себя неловко; находящийся в незнакомом и непривычном окружении. (Клише.) ➤ **не в своей тарелке.** □ *At a formal dance, John is like a fish out of water.* □ *Mary was like a fish out of water at the bowling tournament.*

like a sitting duck AND **like sitting ducks** незащищённый; неподозревающий и не знающий, что происходит. (Клише. Вторая единица дана во множественном числе. Относится скорее к плавающим, чем к летающим уткам.) ➤ **подобно лёгкой мишени.** □ *He was waiting there like a sitting duck—a perfect target for a mugger.* □ *The soldiers were standing at the top of the hill like sitting ducks. It's a wonder they weren't all killed.*

like a three-ring circus хаотичный; увлекательный и занятой. (Клише.) □ *Our household is like a three-ring circus on Monday mornings.* □ *This meeting is like a three-ring circus. Quiet down and listen!*

like looking for a needle in a haystack занятый безнадёжным поиском. (Клише.) ➤ **всё равно, что искать иголку в стоге сена.** □ *Trying to find a white dog in the snow is like looking for a needle in a haystack.* □ *I tried to find my lost contact lens on the beach, but it was like looking for a needle in a haystack.*

likely as not, as См. AS LIKELY AS NOT.

like water off a duck's back с лёгкостью; без всякого видимого воздействия. (Клише.) ➤ **как с гуся вода.** □ *Insults rolled off John like water off a duck's back.* □ *The bullets had no effect on the steel door. They fell away like water off a duck's back.*

limelight, in the См. IN THE LIMELIGHT.

limit, go the См. GO THE LIMIT.

line of duty, in the См. IN THE LINE OF DUTY.

little bird told me, a См. A LITTLE BIRD TOLD ME.

little by little медленно и постепенно. ➤ **мало-помалу.** □ *Little by little, he began to understand what we were talking about.* □ *The snail crossed the stone little by little.*

little knowledge is a dangerous thing, A. См. A LITTLE KNOWLEDGE IS A DANGEROUS THING.

live a dog's life См. на LEAD A DOG'S LIFE.

live and let live не вмешиваться в дела или интересы других людей. (Клише.) ➤ **Сам живи и другим не мешай.** □ *I don't care what they do! Live and let live, I always say.* □ *Your parents are strict. Mine just live and let live.*

live beyond one's means выходить из бюджета. ➤ **жить не по средствам.** □ *The Browns are deeply in debt because they are living beyond their means.* □ *I keep a budget so that I don't live beyond my means.*

live by one's wits выживать благодаря своей смекалке. ➤ **быть себе на уме.** □ *When you're in the kind of business I'm in, you have to live by your wits.* □ *John was orphaned at the age of ten and grew up living by his wits.*

live from hand to mouth влачить жалкое существование. ➤ **перебиваться с хлеба на квас.** □ *When both my parents were out* *of work, we lived from hand to mouth.* □ *We lived from hand to mouth during the war. Things were very difficult.*

live in an ivory tower жить в нереальном мире. (*Live* может быть заменено на несколько других слов, например, *dwell* или *spend time*, как видно из данных примеров. Выражение часто характеризует учёных, которые обычно живут в мире иллюзий.) ➤ **витать в облаках.** □ *If you didn't spend so much time in your ivory tower, you'd know what people really think!* □ *Many professors are said to live in ivory towers. They don't know what the real world is like.*

live off the fat of the land выращивать собственные продукты; жить запасами или иметь большие запасы. (Клише.) ➤ **жить в достатке.** □ *If I had a million dollars, I'd invest it and live off the fat of the land.* □ *I'll be happy to retire soon and live off the fat of the land.* □ *Many farmers live off the fat of the land.*

live out of a suitcase останавливаться где-либо ненадолго и жить, даже не распаковывая чемоданы. ➤ **сидеть на чемоданах.** □ *I hate living out of a suitcase. For my next vacation, I want to go to just one place and stay there the whole time.* □ *We were living out of suitcases in a motel while they repaired the damage the fire caused to our house.*

live within one's means не залезать в долги. ➤ **жить по средствам.** □ *We have to struggle to live within our means, but we manage.* □ *John is unable to live within his means.*

lock horns (with someone) начинать спорить с кем-либо. (Подобно дерущимся быкам или оленям.) ➤ **ломать/поломать копья с кем-либо.** □ *Let's settle this peacefully. I don't want to lock horns with the boss.* □ *The boss doesn't want to lock horns either.*

lock, stock, and barrel целиком. ➤ **всё вместе взятое.** □ *We had to move everything out of the house—lock, stock, and barrel.* □ *We lost everything—lock, stock, and barrel—in the fire.*

loggerheads, at См. AT LOGGERHEADS.

long for this world, not См. NOT LONG FOR THIS WORLD.

long haul, over the См. OVER THE LONG HAUL.

long run, in the См. IN THE LONG RUN.

Long time no see. не встречаться с кем-либо долгое время. ➤ **Сколько лет, сколько зим!** □ *Hello, John. Long time no see.* □ *When John and Mary met on the street, they both said, "Long time no see."*

look as if butter wouldn't melt in one's mouth казаться холодным и бесчувственным (любая другая интерпретация этой единицы неприемлима.) ➤ **(будто) чьё-либо сердце мохом обросло.** □ *Sally looks as if butter wouldn't melt in her mouth. She can be so cruel.* □ *What a sour face. He looks as if butter wouldn't melt in his mouth.*

look daggers at someone смотреть на кого-либо со злобой. (Будто чей-то взгляд—это кинжал, направленный на человека.) ➤ **смотреть волком на кого-либо.** □ *Tom must have been mad at Ann from the way he was looking daggers at her.* □ *Don't you dare look daggers at me. Don't even look cross-eyed at me!*

looking for a needle in a haystack, like См. LIKE LOOKING FOR A NEEDLE IN A HAYSTACK.

look like a million dollars прекрасно выглядеть. (Клише.) ➤ **блестяще выглядеть.** □ *Oh, Sally, you look like a million dollars.* □ *Your new hairdo looks like a million dollars.*

look like the cat that swallowed the canary выглядеть так, как будто ты добился успеха. (Клише. Иногда, когда кошки пакостят, у них виноватый вид.) ➤ **иметь довольный вид.** □ *After the meeting John looked like the cat that swallowed the canary. I knew he must have been a success.* □ *What happened? You look like the cat that swallowed the canary.*

look the other way игнорировать что-либо намеренно. (Употребляется также в буквальном смысле.) ➤ **смотреть**

сквозь пальцы на что-либо. □ *John could have prevented the problem, but he looked the other way.* □ *By looking the other way, he actually made the problem worse.*

loose ends, at См. AT LOOSE ENDS.

lord it over someone командывать кем-либо; направлять и контролировать кого-либо. ➤ **подчинять/подчинить кого-либо своей воли.** □ *Mr. Smith seems to lord it over his wife.* □ *The boss lords it over everyone in the office.*

lose face потерять общественное положение; стать менее уважаемым. ➤ **терять/потерять престиж.** □ *John is more afraid of losing face than losing money.* □ *Things will go better if you can explain to him where he was wrong without making him lose face.*

lose heart потерять мужество или уверенность. ➤ **падать/упасть духом.** □ *Now, don't lose heart. Keep trying.* □ *What a disappointment! It's enough to make one lose heart.*

lose one's grip 1. ослабевать (о хватке). ➤ **выпускать/выпустить из рук что-либо.** □ *I'm holding on to the rope as tightly as I can. I hope I don't lose my grip.* □ *This hammer is slippery. Try not to lose your grip.* 2. утратить способность управлять чем-либо. ➤ **терять/потерять контроль над чем-либо.** □ *I can't seem to run things the way I used to. I'm losing my grip.* □ *They replaced the board of directors because it was losing its grip.*

lose one's temper разозлиться. ➤ **терять/потерять самообладание.** □ *Please don't lose your temper. It's not good for you.* □ *I'm sorry that I lost my temper.*

lose one's train of thought забыть, о чём ты говорил или думал. ➤ **терять/потерять нить рассуждений.** □ *Excuse me, I lost my train of thought. What was I talking about?* □ *You made the speaker lose her train of thought.*

lost in thought занятый своими мыслями. ➤ **погружённый в мысли.** □ *I'm sorry, I didn't hear what you said. I was lost in thought.* □ *Bill—lost in thought as always—went into the wrong room.*

lot going (for one), have a См. HAVE A LOT GOING (FOR ONE.)

love at first sight любовь, возникающая при первой встрече. (Клише.) ➤ **любовь с первого взгляда.** □ *Bill was standing at the door when Ann opened it. It was love at first sight.* □ *It was love at first sight when they met, but it didn't last long.*

lovely weather for ducks дождливая погода. (Клише.) □ BOB: *Not very nice out today, is it?* BILL: *It's lovely weather for ducks.* □ *I don't like this weather, but it's lovely weather for ducks.*

low boiling point, have a См. HAVE A LOW BOILING POINT.

lower one's sights спасовать. ➤ **сдавать/сдать (свои) позиции.** □ *Even though you get frustrated, don't lower your sights.* □ *I shouldn't lower my sights. If I work hard, I can do what I want.*

lower one's voice говорить более тихим голосом. ➤ **понижать/понизить голос.** □ *Please lower your voice, or you'll disturb the people who are working.* □ *He wouldn't lower his voice, so everyone heard what he said.*

lower the boom on someone сильно выругать или наказать кого-либо; приструнивать кого-либо. (Из морского обихода.) ➤ **давать/дать по мозгам кому-либо.** □ *If Bob won't behave better, I'll have to lower the boom on him.* □ *The teacher lowered the boom on the whole class for misbehaving.*

low man on the totem pole человек, не имеющий влияния. (См. также HIGH MAN ON THE TOTEM POLE.) ➤ **мелкая сошка.** □ *I was the last to find out because I'm low man on the totem pole.* □ *I can't be of any help. I'm low man on the totem pole.*

luck, out of См. OUT OF LUCK.

luck would have it, as См. AS LUCK WOULD HAVE IT.

lunch, out to См. OUT TO LUNCH.

M

mad as a hatter, as См. AS MAD AS A HATTER.

mad as a hornet, as См. AS MAD AS A HORNET.

mad as a March hare, as См. AS MAD AS A MARCH HARE.

mad as a wet hen, as См. AS MAD AS A WET HEN.

mad rush, in a См. IN A MAD RUSH.

make a beeline for someone or something направиться к
кому-либо или к чему-либо. (Употребляется также в
буквальном смысле о летящих пчёлах.) ➤ **идти/пойти
напрямик к кому-либо или чему-либо.** ☐ *Billy came into the
kitchen and made a beeline for the cookies.* ☐ *After the game, we all
made a beeline for John, who was serving cold drinks.*

make a clean breast of something признаваться в чём-либо. ➤
выкладывать/выложить всё без утайки. ☐ *You'll feel better if
you make a clean breast of it. Now tell us what happened.* ☐ *I was
forced to make a clean breast of the whole affair.*

make a go of it преуспеть. ➤ **добиваться/добиться успеха.** ☐ *It's
a tough situation, but Ann is trying to make a go of it.* ☐ *We don't
like living here, but we have to make a go of it.*

make a great show of something делать что-либо очевидным; устраивать представление из чего-либо. ➤ **выставлять/ выставить что-либо напоказ (наружу).** □ *Ann made a great show of wiping up the drink that John spilled.* □ *Jane displayed her irritation at our late arrival by making a great show of serving the cold dinner.*

make a hit (with someone or something) понравиться кому-либо. ➤ **иметь большой успех.** □ *The singer made a hit with the audience.* □ *She was afraid she wouldn't make a hit. John made a hit with my parents last evening.*

make a long story short подводить рассказ к концу. (Клише. О кратком изложении рассказа или шутки.) ➤ **короче говоря.** □ *And—to make a long story short—I never got back the money that I lent him.* □ *If I can make a long story short, let me say that everything worked out fine.*

make a mountain out of a molehill придавать незначительному событию большое значение; преувеличивать значение чего-либо. (Клише.) ➤ **делать из мухи слона.** □ *Come on, don't make a mountain out of a molehill. It's not that important.* □ *Mary is always making mountains out of molehills.*

make a nuisance of oneself быть занудой. ➤ **приставать/ пристать как банный лист.** □ *I'm sorry to make a nuisance of myself, but I do need an answer to my question.* □ *Stop making a nuisance of yourself and wait your turn.*

make a run for it удирать или бежать быстро. ➤ **пуститься наутёк; бежать, что есть духу.** □ *When the guard wasn't looking, the prisoner made a run for it.* □ *In the baseball game, the player on first base made a run for it, but he didn't make it to second base.*

make a silk purse out of a sow's ear создавать что-либо ценное из чего-либо никчемного. (Клише. Часто употребляется с отрицанием.) ➤ **сделать из калины малину (не бывать калине малиной).** □ *Don't bother trying to fix up this old bicycle. You can't make a silk purse out of a sow's ear.* □ *My* *mother made a lovely jacket out of an old coat. She succeeded in making a silk purse out of a sow's ear.*

make cracks (about someone or something) высмеивать кого-либо или что-либо или подшучивать над кем-либо или чем-либо. ➤ **поднимать/поднять на смех кого-либо или что-либо.** □ *Please stop making cracks about my haircut. It's the new style.* □ *Some people can't help making cracks. They are just rude.*

make fast work of someone or something См. на MAKE SHORT WORK OF SOMEONE OR SOMETHING.

make free with someone or something См. на TAKE LIBERTIES WITH SOMEONE OR SOMETHING.

make good money много зарабатывать. (В этом случае *good* означает большое количество.) ➤ **делать хорошие деньги.** □ *Ann makes good money at her job.* □ *I don't know what she does, but she makes good money.*

Make hay while the sun is shining. пословица, означающая, что нужно максимально использовать удобный момент. ➤ **Куй железо, пока горячо.** □ *There are lots of people here now. You should try to sell them soda pop. Make hay while the sun is shining.* □ *Go to school and get a good education while you're young. Make hay while the sun is shining.*

make life miserable for someone делать чью-либо жизнь невыносимой. ➤ **отравлять/отравить (всю) жизнь кому-либо.** □ *My shoes are tight, and they are making life miserable for me.* □ *Jane's boss is making life miserable for her.*

make light of something считать что-либо несущественным. ➤ **не придавать/не придать значения чему-либо.** □ *I wish you wouldn't make light of his problems. They're quite serious.* □ *I make light of my problems, and that makes me feel better.*

make oneself at home чувствовать себя в гостях так же хорошо, как дома. ➤ **располагаться как дома.** □ *Please come* *in and make yourself at home.* □ *I'm glad you're here. During your visit, just make yourself at home.*

make short work of someone or something AND **make fast work of someone or something** быстро справиться с кем-либо или с чем-либо. □ *I made short work of Tom so I could leave the office to play golf.* □ *Billy made fast work of his dinner so he could go out and play.*

make someone or something tick о причине, побуждающей кого-либо или что-либо работать или функционировать. (Обычно употребляется со словом *what*. Первоначально о ручных или стенных часах.) □ *I don't know what makes it tick.* □ *What makes John tick? I just don't understand him.* □ *I took apart the radio to find out what made it tick.*

make someone's blood boil вызывать чьё-либо возмущение. ➤ **приводить/привести кого-либо в ярость.** □ *It just makes my blood boil to think of the amount of food that gets wasted around here.* □ *Whenever I think of that dishonest mess, it makes my blood boil.*

make someone's blood run cold поражать или ужасать кого-либо. ➤ **приводить/привести кого-либо в содрогание.** □ *The terrible story in the newspaper made my blood run cold.* □ *I could tell you things about prisons that would make your blood run cold.*

make someone's hair stand on end сильно напугать кого-либо. ➤ **волосы дыбом встали у кого-либо.** □ *The horrible scream made my hair stand on end.* □ *The ghost story made our hair stand on end.*

make someone's head spin См. следующую словарную статью.

make someone's head swim AND **make someone's head spin** 1. вызывать головокружение или потерю ориентации у кого-либо. ➤ **вызывать/вызвать головокружение у кого-либо.** □ *Riding in your car makes my head spin.* □ *Breathing the gas made my head swim.* 2. смущать или поражать кого-либо. ➤

приводить/привести в замешательство кого-либо. □ *All these numbers make my head swim.* □ *The physics lecture made my head spin.*

make someone's mouth water разжигать аппетит в ком-либо к чему-либо. (Также употребляется в буквальном смысле.) ➤ **слюнки текут у кого-либо от чего-либо.** □ *That beautiful salad makes my mouth water.* □ *Talking about food makes my mouth water.*

make someone the scapegoat for something возлагать вину за что-либо на кого-либо. ➤ **делать/сделать кого-либо козлом отпущения.** □ *They made Tom the scapegoat for the whole affair. It wasn't all his fault.* □ *Don't try to make me the scapegoat. I'll tell who really did it.*

make something from scratch начинать делать что-либо с самого начала. ➤ **начинать/начать с нуля.** □ *We made the cake from scratch, using no prepared ingredients.* □ *I didn't have a ladder, so I made one from scratch.*

make something up out of whole cloth AND **make up something out of whole cloth** выдумывать что-либо или лгать, не располагая никакими фактами. (Клише.) ➤ **высасывать/высосать что-либо из пальца.** □ *I don't believe you. I think you made that up out of whole cloth.* □ *Ann made up her explanation out of whole cloth. There was not a bit of truth in it.*

make the feathers fly См. следующую словарную статью.

make the fur fly AND **make the feathers fly** поднимать ссору или спор. ➤ **задавать/задать жару кому-либо.** □ *When your mother gets home and sees what you've done, she'll really make the fur fly.* □ *When those two get together, they'll make the feathers fly. They hate each other.*

make the grade преуспеть в чём-либо; отвечать требованиям. ➤ **быть на должной высоте.** □ *I'm sorry, but your work doesn't exactly make the grade.* □ *This meal doesn't just make the grade. It is excellent.*

make up for lost time усиленно заниматься чем-либо; делать что-либо быстро. ➤ **навёрстывать/наверстать потерянное время.** □ *Because we took so long eating lunch, we have to drive faster to make up for lost time. Otherwise we won't arrive on time.* □ *At the age of sixty, Bill learned to play golf. Now he plays every day. He's making up for lost time.*

march to a different drummer поверить в другие жизненные принципы. (Клише.) ➤ **идти/пойти своим путём.** □ *John is marching to a different drummer, and he doesn't come to our parties anymore.* □ *Since Sally started marching to a different drummer, she has had a lot of great new ideas.*

market, on the См. ON THE MARKET.

means, beyond one's См. BEYOND ONE'S MEANS.

meet one's end умереть. ➤ **отдавать/отдать концы.** □ *The dog met his end under the wheels of a car.* □ *I don't intend to meet my end until I'm 100 years old.*

meet one's match встретить достойного соперника. ➤ **находить/найти равного противника.** □ *John played tennis with Bill yesterday, and it looks as if John has finally met his match.* □ *Listen to Jane and Mary argue. I always thought that Jane was loud, but she has finally met her match.*

meet someone halfway идти на компромисс с кем-либо. ➤ **идти/пойти навстречу кому-либо.** □ *No, I won't give in, but I'll meet you halfway.* □ *They settled the argument by agreeing to meet each other halfway.*

melt in one's mouth быть вкусной; [о пище] быть сытной и хорошей. (Клише.) ➤ **таять во рту.** □ *This cake is so good it'll melt in your mouth.* □ *John said that the food didn't exactly melt in his mouth.*

mend (one's) fences восстановить хорошие отношения с кем-либо. (Также употребляется в буквальном смысле.) □ *I think I had better get home and mend my fences. I had an argument with my* *daughter this morning.* □ *Sally called up her uncle to apologize and try to mend fences.*

mend, on the См. ON THE MEND.

mention something in passing упомянуть о чём-либо вскользь; упомянуть о чём-либо невзначай, во время разговора на другую тему. ➤ **обронить что-либо мимоходом.** □ *He just happened to mention in passing that the mayor had resigned.* □ *John mentioned in passing that he was nearly eighty years old.*

mill, been through the См. BEEN THROUGH THE MILL.

millstone about one's neck продолжительное бремя или затруднение. ➤ **камень на шее у кого-либо.** □ *This huge and expensive house is a millstone about my neck.* □ *Bill's inability to read is a millstone about his neck.*

mind one's own business заниматься только своими делами. ➤ **не совать свой нос в чужие дела.** □ *Leave me alone, Bill. Mind your own business.* □ *I'd be fine if John would mind his own business.*

mind one's p's and q's следить за своими манерами; обращать внимание на маленькие детали своего поведения. (Из всем известного предупреждения детям, начинающим читать, или наборщикам, набирающим текст, чтобы они не смешивали буквы *p* и *q*.) ➤ **соблюдать приличия.** □ *When we go to the mayor's reception, please mind your p's and q's.* □ *I always mind my p's and q's when I eat at a restaurant with white tablecloths.*

mind, on one's См. ON ONE'S MIND.

mind, out of one's См. OUT OF ONE'S MIND.

mind's eye, in one's См. IN ONE'S MIND'S EYE.

mint condition, in См. IN MINT CONDITION.

Missouri, be from См. BE FROM MISSOURI.

miss (something) by a mile попасть совсем не туда, куда метил. (Клише.) ➤ **(чуть-чуть) промахнуться; метить в ворону, а попасть в корову.** □ *Ann shot the arrow and missed the target by a mile.* □ *"Good grief, you missed by a mile," shouted Sally.*

miss the point не понять вопроса, цели или намерений. ➤ **не понимать/не понять сути.** □ *I'm afraid you missed the point. Let me explain it again.* □ *You keep explaining, and I keep missing the point.*

mixed feelings (about someone or something), have См. HAVE MIXED FEELINGS (ABOUT SOMEONE OR SOMETHING).

Money burns a hole in someone's pocket. быть транжирой. (Будто деньги стараются выскочить наружу.) ➤ **сорить деньгами.** □ *Sally can't seem to save anything. Money burns a hole in her pocket.* □ *If money burns a hole in your pocket, you never have any for emergencies.*

money, in the См. IN THE MONEY.

money is no object цена не имеет значения. □ *Please show me your finest automobile. Money is no object.* □ *I want the finest earrings you have. Don't worry about how much they cost because money is no object.*

Money is the root of all evil. пословица, означающая, что деньги являются источником зла. ➤ **Деньги часто губят тех, кто их наживает.** □ *Why do you work so hard to make money? It will just cause you trouble. Money is the root of all evil.* □ *Any thief in prison can tell you that money is the root of all evil.*

money talks деньги дают человеку власть и делают его влиятельным, с ними он может всего добиться. ➤ **с деньгами всего можно добиться.** □ *Don't worry. I have a way of getting things done. Money talks.* □ *I can't compete against rich old Mrs. Jones. She'll get her way because money talks.*

money to burn, have См. HAVE MONEY TO BURN.

mood to do something, in no См. IN NO MOOD TO DO SOMETHING.

motions, go through the См. GO THROUGH THE MOTIONS.

mouth, down in the См. DOWN IN THE MOUTH.

move heaven and earth to do something стараться изо всех сил сделать что-либо. (Клише. Не в буквальном смысле.) ➤ **идти/пойти на всё.** □ *"I'll move heaven and earth to be with you, Mary," said Bill.* □ *I had to move heaven and earth to get there on time.*

move, on the См. ON THE MOVE.

move up (in the world) продвинуться и преуспеть. ➤ **идти/пойти в гору.** □ *The harder I work, the more I move up in the world.* □ *Keep your eye on John. He's really moving up.*

much ado about nothing много шума из ничего. (Клише. По названию пьесы Шекспира. Не следует путать слово *ado* со словом *adieu*.) ➤ **много шума из ниего.** □ *All the commotion about the new tax law turned out to be much ado about nothing.* □ *Your promises always turn out to be much ado about nothing.*

N

name only, in См. IN NAME ONLY.

nape of the neck, by the См. BY THE NAPE OF THE NECK.

neck and neck на равных, особенно на скачках или соревнованиях. ➤ **в равном положении.** □ *John and Tom finished the race neck and neck.* □ *Mary and Ann were neck and neck in the spelling contest. Their scores were tied.*

neck (in something), up to one's См. UP TO ONE'S NECK (IN SOMETHING).

neither fish nor fowl что-то неопределённое. (Клише.) ➤ **ни то, ни сё.** □ *The car that they drove up in was neither fish nor fowl. It must have been made out of spare parts.* □ *This proposal is neither fish nor fowl. I can't tell what you're proposing.*

neither hide nor hair о ком-либо или чём-либо бесследно исчезнувшем. (Клише.) ➤ **как сквозь землю провалился.** □ *We could find neither hide nor hair of him. I don't know where he is.* □ *There has been no one here—neither hide nor hair—for the last three days.*

nerve, of all the См. OF ALL THE NERVE.

new lease on life новый и возрождённый взгляд на жизнь; начало новой жизни. (Клише.) ➤ **возрождение надежд.** ☐ *Getting the job offer was a new lease on life.* ☐ *When I got out of the hospital, I felt as if I had a new lease on life.*

nick of time, in the См. IN THE NICK OF TIME.

nip and tuck почти вровень; не отставая. ➤ **голова в голову.** ☐ *The horses ran nip and tuck for the first half of the race. Then my horse pulled ahead.* ☐ *In the football game last Saturday, both teams were nip and tuck throughout the game.*

nip something in the bud уничтожить что-либо на самой начальной стадии. (Клише. Будто кто-то срывает цветущий бутон с надоевшего цветка.) ➤ **пресекать/пресечь в корне.** ☐ *John is getting into bad habits, and it's best to nip them in the bud.* ☐ *There was trouble in the classroom, but the teacher nipped it in the bud.*

no (ifs, ands, or) buts about it о чём-либо, не подлежащем дискуссии, возражению или сомнению. (Клише.) ➤ **никаких (если) или (но).** ☐ *I want you there exactly at eight, no ifs, ands, or buts about it.* ☐ *This is the best television set available for the money, no buts about it.*

no laughing matter дело серьёзное. (Клише.) ➤ **не фунт изюму.** ☐ *Be serious. This is no laughing matter.* ☐ *This disease is no laughing matter. It's quite deadly.*

none the worse for wear ничуть не хуже, чем раньше. ➤ **ни на йоту не хуже.** ☐ *I lent my car to John. When I got it back, it was none the worse for wear.* ☐ *I had a hard day today, but I'm none the worse for wear.*

nosedive, go into a См. GO INTO A NOSEDIVE.

nose in a book, have one's См. HAVE ONE'S NOSE IN A BOOK.

no skin off someone's nose См. следующую словарную статью.

no skin off someone's teeth AND **no skin off someone's nose**
не представляет трудности для кого-либо; не относится к
кому-либо. (Клише.) ➤ **моё (его, ваше . . .) дело сторона.** □ *It's
no skin off my nose if she wants to act that way.* □ *She said it was
no skin off her teeth if we wanted to sell the house.*

no spring chicken (более) не молодой. ➤ **далеко не младенец.**
□ *I don't get around very well anymore. I'm no spring chicken, you
know.* □ *Even though John is no spring chicken, he still plays tennis
twice a week.*

not able to see the forest for the trees обращающий внимание
на многочисленные детали и поэтому не видящий главного.
(Клише. *Not able to* часто передаётся формой *can't* не может.)
➤ **за деревьями леса не видеть.** □ *The solution is obvious. You
missed it because you can't see the forest for the trees.* □ *She suddenly realized that she hadn't been able to see the forest for the trees.*

not born yesterday опытный; человек, знающий жизнь. ➤
видал виды. □ *I know what's going on. I wasn't born yesterday.* □
Sally knows the score. She wasn't born yesterday.

not have a leg to stand on [о доводах или доказательствах] не
на что опереться. ➤ **не иметь никаких шансов.** □ *You may think
you're in the right, but you don't have a leg to stand on.* □ *My lawyer
said I didn't have a leg to stand on, so I shouldn't sue the company.*

nothing but skin and bones AND **all skin and bones** худой и
истощённый. ➤ **одна кожа да кости.** □ *Bill has lost so much
weight. He's nothing but skin and bones.* □ *That old horse is all skin
and bones. I won't ride it.*

nothing flat, in СМ. IN NOTHING FLAT.

Nothing ventured, nothing gained. пословица, означающая,
что без усилий нельзя достичь цели. ➤ **Без труда не
вытащишь и рыбки из пруда.** □ *Come on, John. Give it a try.
Nothing ventured, nothing gained.* □ *I felt as if I had to take the
chance. Nothing ventured, nothing gained.*

not hold water не иметь никакого смысла; быть нелогичным. (О мыслях, доводах и т. д., но не о людях. Будто мысли просачиваются наружу.) ➤ **не выдерживать/не выдержать критики.** □ *Your argument doesn't hold water.* □ *This scheme won't work because it won't hold water.*

not know enough to come in out of the rain быть тупицей. (Клише.) ➤ **совсем не шевелить мозгами.** □ *Bob is so stupid he doesn't know enough to come in out of the rain.* □ *You can't expect very much from somebody who doesn't know enough to come in out of the rain.*

not know someone from Adam не иметь ни малейшего представления о ком-либо. (Клише.) ➤ **в глаза не видел кого-либо.** □ *I wouldn't recognize John if I saw him. I don't know him from Adam.* □ *What does she look like? I don't know her from Adam.*

not long for this world при смерти. (Клише.) ➤ **долго не протянет.** □ *Our dog is nearly twelve years old and not long for this world.* □ *I'm so tired. I think I'm not long for this world.*

not open one's mouth AND **not utter a word** молчать; ничего не говорить кому-либо. ➤ **не раскрывать/не раскрыть рта.** □ *Don't worry, I'll keep your secret. I won't even open my mouth.* □ *Have no fear. I won't utter a word.* □ *I don't know how they found out. I didn't even open my mouth.*

not set foot somewhere не ходить куда-либо. ➤ **моя (её, наша . . .) нога не ступит куда-либо.** □ *I wouldn't set foot in John's room. I'm very angry with him.* □ *He never set foot here.*

not show one's face не появляться где-либо. ➤ **не показываться/не показаться на глаза где-либо.** □ *After what she said, she had better not show her face around here again.* □ *If I don't say I'm sorry, I'll never be able to show my face again.*

not sleep a wink совсем не спать; не сомкнуть глаз ни на минуту. ➤ **не смыкать/не сомкнуть глаз.** □ *I couldn't sleep a wink last night.* □ *Ann hasn't been able to sleep a wink for a week.*

not someone's cup of tea то, что не нравится кому-либо. (Клише.) ➤ **не в чьём-либо вкусе.** □ *Playing cards isn't her cup of tea.* □ *Sorry, that's not my cup of tea.*

not up to scratch AND **not up to snuff** не отвечающий требованиям. ➤ **не на должной высоте.** □ *Sorry, your paper isn't up to scratch. Please do it over again.* □ *The performance was not up to snuff.*

not up to snuff См. предыдущую словарную статью.

not utter a word См. на NOT OPEN ONE'S MOUTH.

O

odd man out необычный или нетипичный человек или вещь. □ *I'm odd man out because I'm not wearing a tie.* □ *You had better learn to work a computer unless you want to be odd man out.*

odds to be against one, for the См. FOR THE ODDS TO BE AGAINST ONE.

of all the nerve Какая наглость! Какое нахальство! (Восклицание, означающее, что кто-то ведёт себя нагло или грубо.) □ *How dare you talk to me that way! Of all the nerve!* □ *Imagine anyone coming to a formal dance in jeans. Of all the nerve!*

off base необоснованный; неточный; ошибающийся. (Также употребляется в буквальном смысле в бейсболе.) ➤ далёк от истины. □ *I'm afraid you're off base when you state that this problem will take care of itself.* □ *You're way off base!*

off-color 1. не точно такого цвета (как кто-либо хочет.) □ *The book cover used to be red, but now it's a little off-color.* □ *The wall was painted off-color. I think it was meant to be orange.* 2. грубый, непристойный или невежливый. □ *That joke you told was off-color and embarrassed me.* □ *The nightclub act was a bit off-color.*

off duty не при исполнении служебных обязанностей. ➤ в

неслужебное время. □ *I'm sorry, I can't talk to you until I'm off duty.* □ *The police officer couldn't help me because he was off duty.*

off the air не передаваться (по радио или телевидению). ➤ **не в эфире.** □ *The radio audience won't hear what you say when you're off the air.* □ *When the performers were off the air, the director told them how well they had done.*

off the record неофициальный; не подлежащий оглашению в печати. ➤ **не для печати.** □ *This is off the record, but I disagree with the mayor on this matter.* □ *Although her comments were off the record, the newspaper published them anyway.*

off the top of one's head [утверждать что-либо] без промедления и не задумываясь. ➤ **с места в карьер.** □ *I can't think of the answer off the top of my head.* □ *Jane can tell you the correct amount off the top of her head.*

off to a running start о хорошем и быстром, возможно, важном начале. ➤ **(брать/взять) хороший старт в чём-либо.** □ *I got off to a running start in math this year.* □ *The horses got off to a running start.*

of the first water первоклассный. (Первоначально об измерении качества жемчуга.) ➤ **чистейшей воды.** □ *This is a very fine pearl—a pearl of the first water.* □ *Tom is of the first water—a true gentleman.*

on active duty участвующий в боевых действиях или готовый к ним. (Из военной лексики.) ➤ **на действительной военной службе.** □ *The soldier was on active duty for ten months.* □ *That was a long time to be on active duty.*

on all fours одновременно на обеих руках и ногах. ➤ **на четвереньках.** □ *I dropped a contact lens and spent an hour on all fours looking for it.* □ *The baby can walk, but is on all fours most of the time anyway.*

on a waiting list (о чьей-либо фамилии) внесённая в список и поставленная на очередь с последующим правом предоставления чего-либо. (*А может быть заменено на the*.) ➤ **на листе ожидания.** □ *I couldn't get a seat on the plane, but I got on a waiting list.* □ *There is no room for you, but we can put your name on the waiting list.*

once in a blue moon очень редко. (Клише.) ➤ **в кои веки.** □ *I seldom go to a movie—maybe once in a blue moon.* □ *I don't go into the city except once in a blue moon.*

on cloud nine очень счастливый. ➤ **на седьмом небе.** □ *When I got my promotion, I was on cloud nine.* □ *When the check came, I was on cloud nine for days.*

on duty на работе; исполняющий служебные обязанности. ➤ **на дежурстве.** □ *I can't help you now, but I'll be on duty in about an hour.* □ *Who is on duty here? I need some help.*

on earth AND **in creation; in the world** Что собственно!; Как собственно! (Употребляется как усиление после *who, what, when, where, how, which*.) □ *What on earth do you mean?* □ *How in creation do you expect me to do that?* □ *Who in the world do you think you are?* □ *When on earth do you expect me to do this?*

one ear and out the other, go in См. GO IN ONE EAR AND OUT THE OTHER.

one ear and out the other, in См. IN ONE EAR AND OUT THE OTHER.

One good turn deserves another. пословица, означающая, что на добро надо отвечать добром. ➤ **Долг платежём красен.** □ *If he does you a favor, you should do him a favor. One good turn deserves another.* □ *Glad to help you out. One good turn deserves another.*

one in a hundred См. на ONE IN A THOUSAND.

one in a million См. следующую словарную статью.

one in a thousand AND **one in a hundred; one in a million** уникальный; один из немногих. ➤ **один на тысячу.** □ *He's a* *great guy. He's one in million.* □ *Mary's one in a hundred—such a hard worker.*

One man's meat is another man's poison. пословица, означающая, что то, что нравится одному, может не понравиться другому. ➤ **На вкус (и) на цвет товарища нет.** □ *John just loves his new fur hat, but I think it is horrible. Oh, well, one man's meat is another man's poison.* □ *The neighbors are very fond of their dog even though it's ugly, loud, and smelly. I guess one man's meat is another man's poison.*

One's bark is worse than one's bite. пословица, означающая, что не всегда приносит вред тот, кто шумит. ➤ **Брехливая собака лает, но не кусает.** □ *Don't worry about Bob. He won't hurt you. His bark is worse than his bite.* □ *She may scream and yell, but have no fear. Her bark is worse than her bite.*

one's better half супруг или супруга. (Обычно о жене.) ➤ **лучшая половина.** □ *I think we'd like to come for dinner, but I'll have to ask my better half.* □ *I have to go home now to my better half. We are going out tonight.*

one's days are numbered [о ком-либо] на пороге смерти или увольнения. (Клише.) ➤ **дни (часы) сочтены чьи-либо.** □ *If I don't get this contract, my days are numbered at this company.* □ *Uncle Tom has a terminal disease. His days are numbered.*

one's desk, away from См. AWAY FROM ONE'S DESK.

one's eyes are bigger than one's stomach класть себе больше еды, чем можно осилить. ➤ **чьи-либо глаза сытости не знают.** □ *I can't eat all this. I'm afraid that my eyes were bigger than my stomach.* □ *Try to take less food. Your eyes are bigger than your stomach at every meal.* ТАКЖЕ: **have eyes bigger than one's stomach** иметь желание съесть больше, чем можно осилить. □ *I know I have eyes bigger than my stomach, so I won't take a lot of food.*

one's heart is in one's mouth См. на HAVE ONE'S HEART IN ONE'S MOUTH.

one's heart is set on something См. на HAVE ONE'S HEART SET ON SOMETHING.

one's number is up о ком-либо, кто при смерти или чьи дела плохи. ➤ **чья-либо песенка спета.** ☐ *John is worried. He thinks his number is up.* ☐ *When my number is up, I hope it all goes fast.*

one's song and dance about something, go into См. GO INTO ONE'S SONG AND DANCE ABOUT SOMETHING.

one's tail is between one's legs См. на HAVE ONE'S TAIL BETWEEN ONE'S LEGS.

one's words stick in one's throat См. на HAVE ONE'S WORDS STICK IN ONE'S THROAT.

on one's feet 1. встать с места; подняться. ➤ **на ноги; на ногах.** ☐ *Get on your feet. They are playing the national anthem.* ☐ *I've been on my feet all day, and they hurt.* 2. поправиться, особенно после болезни. ➤ **на ногах.** ☐ *I hope to be back on my feet next week.* ☐ *I can help out as soon as I'm back on my feet.*

on one's honor о торжественном обещании; об искреннем обещании. ➤ **(давать/дать) честное слово.** ☐ *On my honor, I'll be there on time.* ☐ *He promised on his honor that he'd pay me back next week.*

on one's mind занимающий чьи-либо мысли; поглощающий чьё-либо внимание. ➤ **в мыслях; на душе.** ☐ *You've been on my mind all day.* ☐ *Do you have something on your mind? You look so serious.*

on one's toes бдительный. ➤ **смотреть во все глаза.** ☐ *You have to be on your toes if you want to be in this business.* ☐ *My boss keeps me on my toes.*

on pins and needles неспокойный; находящийся в ожидании. (Клише.) ➤ **как на иголках.** ☐ *I've been on pins and needles all day, waiting for you to call with the news.* ☐ *We were on pins and needles until we heard that your plane landed safely.*

on second thought поразмыслив; пересмотрев решение. ➤ **пораскинув умом.** □ *On second thought, maybe you should sell your house and move into an apartment.* □ *On second thought, let's not go to a movie.*

on someone's doorstep См. на AT SOMEONE'S DOORSTEP.

on someone's head на кого-либо. (Обычно о вине *blame. On* может быть заменено на *upon.*) ➤ **на чью-либо голову.** □ *All the blame fell on their heads.* □ *I don't think that all the criticism should be on my head.*

on someone's or something's last legs о ком-либо или чём-либо, находящемся на грани гибели. ➤ **доживать последние дни.** □ *This building is on its last legs. It should be torn down.* □ *I feel as if I'm on my last legs. I'm really tired.*

on someone's say-so на основании чьего-либо авторитета; с чьего-либо согласия. □ *I can't do it on your say-so. I'll have to get a written request.* □ *BILL: I canceled the contract with the A.B.C. Company. BOB: On whose say-so?*

on someone's shoulders являться предметом чьей-либо ответственности. (Обычно со словом *responsibility. On* может быть заменено на *upon.*) ➤ **на чьих-либо плечах.** □ *Why should all the responsibility fall on my shoulders?* □ *She carries a tremendous amount of responsibility on her shoulders.*

on target как планировалось; предполагалось. ➤ **в самую точку.** □ *Your estimate of the cost was right on target.* □ *My prediction was not on target.*

on the air передаваться (по радио или телевидению). ➤ **(выходить/выйти) в эфир; (быть) в эфире.** □ *The radio station came back on the air shortly after the storm.* □ *We were on the air for two hours.*

on the average вообще; обычно. ➤ **в среднем.** □ *On the average, you can expect about a 10 percent failure.* □ *This report looks okay, on the average.*

on the bench 1. председательствующий в суде. (О судье.) □ *I have to go to court tomorrow. Who's on the bench?* □ *It doesn't matter who's on the bench. You'll get a fair hearing.* 2. сидящий на скамье и ожидающий своей очереди принять участие в игре. (В спортивных состязаниях, как, например, в баскетболе, футболе, американском футболе и т. д.) ➤ **в запасе.** □ *Bill is on the bench now. I hope he gets to play.* □ *John played during the first quarter, but now he's on the bench.*

on the block 1. в городском квартале. □ *John is the biggest kid on the block.* □ *We had a party on the block last weekend.* 2. в продаже на аукционе; выставленный на аукцион. □ *We couldn't afford to keep up the house, so it was put on the block to pay the taxes.* □ *That's the finest painting I've ever seen on the block.*

on the button абсолютно точно; точно в нужном месте; точно в нужное время. ➤ **тютелька в тютельку.** □ *That's it! You're right on the button.* □ *He got here at one o'clock on the button.*

on the contrary наоборот. □ *I'm not ill. On the contrary, I'm very healthy.* □ *She's not in a bad mood. On the contrary, she's as happy as a lark.*

on the dot точно в нужное время. ➤ **минута в минуту.** □ *I'll be there at noon on the dot.* □ *I expect to see you here at eight o'clock on the dot.*

on the go занятой; усердно занимающийся чем-либо. ➤ **в движении; в работе.** □ *I'm usually on the go all day long.* □ *I hate being on the go all the time.*

on the heels of something сразу же после. ➤ **вслед за чем-либо.** □ *There was a rainstorm on the heels of the windstorm.* □ *The team held a victory celebration on the heels of their winning season.*

on the horizon о чём-либо, что должно случиться скоро. (Также употребляется в буквальном смысле.) ➤ **на горизонте.** □ *Do you know what's on the horizon?* □ *Who can tell what's on the horizon?*

on the horns of a dilemma перед необходимостью выбора между двумя вещами, людьми и т. д.; предлагаются на выбор два противоположных положения, исключающие возможность третьего. ➤ **перед дилеммой.** ☐ *Mary found herself on the horns of a dilemma. She didn't know which to choose.* ☐ *I make up my mind easily. I'm not on the horns of a dilemma very often.*

on the hour через (каждый) час. ☐ *I have to take this medicine every hour on the hour.* ☐ *I expect to see you there on the hour, not one minute before and not one minute after.*

on the house за счёт предприятия, бесплатно. (Также употребляется в буквальном смысле.) ➤ **за казённый счет.** ☐ *"Here," said the waiter, "have a cup of coffee on the house."* ☐ *I went to a restaurant last night. I was the ten thousandth customer, so my dinner was on the house.*

on the level честный; открытый и правдивый. (Также с *strictly.*) ☐ *How can I be sure you're on the level?* ☐ *You can trust Sally. She's on the level.*

on the market в продаже; предлагаемый на продажу. ☐ *I had to put my car on the market.* ☐ *This is the finest home computer on the market.*

on the mend улучшаться (о здоровье); поправляться. ➤ **(идти/пойти) на поправку.** ☐ *My cold was terrible, but I'm on the mend now.* ☐ *What you need is some hot chicken soup. Then you'll really be on the mend.*

on the move в движении; приходящий в активное движение. ➤ **на полном ходу.** ☐ *What a busy day. Things are really on the move at the store.* ☐ *When all the buffalo were on the move across the plains, it must have been very exciting.*

on the QT втайне; секретно. ➤ **по секрету.** ☐ *The company president was making payments to his wife on the QT.* ☐ *The mayor accepted a bribe on the QT.*

on the spot 1. точно в нужном месте; сразу. ➤ **на месте.** ☐ *It's noon, and I'm glad you're all here on the spot. Now we can begin.* ☐ *I expect you to be on the spot when and where trouble arises.* 2. в беде; в трудном положении. ➤ **в тяжёлом положении.** ☐ *There is a problem in the department I manage, and I'm really on the spot.* ☐ *I hate to be on the spot when it's not my fault.*

on the spur of the moment неожиданно; без подготовки. ➤ **под влиянием минуты.** ☐ *We decided to go on the spur of the moment.* ☐ *I had to leave town on the spur of the moment.*

on the tip of one's tongue вот-вот должно быть сказано; вот-вот должно прийти на ум. (Будто слово должно сорваться с языка и быть произнесено.) ➤ **вертится на языке у кого-либо.** ☐ *I have his name right on the tip of my tongue. I'll think of it in a second.* ☐ *John had the answer on the tip of his tongue, but Ann said it first.*

on the wagon быть трезвенником; более не прикасаться к спиртным напиткам. (Также употребляется в буквальном смысле. О "water wagon.") ➤ **капли в рот не брать.** ☐ *None for me, thanks. I'm on the wagon.* ☐ *Look at John. I don't think he's on the wagon anymore.*

on the wrong track на неверном пути; придерживающийся неверных предпосылок. (Также употребляется в буквальном смысле, о поездах, охотничьих собаках и т. д.) ➤ **на ложном пути.** ☐ *You'll never get the right answer. You're on the wrong track.* ☐ *They won't get it figured out because they are on the wrong track.*

on thin ice в опасной ситуации. ➤ **на краю пропасти.** ☐ *If you try that you'll really be on thin ice. That's too risky.* ☐ *If you don't want to find yourself on thin ice, you must be sure of your facts.* ТАКЖЕ: **skate on thin ice** быть (находиться) в опасной ситуации. (Также употребляется в буквальном смысле.) ➤ **попадать/попасть в переплёт.** ☐ *I try to stay well informed so I don't end up skating on thin ice when the teacher asks me a question.*

on tiptoe стоящий или передвигающийся на пальцах ног. (Человек становится на цыпочки, чтобы стать выше или ходить бесшумно.) ➤ **на цыпочки; на цыпочках.** □ *I had to stand on tiptoe in order to see over the fence.* □ *I came in late and walked on tiptoe so I wouldn't wake anybody up.*

on top одержавший победу над чем-либо; известный чем-либо. ➤ **в первых рядах.** □ *I have to study day and night to keep on top.* □ *Bill is on top in his field.*

on top of the world чувствующий себя прекрасно; чувствующий себя чудесно; восторженный. (Клише.) ➤ **на верху блаженства.** □ *Wow, I feel on top of the world.* □ *Since he got a new job, he's on top of the world.*

on trial привлекающийся к судебной ответственности. ➤ **под судом.** □ *My sister is on trial today, so I have to go to court.* □ *They placed the suspected thief on trial.*

on vacation на каникулах; в отпуску. □ *Where are you going on vacation this year?* □ *I'll be away on vacation for three weeks.*

open a can of worms сталкиваться с рядом проблем; создавать ненужные проблемы. (*Can of worms* означает "неприятности" Употребляется также с *open up* и с различными определениями, как *new, whole, another,* как видно из примеров.) □ *Now you are opening a whole new can of worms.* □ *How about cleaning up this mess before you open up a new can of worms?*

open one's heart (to someone) поделиться с кем-либо своими сокровенными мыслями. ➤ **раскрывать/раскрыть душу кому-либо.** □ *I always open my heart to my spouse when I have a problem.* □ *It's a good idea to open your heart every now and then.*

open one's mouth, not См. NOT OPEN ONE'S MOUTH.

open Pandora's box обнаружить множество неожиданных проблем. (Клише.) □ *When I asked Jane about her problems, I didn't know I had opened Pandora's box.* □ *You should be cautious with people who are upset. You don't want to open Pandora's box.*

order, out of См. OUT OF ORDER.

other side of the tracks бедные районы города, чаще всего вблизи железной дороги. (Особенно с *from the* или *live on the.*) □ *Who cares if she's from the other side of the tracks?* □ *I came from a poor family—we lived on the other side of the tracks.*

ounce of prevention is worth a pound of cure, An. См. AN OUNCE OF PREVENTION IS WORTH A POUND OF CURE.

out and about начать выходить на улицу; поправиться и начать вести активный образ жизни. □ *Beth has been ill, but now she's out and about.* □ *As soon as I feel better, I'll be able to get out and about.*

out cold AND **out like a light** потерявший сознание. ➤ **без сознания.** □ *I fell and hit my head. I was out cold for about a minute.* □ *Tom fainted! He's out like a light!*

out in left field странный; необычный и эксцентричный. ➤ **с причудами (о ком-либо).** □ *Sally is a lot of fun, but she's sort of out in left field.* □ *What a strange idea. It's really out in left field.*

out like a light См. на OUT COLD.

out of a clear blue sky AND **out of the blue** неожиданно; без предупреждения. (Клише.) ➤ **как снег на голову (свалиться).** □ *Then, out of a clear blue sky, he told me he was leaving.* □ *Mary appeared on my doorstep out of the blue.*

out of all proportion несоразмерный; несоизмеримого размера по сравнению с чем-либо другим; (в переносном смысле) односторонний. (Слово *all* может быть опущено.) ➤ **сверх (всякой) меры.** □ *This problem has grown out of all proportion.* □ *Yes, this thing is way out of proportion.* ТАКЖЕ: **blow something out of all proportion** чрезмерно раздувать что-либо. (Слово *all* может быть опущено.) ➤ **раздувать/раздуть что-либо сверх (всякой) меры.** □ *The press has blown this issue out of all proportion.* □ *Let's be reasonable. Don't blow this thing out of proportion.*

out of circulation 1. не имеющийся в наличии для пользования или выдачи. (Обычно о библиотечных материалах.) ➤ **не в обращении.** □ *I'm sorry, but the book you want is temporarily out of circulation.* □ *How long will it be out of circulation?* 2. не общающийся с людьми. ➤ **в изоляции.** □ *I don't know what's happening because I've been out of circulation for a while.* □ *My cold has kept me out of circulation for a few weeks.*

out of commission 1. [о корабле] не готовый к плаванию. ➤ **в резерве.** □ *This vessel will remain out of commission for another month.* □ *The ship has been out of commission since repairs began.* 2. испорченный, неработающий или недействующий. ➤ **в неисправности.** □ *My watch is out of commission and is running slowly.* □ *I can't run in the marathon because my knees are out of commission.*

out of gas 1. оставшийся без бензина (о машине, грузовике и т. д.). ➤ **у кого-либо бензин вышел.** □ *We can't go any farther. We're out of gas.* □ *This car will be completely out of gas in a few more miles.* 2. уставший; утомлённый; измотанный. ➤ **без сил.** □ *What a day! I've been working since morning, and I'm really out of gas.* □ *This electric clock is out of gas. I'll have to get a new one.* ТАКЖЕ: **run out of gas** израсходовать весь бензин. □ *I hope we don't run out of gas.*

out of hand тотчас же и никого не спрашивая; не откладывая. ➤ **без подготовки; не раздумывая.** □ *I can't answer that out of hand. I'll check with the manager and call you back.* □ *The offer was so good that I accepted it out of hand.*

out of luck неудачлив; не повезло кому-либо. □ *If you wanted some ice cream, you're out of luck.* □ *I was out of luck. I got there too late to get a seat.*

out of one's element в необычном или скованном положении. ➤ **вне родной стихии.** □ *When it comes to computers, I'm out of my element.* □ *Sally's out of her element in math.*

out of one's head См. следующую словарную статью.

out of one's mind AND **out of one's head; out of one's senses**
глупый и неразумный; сумасшедший; нерациональный. ➤ **не в своём уме.** ☐ *Why did you do that? You must be out of your mind!* ☐ *Good grief, Tom! You have to be out of your head!* ☐ *She's acting as if she were out of her senses.*

out of one's senses См. предыдущую словарную статью.

out of order 1. не по порядку. ➤ **не на своём месте.** ☐ *This book is out of order. Please put it in the right place on the shelf.* ☐ *You're out of order, John. Please get in line after Jane.* 2. нарушающий парламентский регламент. ☐ *I was declared out of order by the president.* ☐ *Ann inquired, "Isn't a motion to table the question out of order at this time?"*

out of practice не тренироваться. ➤ **не иметь практики.** ☐ *I used to be able to play the piano extremely well, but now I'm out of practice.* ☐ *The baseball players lost the game because they were out of practice.*

out of print [о книге] больше не печатается. (Сравните с *in print* в продаже.) ☐ *The book you want is out of print, but perhaps I can find a used copy for you.* ☐ *It was published nearly ten years ago, so it's probably out of print.*

out of season 1. в настоящее время не продаётся. ➤ **не время для чего-либо.** ☐ *Sorry, oysters are out of season. We don't have any.* ☐ *Watermelon is out of season in the winter.* 2. о чём-либо, на что официально запрещена охота или рыбная ловля. ☐ *Are salmon out of season?* ☐ *I caught a trout out of season and had to pay a fine.*

out of service неработающий; недействующий в настоящее время. ➤ **в неисправности.** ☐ *Both elevators are out of service, so I had to use the stairs.* ☐ *The washroom is temporarily out of service.*

Out of sight, out of mind. пословица, означающая, что, когда не видишь чего-либо под рукой, забываешь о нём. ➤ **С глаз долой, из сердца вон.** ☐ *When I go home, I put my schoolbooks* *away so I won't worry about doing my homework. After all, out of sight, out of mind.* □ *Jane dented the fender on her car. It's on the right side, so she doesn't have to look at it. Like they say, out of sight, out of mind.*

out of sorts чувствующий себя неважно; ворчливый и раздражённый. ➤ **не в настроении.** □ *I've been out of sorts for a day or two. I think I'm coming down with something.* □ *The baby is out of sorts. Maybe she's getting a tooth.*

out of the blue См. на OUT OF A CLEAR BLUE SKY.

out of the corner of one's eye [увидеть что-либо] мельком; бросить беглый взгляд на что-либо. ➤ **краем глаза.** □ *I saw someone do it out of the corner of my eye. It might have been Jane who did it.* □ *I only saw the accident out of the corner of my eye. I don't know who is at fault.*

out of the frying pan into the fire из плохой ситуации в ещё худшую. (Клише. На огне горячее, чем на сковороде.) ➤ **(попасть) из огня да в полымя.** □ *When I tried to argue about my fine for a traffic violation, the judge charged me with contempt of court. I really went out of the frying pan into the fire.* □ *I got deeply in debt. Then I really got out of the frying pan into the fire when I lost my job.*

out of the hole расплатившийся с долгами. (Также употребляется в буквальном смысле.) ➤ **не иметь долгов.** □ *I get paid next week, and then I can get out of the hole.* □ *I can't seem to get out of the hole. I keep spending more money than I earn.*

out of the question нет никакой возможности; совершенно исключено. ➤ **об этом не может быть и речи.** □ *I'm sorry, but it's out of the question.* □ *You can't go to Florida this spring. We can't afford it. It's out of the question.*

out of the red не имеющий долгов. ➤ **выходить/выйти из долгов.** □ *This year our firm is likely to get out of the red before fall.* □ *If we can cut down on expenses, we can get out of the red fairly soon.*

out of the running о ком-либо, чья кандидатура более не рассматривается; о ком-либо, более не принимающем участия в состязании. ➤ **выходить/выйти из игры.** ☐ *After the first part of the diving meet, three members of our team were out of the running.* ☐ *After the scandal was made public, I was no longer in the running. I pulled out of the election.*

out of the woods преодолевший критическое состояние; вышедший из состояния неизвестности. ➤ **вне опасности.** ☐ *When the patient got out of the woods, everyone relaxed.* ☐ *I can give you a better prediction for your future health when you are out of the woods.*

out of thin air из ниоткуда; из ничего. ➤ **откуда ни возьмись.** ☐ *Suddenly—out of thin air—the messenger appeared.* ☐ *You just made that up out of thin air.*

out of this world чудесный; необыкновенный. (Клише. Также употребляется в буквальном смысле.) ➤ **такого свет не видал.** ☐ *This pie is just out of this world.* ☐ *Look at you! How lovely you look—simply out of this world.*

out of tune (with someone or something) 1. не сочетающийся с кем-либо или с чем-либо (о музыкальном строе.) ➤ **не в тон с кем-либо или чем-либо.** ☐ *The oboe is out of tune with the flute. The flute is out of tune with John.* ☐ *They are all out of tune.* 2. (в переносном смысле) не гармонирующий или не ладящий с кем-либо или с чем-либо. ➤ **не в ладу с кем-либо или с чем-либо.** ☐ *Your proposal is out of tune with my ideas of what we should be doing.* ☐ *Let's get all our efforts in tune.*

out of turn не в положенное время; не соблюдая очереди. ➤ **без очереди.** ☐ *We were permitted to be served out of turn, because we had to leave early.* ☐ *Bill tried to register out of turn and was sent away.*

out on a limb в опасной ситуации; с риском для себя. ➤ **в опасном положении.** ☐ *I don't want to go out on a limb, but I think I'd agree to your request.* ☐ *She really went out on a limb when she agreed.*

out on the town проводящий время в различных увеселительных местах города. ☐ *I'm really tired. I was out on the town until dawn.* ☐ *We went out on the town to celebrate our wedding anniversary.*

outside, at the См. AT THE OUTSIDE.

out to lunch не обедающий на работе. ☐ *I'm sorry, but Sally Jones is out to lunch. May I take a message?* ☐ *She's been out to lunch for nearly two hours. When will she be back?*

overboard, go См. GO OVERBOARD.

over the hill пожилой; слишком старый для чего-либо. ➤ **в годах.** ☐ *Now that Mary's forty, she thinks she's over the hill.* ☐ *My grandfather was over eighty before he felt as if he was over the hill.*

over the hump преодолевший основную трудность. ➤ **трудности (остались) позади у кого-либо.** ☐ *This is a difficult project, but we're over the hump now.* ☐ *I'm halfway through—over the hump—and it looks as if I may get finished after all.*

over the long haul в течение довольно долгого времени. ➤ **в долгосрочном плане.** ☐ *Over the long haul, it might be better to invest in stocks.* ☐ *Over the long haul, everything will turn out all right.*

over the short haul в ближайшем будущем. ➤ **в обозримом будущем.** ☐ *Over the short haul, you'd be better off·to put your money in the bank.* ☐ *Over the short haul, you may wish you had done something different. But things will work out all right.*

over the top получивший больше, чем предполагалось. ➤ **сверх нормы.** ☐ *Our fund-raising campaign went over the top by $3,000.* ☐ *We didn't go over the top. We didn't even get half of what we set out to collect.*

P

packed (in) like sardines битком набито. (Клише. Возможны различные вариации, как видно из примеров.) ➤ **набились, как сельди в бочке.** □ *It was terribly crowded there. We were packed in like sardines.* □ *The bus was full. The passengers were packed like sardines.* □ *They packed us in like sardines.*

paddle one's own canoe действовать самостоятельно; действовать независимо. (Клише. Может также употребляться в буквальном смысле.) ➤ **быть (оставаться) сам по себе.** □ *I've been left to paddle my own canoe too many times.* □ *Sally isn't with us. She's off paddling her own canoe.*

pad the bill искусственно увеличивать счёт. ➤ **раздувать/ раздуть счёт.** □ *The plumber had padded the bill with things we didn't need.* □ *I was falsely accused of padding the bill.*

paint the town red устраивать шумные ночные кутежи в городских увеселительных заведениях. (Не в буквальном смысле.) ➤ **гулять на полную катушку.** □ *Let's all go out and paint the town red!* □ *Oh, do I feel awful. I was out all last night, painting the town red.*

pale, beyond the См. BEYOND THE PALE.

part and parcel См. на BAG AND BAGGAGE.

part someone's hair приблизиться к кому-либо на очень близкое расстояние. (Обычно преувеличение. Также употребляется в буквальном значении.) □ *That plane flew so low that it nearly parted my hair.* □ *He punched at me and missed. He only parted my hair.*

par, up to См. UP TO PAR.

pass the buck сваливать вину на кого-либо другого; перекладывать ответственность на кого-либо другого. ➤ **валить с больной головы на здоровую.** □ *Don't try to pass the buck! It's your fault, and everybody knows it.* □ *Some people try to pass the buck whenever they can.*

pass the hat организовывать сбор пожертвований на (благотворительные) нужды. ➤ **собирать/собрать деньги.** □ *Bob is passing the hat to collect money to buy flowers for Ann.* □ *He's always passing the hat for something.*

pay an arm and a leg (for something) AND **pay through the nose (for something)** платить слишком много за что-либо. ➤ **платить/заплатить бешеные деньги за что-либо.** □ *I hate to have to pay an arm and a leg for a tank of gas.* □ *If you shop around, you won't have to pay an arm and a leg.* □ *Why should you pay through the nose?* ТАКЖЕ: **cost an arm and a leg** дорого обходиться. ➤ **стоить бешеных денег.** □ *It cost an arm and a leg, so I didn't buy it.*

pay one's debt (to society) отбывать срок заключения за совершённое преступление, обычно в тюрьме. □ *The judge said that Mr. Simpson had to pay his debt to society.* □ *Mr. Brown paid his debt in state prison.*

pay one's dues 1. платить членские взносы. □ *If you haven't paid your dues, you can't come to the club picnic.* □ *How many people have paid their dues?* 2. заработать право на что-либо тяжёлым трудом или мучением. ➤ **заплатить сполна.** □ *He worked hard to get to where he is today. He paid his dues and did what he was told.* □ *I have every right to be here. I paid my dues!*

pay the piper расплачиваться за свои поступки; получать наказание за что-либо. (Клише.) ➤ **платить по счёту.** □ *You can put off paying your debts only so long. Eventually you'll have to pay the piper.* □ *You can't get away with that forever. You'll have to pay the piper someday.*

pay through the nose (for something) См. PAY AN ARM AND A LEG (FOR SOMETHING).

penny saved is a penny earned, A. См. A PENNY SAVED IS A PENNY EARNED.

penny-wise and pound-foolish пословица, означающая, что глупо терять большие деньги из-за мелочной экономии. (Клише.) □ *Sally shops very carefully to save a few cents on food, then charges the food to a charge card that costs a lot in annual interest. That's being penny-wise and pound-foolish.* □ *John drives thirty miles to buy gas for three cents a gallon less than it costs here. He's really penny-wise and pound-foolish.*

Perish the thought. Об этом даже не следует и думать. (Литературный стиль.) ➤ **Выкинь(те) это из головы.** □ *If you should become ill—perish the thought—I'd take care of you.* □ *I'm afraid that we need a new car. Perish the thought.*

pick up the tab платить по счёту. (Взять счёт и оплатить его.) □ *Whenever we go out, my father picks up the tab.* □ *Order whatever you want. The company is-picking up the tab.*

pie in the sky вознаграждение в будущем, особенно после смерти. (Клише. Часть более длинной фразы "pie in the sky by and by when you die.") ➤ **пирог на том свете.** □ *Are you nice to people just because of pie in the sky, or do you really like them?* □ *Don't hold out for a big reward, you know—pie in the sky.*

pillar to post, from См. FROM PILLAR TO POST.

pink (of condition), in the См. IN THE PINK (OF CONDITION).

pins and needles, on См. ON PINS AND NEEDLES.

pitch in (and help) энергично взяться за дело и помогать. ➤ вносить/внести свой вклад. □ *Pick up a paintbrush and pitch in and help.* □ *Why don't some of you pitch in? We need all the help we can get.*

pitch someone a curve (ball) удивлять кого-либо неожиданным поступком или действием. (Также употребляется в буквальном смысле в бейсболе, о мяче по кривой линии.) ➤ захватить врасплох кого-либо. □ *You really pitched me a curve ball when you said I had done a poor job. I did my best.* □ *You asked Tom a hard question. You certainly pitched him a curve.*

plain as day, as См. AS PLAIN AS DAY.

plain as the nose on one's face, as См. AS PLAIN AS THE NOSE ON ONE'S FACE.

play ball (with someone) 1. участвовать в игре с мячом. (Обратите внимание на второй пример, в котором дано особое употребление этой фразы в бейсболе.) □ *When will our team play ball with yours?* □ *Suddenly, the umpire shouted, "Play ball!" and the game began.* 2. сотрудничать с кем-либо. ➤ вести честную игру с кем-либо. □ *Look, friend, if you play ball with me, everything will work out all right.* □ *Things would go better for you if you'd learn to play ball.*

play both ends (against the middle) натравливать две противоположные стороны друг на друга (в собственных интересах). ➤ играть на противоположных интересах. □ *I told my brother that Mary doesn't like him. Then I told Mary that my brother doesn't like her. They broke up, so now I can have the car this weekend. I succeeded in playing both ends against the middle.* □ *If you try to play both ends, you're likely to get in trouble with both sides.*

play by ear См. на PLAY SOMETHING BY EAR.

play cat and mouse (with someone) (в буквальном или переносном смысле) ловить и отпускать кого-либо снова и снова. (Клише.) ➤ играть в кошки-мышки с кем-либо. □ *The* *police played cat and mouse with the suspect until they had sufficient evidence to make an arrest.* □ *Tom had been playing cat and mouse with Ann. Finally she got tired of it and broke up with him.*

play fast and loose (with someone or something) поступать легкомысленно, бездумно и безответственно. ➤ **вести двойную игру с кем-либо.** □ *I'm tired of your playing fast and loose with me. Leave me alone.* □ *Bob got fired for playing fast and loose with the company's money.* □ *If you play fast and loose like that, you can get into a lot of trouble.*

play it safe быть осторожным или действовать осторожно; поступать осмотрительно. ➤ **не подвергать себя риску.** □ *You should play it safe and take your umbrella.* □ *If you have a cold or the flu, play it safe and go to bed.*

play one's cards close to one's vest См. следующую словарную статью.

play one's cards close to the chest AND **play one's cards close to one's vest** проявлять осторожность и скрытность в работе или на переговорах. (Об игре в карты, когда игрок держит карты почти вплотную к груди.) ➤ **не открывать/не открыть своих карт.** □ *It's hard to figure out what John is up to because he plays his cards close to his chest.* □ *Don't let them know what you're up to. Play your cards close to your vest.*

play second fiddle (to someone) занимать второстепенное положение (по отношению к кому-либо.) ➤ **быть на вторых ролях.** □ *I'm tired of playing second fiddle to John.* □ *I'm better trained than he, and I have more experience. I shouldn't play second fiddle.*

play something by ear 1. исполнять музыкальное произведение без нот, прослушав его всего лишь несколько раз. ➤ **играть по слуху.** □ *I can play "Stardust" by ear.* □ *Some people can play Chopin's music by ear.* 2. AND **play by ear** хорошо играть на каком-либо музыкальном инструменте, не имея специального образования. ➤ **играть по слуху.** □ *John* *can play the piano by ear.* □ *If I could play by ear, I wouldn't have to take lessons—or practice!*

play the field встречаться со многими и не иметь постоянной девушки или парня. □ *When Tom told Ann good-bye, he said he wanted to play the field.* □ *He said he wanted to play the field while he was still young.*

play to the gallery стараться понравиться публике; стараться удовлетворить самые низшие слои публики. ➤ **играть на публику.** □ *John is a competent actor, but he has a tendency to play to the gallery.* □ *When he made the rude remark, he was just playing to the gallery.*

play with fire сильно рисковать. (Также употребляется в буквальном смысле.) ➤ **играть с огнём.** □ *If you accuse her of stealing, you'll be playing with fire.* □ *I wouldn't try that if I were you—unless you like playing with fire.*

pocket, have someone in one's См. HAVE SOMEONE IN ONE'S POCKET.

poke fun (at someone) подшучивать над кем-либо; высмеивать кого-либо. ➤ **поднимать/поднять на смех кого-либо.** □ *Stop poking fun at me! It's not nice.* □ *Bob is always poking fun.*

poke one's nose in(to something) AND **stick one's nose in(to something)** вмешиваться во что-либо; вынюхивать что-либо. (Не в буквальном смысле.) ➤ **совать (свой) нос во что-либо.** □ *I wish you'd stop poking your nose into my business.* □ *She was too upset for me to stick my nose in and ask what was wrong.*

poles apart, be См. BE POLES APART.

poor as a church mouse, as См. AS POOR AS A CHURCH MOUSE.

poor taste, in См. IN POOR TASTE.

pop the question сделать кому-либо предложение (о женитьбе или замужестве). ☐ *I was surprised when he popped the question.* ☐ *I've been waiting for years for someone to pop the question.*

pot calling the kettle black, the См. THE POT CALLING THE KETTLE BLACK.

pot, go to См. GO TO POT.

pound a beat совершать обход. (Обычно о полицейском патруле.) ➤ **"утюжить мостовые."** ☐ *The patrolman pounded the same beat for years and years.* ☐ *Pounding a beat will wreck your feet.*

pound the pavement исколесить все улицы в поисках работы. ☐ *I spent two months pounding the pavement after the factory I worked for closed.* ☐ *Hey, Bob. You'd better get busy pounding those nails unless you want to be out pounding the pavement.*

pour cold water on something AND **dash cold water on something; throw cold water on something** обескуражить кого-либо; отбить у кого-либо охоту делать что-либо. (В этом случае не в буквальном смысле.) ➤ **окатить кого-либо холодной водой.** ☐ *When my father said I couldn't have the car, he poured cold water on my plans.* ☐ *John threw cold water on the whole project by refusing to participate.*

pour it on thick См. на LAY IT ON THICK.

pour money down the drain попусту тратить деньги; выбрасывать деньги. ➤ **выбрасывать деньги на ветер.** ☐ *What a waste! You're just pouring money down the drain.* ☐ *Don't buy any more of that low-quality merchandise. That's just throwing money down the drain.*

pour oil on troubled water действовать успокаивающе. (Клише. Если во время шторма на бушующее море налить нефть, оно станет спокойнее.) ➤ **разряжать/разрядить обстановку.** ☐ *That was a good thing to say to John. It helped pour oil on troubled water. Now he looks happy.* ☐ *Bob is the kind of person who pours oil on troubled water.*

practice, out of См. OUT OF PRACTICE.

practice what you preach поступать так, как проповедуешь. (Клише.) ➤ **жить согласно своим убеждениям.** □ *If you'd practice what you preach, you'd be better off.* □ *You give good advice. Why not practice what you preach?*

premium, at a См. AT A PREMIUM.

press one's luck См. на PUSH ONE'S LUCK.

press someone to the wall См. на PUSH SOMEONE TO THE WALL.

pretty as a picture, as См. AS PRETTY AS A PICTURE.

Pretty is as pretty does. по-настоящему красив лишь тот, кто красиво поступает. (Клише.) □ *Now, Sally. Let's be nice. Pretty is as pretty does.* □ *My great-aunt always used to say "pretty is as pretty does" to my sister.*

price on one's head, have a См. HAVE A PRICE ON ONE'S HEAD.

prick up one's ears прислушиваться. ➤ **навострить уши.** □ *At the sound of my voice, my dog pricked up her ears.* □ *I pricked up my ears when I heard my name mentioned.*

prime, in one's or its См. IN ONE'S OR ITS PRIME.

prime of life, in the См. IN THE PRIME OF LIFE.

print, in См. IN PRINT.

print, out of См. OUT OF PRINT.

promise the moon (to someone) AND **promise someone the moon** обещать кому-либо что-либо несбыточное. ➤ **сулить кому-либо золотые горы.** □ *Bill will promise you the moon, but he won't live up to his promises.* □ *My boss promised the moon, but only paid the minimum wage.*

proportion, out of all См. OUT OF ALL PROPORTION.

proud as a peacock, as См. AS PROUD AS A PEACOCK.

public eye, in the См. IN THE PUBLIC EYE.

pull oneself up (by one's own bootstraps) выбиться в люди благодаря собственным усилиям. (Клише.) ➤ **пробивать/ пробить себе дорогу.** □ *They simply don't have the resources to pull themselves up by their own bootstraps.* □ *If I could have pulled myself up, I'd have done it by now.*

pull someone's leg подшучивать над кем-либо, дурачить или надувать кого-либо. ➤ **морочить голову кому-либо.** □ *You don't mean that. You're just pulling my leg.* □ *Don't believe him. He's just pulling your leg.*

pull someone's or something's teeth лишить действенности кого-либо или что-либо. (Также употребляется в буквальном смысле.) □ *The mayor tried to pull the teeth of the new law.* □ *The city council pulled the teeth of the new mayor.*

pull something out of a hat AND **pull something out of thin air** представить что-либо неожиданно, как по волшебству. ➤ **делается как по мановению волшебной палочки.** □ *This is a serious problem, and we just can't pull a solution out of a hat.* □ *I'm sorry, but I don't have a pen. What do you want me to do, pull one out of thin air?*

pull something out of thin air См. предыдущую словарную статью.

pull the rug out (from under someone) лишать кого-либо опоры. ➤ **вышибать/вышибить почву из-под ног у кого-либо.** □ *The treasurer pulled the rug out from under the mayor.* □ *Things were going along fine until the treasurer pulled the rug out.*

pull the wool over someone's eyes вводить кого-либо в заблуждение. (Клише.) ➤ **водить кого-либо за нос.** □ *You can't* *pull the wool over my eyes. I know what's going on.* □ *Don't try to pull the wool over her eyes. She's too smart.*

pull up stakes переехать в другое место. (Будто кто-то вырывает колья из-под палатки.) ➤ **сняться с места.** □ *I've been here long enough. It's time to pull up stakes.* □ *I hate the thought of having to pull up stakes.*

push one's luck AND **press one's luck** полагаться на длительное везение; полагаться на то, что можно избежать невзгод. ➤ **искушать судьбу.** □ *You're okay so far, but don't push your luck.* □ *Bob pressed his luck too much and got into a lot of trouble.*

push someone to the wall AND **press someone to the wall** не оставлять кому-либо права выбора; ставить кого-либо в отчаянное положение. (Также употребляется в буквальном смысле.) ➤ **загонять/загнать кого-либо в угол.** □ *There was little else I could do. They pushed me to the wall.* □ *When we pressed him to the wall, he told us where the cookies were hidden.*

put a bee in someone's bonnet См. на HAVE A BEE IN ONE'S BONNET.

put all one's eggs in one basket рисковать всем одновременно. (Клише. Часто употребляется с отрицанием. Если уронить корзинку, то все яйца разобьются.) ➤ **ставить/поставить всё на одну карту.** □ *Don't put all your eggs in one basket. Then everything won't be lost if there is a catastrophe.* □ *John only applied to the one college he wanted to go to. He put all his eggs in one basket.*

put in a good word (for someone) попросить за кого-либо. ➤ **замолвить за кого-либо словечко.** □ *I hope you get the job. I'll put in a good word for you.* □ *Yes, I want the job. If you see the boss, please put in a good word.*

put in one's two cents (worth) добавить что-либо к сказанному. (Подразумевается, что эти комментарии не представляют большой ценности, но, тем не менее, должны быть высказаны.) □ *Can I put in my two cents worth?* □ *Sure, go ahead—put your two cents in.*

put on airs держаться высокомерно. ➤ **держать себя
заносчиво.** □ *Stop putting on airs. You're just human like the rest
of us.* □ *Ann is always putting on airs. You'd think she was a queen.*

put one's best foot forward показать себя с наилучшей
стороны; стараться произвести хорошее впечатление. (Клише.)
➤ **показать себя с наилучшей стороны.** □ *When you apply
for a job, you should always put your best foot forward.* □ *I try
to put my best foot forward whenever I meet someone for the first
time.*

put one's cards on the table AND **lay one's cards on the table**
изложить всё без утайки; раскрыться и вести себя честно с
кем-либо. (В определённых случаях в некоторых играх в
карты игрок отчитывается о тех картах, которые у него на
руках.) ➤ **открывать/открыть свои карты.** □ *Come on, John,
lay your cards on the table. Tell me what you really think.* □ *Why
don't we both put our cards on the table?*

put one's dibs on something См. на HAVE DIBS ON SOMETHING.

put one's foot in it См. следующую словарную статью.

put one's foot in one's mouth AND **put one's foot in it; stick
one's foot in one's mouth** сожалеть о сказанном; говорить
глупые, оскорбительные или неприятные вещи. ➤ **дать маху.**
□ *When I told Ann that her hair was more beautiful than I had ever
seen it, I really put my foot in my mouth. It was a wig.* □ *I put my
foot in it by telling John's secret.*

put one's hand to the plow взяться за большое и важное дело;
затратить много усилий. (Клише. В буквальном смысле
употребляется редко.) ➤ **серьёзно браться/взяться за дело.** □
*If John would only put his hand to the plow, he could do an excellent
job.* □ *You'll never accomplish anything if you don't put your hand
to the plow.*

put one's nose to the grindstone трудиться. (Не
употребляется в буквальном смысле. Также с *have* и *get*, как
видно из примеров.) ➤ **работать без передышки.** □ *The boss*

told me to put my nose to the grindstone. □ *I've had my nose to the grindstone ever since I started working here.* □ *If the other people in this office would get their noses to the grindstone, more work would get done.* ТАКЖЕ: **keep one's nose to the grindstone** трудиться без отдыха. ➤ **работать, не поднимая головы.** □ *The manager told me to keep my nose to the grindstone or be fired.*

put one's oar in AND **put in one's oar** оказывать помощь кому-либо; вмешиваться во что-либо, давая советы; вкладывать свой труд в общее дело. ➤ **вмешиваться в чужие дела.** □ *You don't need to put your oar in. I don't need your advice.* □ *I'm sorry. I shouldn't have put in my oar.*

put one's shoulder to the wheel приниматься за работу. (Не в буквальном смысле.) ➤ **браться/взяться за дело, засучив рукава.** □ *You won't accomplish anything unless you put your shoulder to the wheel.* □ *I put my shoulder to the wheel and finished the job quickly.*

put one through one's paces проверять чью-либо пригодность; заставлять кого-либо тщательно выполнять работу. ➤ **подвергать/подвергнуть кого-либо испытанию.** □ *The boss really put me through my paces today. I'm tired.* □ *I tried out for a part in the play, and the director really put me through my paces.*

put on one's thinking cap серьёзно обдумывать что-либо. (Клише. Не в буквальном смысле. Обычно в обращении к детям.) ➤ **пораскинуть мозгами.** □ *All right now, let's put on our thinking caps and do some arithmetic.* □ *It's time to put on our thinking caps, children.*

put someone or something out to pasture давать отставку кому-либо или чему-либо. (Первоначально о старых лошадях, которые по возрасту уже не могли работать.) ➤ **списывать/ списать в тираж кого-либо или что-либо.** □ *Please don't put me out to pasture. I have lots of good years left.* □ *This car has reached the end of the line. It's time to put it out to pasture.*

put someone or something to bed 1. [о *ком-либо*] помогать кому-либо, обычно ребёнку, ложиться спать. □ *Come on, Billy,*

it's time for me to put you to bed. □ *I want Grandpa to put me to bed.*
2. [о *чём-либо*] заканчивать работу и посылать её по инстанции
(особенно в издательском деле). □ *This edition is finished. Let's
put it to bed.* □ *Finish the editing of this book and put it to bed.*

put someone or something to sleep 1. убить кого-либо;
(усыпить, о животном). (Эвфемизм.) ➤ **отправить кого-либо
на тот свет.** □ *We had to put our dog to sleep.* □ *The robber said
he'd put us to sleep forever if we didn't cooperate.* 2. усыпить
кого-либо, возможно, дав лекарство или сделав анестезию. □
The doctor put the patient to sleep before the operation. □ *I put the
cat to sleep by stroking its tummy.* 3. [о *ком-либо*] наскучить
кому-либо. (В буквальном смысле.) ➤ **нагонять/нагнать сон
на кого-либо.** □ *That dull lecture put me to sleep.* □ *Her long story
almost put me to sleep.*

put someone's nose out of joint оскорблять кого-либо;
вызывать в ком-либо чувство оскорбления или обиды. (Не в
буквальном смысле.) ➤ **задевать/задеть чьи-либо чувства.** □
I'm afraid I put his nose out of joint by not inviting him to the picnic.
□ *There is no reason to put your nose out of joint. I meant no harm.*

put someone through the wringer подвергать кого-либо
тяжёлым испытаниям. (Подобно тому, как выжимается бельё в
стиральной машине старого образца.) ➤ **сдирать/содрать
шкуру с кого-либо.** □ *They are really putting me through the
wringer at school.* □ *The boss put Bob through the wringer over this
contract.*

put someone to shame разоблачать кого-либо; смущать кого-
либо; стыдить кого-либо. ➤ **вызывать/вызвать в ком-либо
чувство стыда.** □ *Your excellent efforts put us all to shame.* □ *I put
him to shame by telling everyone about his bad behavior.*

put someone to the test проверять кого-либо; проверять чьи-
либо возможности. □ *I think I can jump that far, but no one has
ever put me to the test.* □ *I'm going to put you to the test right now!*

put something on ice AND **put something on the back burner**
задерживать или откладывать что-либо (о решении, работе и т.

д.); заморозить что-либо. (В данных значениях фразы не имеют буквального смысла.) ➤ **откладывать/отложить что-либо в сторону.** ☐ *I'm afraid that we'll have to put your project on ice for a while.* ☐ *Just put your idea on ice and keep it there till we get some money.*

put something on paper записывать что-либо; писать или печатать какое-либо соглашение. ➤ **переложить что-либо на бумагу.** ☐ *You have a great idea for a novel. Now put it on paper.* ☐ *I'm sorry, I can't discuss your offer until I see something in writing. Put it on paper, and then we'll talk.*

put something on the back burner См. на PUT SOMETHING ON ICE.

put something on the cuff покупать что-либо в кредит; добавлять какую-либо сумму к своему балансу. (Будто кто-то делает отметку о покупке на обшлаге своей рубашки.) ➤ **отпускать/отпустить что-либо в долг (в кредит).** ☐ *I'll take two of those, and please put them on the cuff.* ☐ *I'm sorry, Tom. We can't put anything more on the cuff.*

put something on the line AND **lay something on the line** ➤ говорить о чём-либо твёрдо и прямолинейно. (Возможно, это относится к линии фронта.) ➤ **говорить без обиняков.** ☐ *She was very mad. She put it on the line, and we have no doubt about what she meant.* ☐ *All right, you kids! I'm going to lay it on the line. Don't ever do that again if you know what's good for you.*

put something through its paces выявлять чью-либо пригодность; демонстрировать чьи-либо способности. ☐ *I was down by the barn, watching Sally put her horse through its paces.* ☐ *This is an excellent can opener. Watch me put it through its paces.*

put the cart before the horse начинать не с того конца; делать что-либо шиворот-навыворот. (О телеге, которая стоит перед лошадью, а не сзади неё. Клише. Также с *have.*) ➤ **ставить/ поставить что-либо с ног на голову.** ☐ *You're eating your dessert! You've put the cart before the horse.* ☐ *Slow down and get organized. Don't put the cart before the horse!* ☐ *John has the cart before the horse in most of his projects.*

put two and two together делать выводы из имеющихся данных. (Клише.) ➤ **понять, что к чему.** ☐ *Well, I put two and two together and came up with an idea of who did it.* ☐ *Don't worry. John won't figure it out. He can't put two and two together.*

put up a (brave) front казаться храбрым (даже, если это не так). ➤ **напускать/напустить на себя храбрость.** ☐ *Mary is frightened, but she's putting up a brave front.* ☐ *If she weren't putting up a front, I'd be more frightened than I am.*

put words into someone's mouth навязывать свои слова кому-либо. ➤ **вкладывать/вложить слова в чьи-либо уста.** ☐ *Stop putting words into my mouth. I can speak for myself.* ☐ *The lawyer was scolded for putting words into the witness's mouth.*

Put your money where your mouth is! приказ, означающий: "Хватит хвастаться и давай держать пари." (Клише. Не в буквальном смысле.) ☐ *I'm tired of your bragging about your skill at betting. Put your money where your mouth is!* ☐ *You talk about betting, but you don't bet. Put your money where your mouth is!*

Q

QT, on the См. on the qt.

quake in one's boots См. на shake in one's boots.

question, out of the См. out of the question.

quick as a wink, as См. as quick as a wink.

quick on the draw См. следующую словарную статью.

quick on the trigger AND **quick on the draw** 1. о человеке, который быстро выхватывает револьвер и тут же стреляет. □ *Some of the old cowboys were known to be quick on the trigger.* □ *Wyatt Earp was particularly quick on the draw.* 2. быстро реагирующий. ➤ **понимать/понять что-либо с полуслова.** □ *John gets the right answer before anyone else. He's really quick on the trigger.* □ *Sally will probably win the quiz game. She's really quick on the draw.*

quick on the uptake быстро соображать. ➤ **схватывать/ схватить на лету.** □ *Just because I'm not quick on the uptake, it doesn't mean I'm stupid.* □ *Mary understands jokes before anyone else because she's so quick on the uptake.*

quiet as a mouse, as См. as quiet as a mouse.

R

rack and ruin, go to См. GO TO RACK AND RUIN.

rack one's brain(s) мучительно стараться вспомнить что-либо. ➤ **ломать себе голову (над чем-либо).** □ *I racked my brains all afternoon, but couldn't remember where I put the book.* □ *Don't waste any more time racking your brain. Go borrow the book from the library.*

rags, in См. IN RAGS.

rags to riches, from См. FROM RAGS TO RICHES.

rain cats and dogs о проливном дожде. (Клише. Безусловно, не в буквальном смысле.) ➤ **лить, как из ведра.** □ *It's raining cats and dogs. Look at it pour!* □ *I'm not going out in that storm. It's raining cats and dogs.*

rain or shine при любой погоде, будь то дождь или солнце. (Клише.) ➤ **во что бы то ни стало.** □ *Don't worry. I'll be there rain or shine.* □ *We'll hold the picnic—rain or shine.*

rains but it pours, It never. См. IT NEVER RAINS BUT IT POURS.

raise one's sights предъявлять к себе высокие требования. ➤ **ставить/поставить перед собой высокие цели.** □ *When you're* *young, you tend to raise your sights too high.* □ *On the other hand, some people need to raise their sights.*

raise some eyebrows изумлять или удивлять людей (своим поступком или замечанием). (*Some* может быть заменено на *a few, someone's, a lot of,* и т. д.) ➤ **вызывать/вызвать всеобщее недоумение.** □ *What you just said may raise some eyebrows, but it shouldn't make anyone really angry.* □ *John's sudden marriage to Ann raised a few eyebrows.*

rake someone over the coals AND **haul someone over the coals** сильно отругать кого-либо. ➤ **задавать/задать баню кому-либо.** □ *My mother hauled me over the coals for coming in late last night.* □ *The manager raked me over the coals for being late again.*

reach first base (with someone or something) См. на GET TO FIRST BASE (WITH SOMEONE OR SOMETHING.)

read between the lines делать вывод на основании чего-либо; стараться понять смысл чего-либо, о чём ясно и открыто не написано. (Обычно в переносном смысле. Не обязательно о написанной или напечатанной информации.) ➤ **читать между строк.** □ *After listening to what she said, if you read between the lines, you can begin to see what she really means.* □ *Don't believe everything you hear. Learn to read between the lines.*

read someone like a book прекрасно понимать кого-либо. ➤ **видеть кого-либо насквозь.** □ *I've got John figured out. I can read him like a book.* □ *Of course I understand you. I read you like a book.*

read someone the riot act сильно отругать кого-либо. ➤ **разнести кого-либо в пух и в прах.** □ *The manager read me the riot act for coming in late.* □ *The teacher read the students the riot act for their failure to do their assignments.*

record, for the См. FOR THE RECORD.

record, off the См. OFF THE RECORD.

red, in the См. IN THE RED.

red, out of the См. OUT OF THE RED.

regular as clockwork, as См. AS REGULAR AS CLOCKWORK.

return mail, by См. BY RETURN MAIL.

ride, go along for the См. GO ALONG FOR THE RIDE.

ride roughshod over someone or something относиться к кому-либо или к чему-либо с пренебрежением или презрением. ➤ **ни во что не ставить кого-либо или что-либо.** ☐ *Tom seems to ride roughshod over his friends.* ☐ *You shouldn't have come into our town to ride roughshod over our laws and our traditions.*

ride the gravy train жить в роскоши. ➤ **загребать барыши.** ☐ *If I had a million dollars, I sure could ride the gravy train.* ☐ *I wouldn't like loafing. I don't want to ride the gravy train.*

riding for a fall действовать опрометчиво или рискованно (обычно о самоуверенном человеке). ➤ **самому себе яму рыть.** ☐ *Tom drives too fast, and he seems too sure of himself. He's riding for a fall.* ☐ *Bill needs to eat better and get more sleep. He's riding for a fall.*

right, in the См. IN THE RIGHT.

right mind, in one's См. IN ONE'S RIGHT MIND.

right off the bat сразу же; без промедления. (Похоже, что это о мяче, выскакивающем из бейсбольной сетки, но, возможно, первоначально относилось к крикетной сетке.) ➤ **с места в карьер.** ☐ *When he was learning to ride a bicycle, he fell on his head right off the bat.* ☐ *The new manager demanded new office furniture right off the bat.*

right-of-way, have the См. HAVE THE RIGHT-OF-WAY.

ring in the new year праздновать наступление Нового года в полночь 31 декабря. (Как бы возвещать наступление Нового года церковным колокольным звоном.) ➤ **встречать/встретить Новый год.** □ *We are planning a big party to ring in the new year.* □ *How did you ring in the new year?*

risk one's neck (to do something) подвергать себя физическому риску, чтобы сделать что-либо. ➤ **рисковать головой.** □ *Look at that traffic! I refuse to risk my neck just to cross the street to buy a paper.* □ *I refuse to risk my neck at all.*

rob Peter to pay Paul взять у одного, чтобы отдать другому. (Клише.) ➤ **делить Тришкин кафтан.** □ *Why borrow money to pay your bills? That's just robbing Peter to pay Paul.* □ *There's no point in robbing Peter to pay Paul. You still will be in debt.*

rob the cradle жениться на ком-либо или встречаться с кем-либо значительно моложе себя. (Будто кто-то общается с младенцем.) □ *I hear that Bill is dating Ann. Isn't that sort of robbing the cradle? She's much younger than he is.* □ *Uncle Bill—who is nearly eighty—married a thirty-year-old woman. That is really robbing the cradle.*

rock and a hard place, between a См. BETWEEN A ROCK AND A HARD PLACE.

rock the boat создавать ненужные осложнения; осложнять в остальном стабильную и приятную ситуацию. (Часто с отрицанием.) ➤ **нарушать/нарушить равновесие.** □ *Look, Tom, everything is going fine here. Don't rock the boat!* □ *You can depend on Tom to mess things up by rocking the boat.*

rolling stone gathers no moss, A. См. A ROLLING STONE GATHERS NO MOSS.

roll out the red carpet for someone См. на GET THE RED-CARPET TREATMENT.

Rome wasn't built in a day. важные события не свершаются за день. (Клише.) ➤ **Рим строился не один день; Не сразу**

Москва строилась. □ *Don't expect a lot to happen right away. Rome wasn't built in a day, you know.* □ *Don't be anxious about how fast you are growing. Rome wasn't built in a day.*

roof, go through the См. GO THROUGH THE ROOF.

round figures, in См. IN ROUND FIGURES.

round numbers, in См. IN ROUND NUMBERS.

rub elbows with someone AND **rub shoulders with someone** общаться с кем-либо; работать в тесном контакте с кем-либо. ➤ **водить компанию с кем-либо.** □ *I don't care to rub elbows with someone who acts like that!* □ *I rub shoulders with John at work. We are good friends.*

rub shoulders with someone См. предыдущую словарную статью.

rub someone's fur the wrong way AND **rub someone the wrong way** раздражать кого-либо. (Будто кто-то гладит домашнее животное, например кошку, против шерсти и поэтому раздражает его. Вторая словарная статья является производной от первой.) ➤ **гладить/погладить кого-либо против шерсти.** □ *I'm sorry I rubbed your fur the wrong way. I didn't mean to upset you.* □ *Don't rub her the wrong way!*

rub someone the wrong way См. предыдущую словарную статью.

rule the roost хозяйничать или руководить, особенно у себя дома. ➤ **задавать тон.** □ *Who rules the roost at your house?* □ *Our new office manager really rules the roost.*

run a fever AND **run a temperature** иметь высокую температуру; лихорадить. □ *I ran a fever when I had the flu.* □ *The baby is running a temperature and is grouchy.*

run (around) in circles См. следующую словарную статью.

run around like a chicken with its head cut off AND **run (around) in circles** носиться бесцельно; быть в хаотичном состоянии. (Клише.) ➤ **бегать, как угорелая кошка.** □ *I spent all afternoon running around like a chicken with its head cut off.* □ *If you run around in circles, you'll never get anything done.* □ *Get organized and stop running in circles.*

run a taut ship См. на RUN A TIGHT SHIP.

run a temperature См. на RUN A FEVER.

run a tight ship AND **run a taut ship** командывать кораблём или организацией, наводя порядок и дисциплину. (*Taut* и *tight* означают одно и то же. *Taut* употребляется в морском обиходе.) ➤ **наводить/навести железную дисциплину.** □ *The new office manager really runs a tight ship.* □ *Captain Jones is known for running a taut ship.*

run for one's life убегать, спасая свою жизнь. ➤ **уносить/унести ноги.** □ *The dam has burst! Run for your life!* □ *The captain told us all to run for our lives.*

run in the family [как характерная черта] быть наследственным. ➤ **семейная черта.** □ *My grandparents lived well into their nineties, and it runs in the family.* □ *My brothers and I have red hair. It runs in the family.*

run into a stone wall столкнуться с препятствием, мешающим дальнейшему продвижению. (Также употребляется в буквальном смысле.) ➤ **становиться/стать в тупик.** □ *We've run into a stone wall in our investigation.* □ *Algebra was hard for Tom, but he really ran into a stone wall with geometry.*

running, out of the См. OUT OF THE RUNNING.

running start, off to a См. OFF TO A RUNNING START.

run out of gas См. на OUT OF GAS.

run someone ragged заставлять кого-либо много и быстро

бегать; загружать кого-либо или что-либо. ➤ **сбиваться/ сбиться с ног.** ☐ *This busy season is running us all ragged at the store.* ☐ *What a busy day. I ran myself ragged.*

run to seed AND **go to seed** стать заброшенным и неухоженным. (Особенно о лужайке, которая требует ухода.) ➤ **приходить/ прийти в запущенное состояние.** ☐ *Look at that lawn. The whole thing has run to seed.* ☐ *Pick things up around here. This place is going to seed. What a mess!*

S

safe and sound невридим, цел и здоров. (Клише.) ➤ **в целости и сохранности.** ☐ *It was a rough trip, but we got there safe and sound.* ☐ *I'm glad to see you here safe and sound.*

same boat, in the См. IN THE SAME BOAT.

same breath, in the См. IN THE SAME BREATH.

same token, by the См. BY THE SAME TOKEN.

save something for a rainy day откладывать что-либо, обычно деньги, для будущих нужд. (Клише. Также употребляется в буквальном значении. *Save something* может быть заменено на *put something aside, hold something back, keep something,* и т. д.) ➤ **откладывать/отложить что-либо на чёрный день.** ☐ *I've saved a little money for a rainy day.* ☐ *Keep some extra candy for a rainy day.*

save the day успешно закончить дело, которое могло окончиться неудачно. ➤ **спасать/спасти положение.** ☐ *The team was expected to lose, but Sally made many points and saved the day.* ☐ *Your excellent speech saved the day.*

say Jack Robinson, before you can См. BEFORE YOU CAN SAY JACK ROBINSON.

say-so, on someone's См. on someone's say-so.

scarce as hens' teeth, as См. as scarce as hens' teeth.

scarcer than hens' teeth См. на as scarce as hens' teeth.

scot-free, go См. go scot-free.

scrape the bottom of the barrel выбирать из самого худшего; выбирать из остатков. (Будто перед кем-либо только один и самый плохой выбор.) ➤ **копаться в отбросах.** □ *You've bought a bad-looking car. You really scraped the bottom of the barrel to get that one.* □ *The worker you sent over was the worst I've ever seen. Send me another—and don't scrape the bottom of the barrel.*

scrape (with someone or something), have a См. have a scrape (with someone or something.)

scratch, not up to См. not up to scratch.

scratch the surface только-только начинать разбираться в чём-либо; относиться поверхностно к чему-либо. ➤ **скользить по поверхности.** □ *The investigation of the governor's staff revealed some suspicious dealing. It is thought that the investigators have just scratched the surface.* □ *We don't know how bad the problem is. We've only scratched the surface.*

scream bloody murder См. на cry bloody murder.

screw up one's courage набраться храбрости. ➤ **собираться/ собраться с духом.** □ *I guess I have to screw up my courage and go to the dentist.* □ *I spent all morning screwing up my courage to take my driver's test.*

sea (about something), at См. at sea (about something.)

search something with a fine-tooth comb См. на go over something with a fine-tooth comb.

season, in См. in season.

season, out of См. OUT OF SEASON.

seat of one's pants, by the См. BY THE SEAT OF ONE'S PANTS.

second childhood, in one's См. IN ONE'S SECOND CHILDHOOD.

second nature to someone то, что даётся человеку легко и естественно. ➤ **вторая натура для кого-либо.** □ *Swimming is second nature to Jane.* □ *Driving is no problem for Bob. It's second nature to him.*

second thought, on См. ON SECOND THOUGHT.

seed, go to См. GO TO SEED.

see eye to eye (about something) AND **see eye to eye on something** сходиться во взглядах с кем-либо. ➤ **находить/найти общий язык с кем-либо.** □ *John and Ann see eye to eye about the new law. Neither of them likes it.* □ *That's interesting because they rarely see eye to eye.*

see eye to eye on something См. предыдущую словарную статью.

see the forest for the trees, not able to См. NOT ABLE TO SEE THE FOREST FOR THE TREES.

see the (hand)writing on the wall знать, что обязательно что-то должно случиться. (Клише.) □ *If you don't improve your performance, they'll fire you. Can't you see the writing on the wall?* □ *I know I'll get fired. I can see the handwriting on the wall.*

see the light (at the end of the tunnel) чувствовать, что наступает конец мучениям. ➤ **видеть/увидеть свет в конце туннеля.** □ *I had been horribly ill for two months before I began to see the light at the end of the tunnel.* □ *I began to see the light one day in early spring. At that moment, I knew I'd get well.*

see the light, begin to См. BEGIN TO SEE THE LIGHT.

see the light (of day) освободиться от загруженности. ➤ **увидеть божий свет.** ☐ *Finally, when the holiday season was over, we could see the light of day. We had been so busy!* ☐ *When business lets up for a while, we'll be able to see the light.*

sell like hot cakes то, что быстро раскупается. ➤ **раскупаются как горячие пирожки.** ☐ *The delicious candy sold like hot cakes.* ☐ *The fancy new cars were selling like hot cakes.*

sell someone a bill of goods обмануть кого-либо; надуть кого-либо. ➤ **втирать очки кому-либо.** ☐ *Don't pay any attention to what John says. He's just trying to sell you a bill of goods.* ☐ *I'm not selling you a bill of goods. What I say is true.*

sell someone or something short недооценивать кого-либо или что-либо; не видеть хороших качеств кого-либо или чего-либо. ➤ **умалять чьи-либо достоинства.** ☐ *This is a very good restaurant. Don't sell it short.* ☐ *When you say that John isn't interested in music, you're selling him short. Did you know he plays the violin quite well?*

send one about one's business отсылать кого-либо прочь, обычно, недружелюбно. ☐ *Is that annoying man on the telephone again? Please send him about his business.* ☐ *Ann, I can't clean up the house with you running around. I'm going to have to send you about your business.*

send someone packing выпроваживать кого-либо; избавляться от кого-либо. ➤ **выставлять/выставить кого-либо вон.** ☐ *I couldn't stand him anymore, so I sent him packing.* ☐ *The maid proved to be so incompetent that I had to send her packing.*

send someone to the showers удалять игрока с игры, с поля, с площадки и т. д. (Из спортивной терминологии.) ➤ **снимать/снять кого-либо с игры.** ☐ *John played so badly that the coach sent him to the showers after the third quarter.* ☐ *After the fistfight, the coaches sent both players to the showers.*

senses, out of one's См. OUT OF ONE'S SENSES.

separate the men from the boys проводить грань между компетентными и менее компетентными людьми. □ *This is the kind of task that separates the men from the boys.* □ *This project requires a lot of thinking. It'll separate the men from the boys.*

separate the sheep from the goats разделять людей на две группы. □ *Working in a place like this really separates the sheep from the goats.* □ *We can't go on with the game until we separate the sheep from the goats. Let's see who can jump the farthest.*

serve as a guinea pig тот, на ком производят опыты; давать согласие на проведение опыта (над собой). (Клише.) ➤ **быть подопытным кроликом.** □ *Try it on someone else! I don't want to serve as a guinea pig!* □ *Jane agreed to serve as a guinea pig. She'll be the one to try out the new flavor of ice cream.*

serve someone right [о действии или событии] заслуженно наказывать кого-либо за что-либо. ➤ **туда ему и дорога.** □ *John copied off my test paper. It would serve him right if he fails the test.* □ *It'd serve John right if he got arrested.*

service, out of См. OUT OF SERVICE.

set foot somewhere идти или заходить куда-либо. (Часто с отрицанием.) ➤ **чья-либо нога (не) ступит куда-либо.** □ *If I were you, I wouldn't set foot in that town.* □ *I wouldn't set foot in her house! Not after the way she spoke to me.*

set foot somewhere, not См. NOT SET FOOT SOMEWHERE.

set great store by someone or something ожидать чего-либо хорошего от кого-либо или чего-либо; надеяться на кого-либо или на что-либо. ➤ **возлагать/возложить большие надежды на кого-либо или на что-либо.** □ *I set great store by my computer and its ability to help me in my work.* □ *We set great store by John because of his quick mind.*

set one back on one's heels удивлять, поражать или ошеломлять кого-либо. ➤ **поражать/поразить кого-либо до глубины души.** □ *Her sudden announcement set us all back on our* *heels.* □ *The manager scolded me, and that really set me back on my heels.*

set one's heart on something См. на HAVE ONE'S HEART SET ON SOMETHING.

set one's sights on something выбирать себе какую-либо цель. ➤ **ставить/поставить себе целью что-либо.** □ *I set my sights on a master's degree from the state university.* □ *Don't set your sights on something you cannot possibly do.*

set someone's teeth on edge 1. [о кислом или горьком вкусе] вызывать раздражение и странный вкус во рту. ➤ **набивать/ набить оскомину кому-либо.** □ *Have you ever eaten a lemon? It'll set your teeth on edge.* □ *I can't stand food that sets my teeth on edge.* 2. [о человеке или шуме] вызывать раздражение или действовать на нервы кому-либо. ➤ **резать слух кому-либо; набивать/набить оскомину кому-либо.** □ *Please don't scrape your fingernails on the blackboard! It sets my teeth on edge!* □ *Here comes Bob. He's so annoying. He really sets my teeth on edge.*

set the world on fire совершить что-либо, приносящее известность и славу. (Не в буквальном смысле. Часто с отрицанием.) ➤ **хватать звёзды с неба.** □ *I'm not very ambitious. I don't want to set the world on fire.* □ *You don't have to set the world on fire. Just do a good job.*

seventh heaven, in См. IN SEVENTH HEAVEN.

shake in one's boots AND **quake in one's boots** бояться; трястись от страха. ➤ **дрожать как осиновый лист.** □ *I was shaking in my boots because I had to go see the manager.* □ *Stop quaking in your boots, Bob. I'm not going to fire you.*

Shape up or ship out. либо исправиться (о работе или поведении), либо уйти с работы. (Клише.) ➤ **либо пан, либо пропал.** □ *Okay, Tom. That's the end. Shape up or ship out!* □ *John was late again, so I told him to shape up or ship out.*

shed crocodile tears притворно плакать; лицемерно проливать слёзы. ➤ **лить (проливать/пролить) крокодиловы слёзы.** ☐ *The child wasn't hurt, but she shed crocodile tears anyway.* ☐ *He thought he could get his way if he shed crocodile tears.*

shoe fits, wear it, If the. См. IF THE SHOE FITS, WEAR IT.

shoe is on the other foot, The. См. THE SHOE IS ON THE OTHER FOOT.

shoe on the other foot, have the См. HAVE THE SHOE ON THE OTHER FOOT.

shoot from the hip 1. стрелять из ружья, плотно прижатого к бедру. (Такое положение увеличивает скорость выстрела.) ☐ *When I lived at home on the farm, my father taught me to shoot from the hip.* ☐ *I quickly shot the snake before it bit my horse. I'm glad I learned to shoot from the hip.* 2. говорить прямо и откровенно. ➤ **рубить с плеча.** ☐ *John has a tendency to shoot from the hip, but he generally speaks the truth.* ☐ *Don't pay any attention to John. He means no harm. It's just his nature to shoot from the hip.*

short haul, over the См. OVER THE SHORT HAUL.

short order, in См. IN SHORT ORDER.

short supply, in См. IN SHORT SUPPLY.

shot in the arm поддержка; содействие. ☐ *Thank you for cheering me up. It was a real shot in the arm.* ☐ *Your friendly greeting card was just what I needed—a real shot in the arm.*

shoulders, on someone's См. ON SOMEONE'S SHOULDERS.

should have stood in bed (кому-либо) следовало оставаться в постели. (Не имеет ничего общего с вставанием.) ➤ **Лучше бы я вообще не просыпался.** ☐ *What a horrible day! I should have stood in bed.* ☐ *The minute I got up and heard the news this morning, I knew I should have stood in bed.*

show one's face, not См. NOT SHOW ONE'S FACE.

show one's (true) colors обнаружить свой истинный характер. ➤ **сбрасывать/сбросить маску.** □ *Whose side are you on, John? Come on. Show your colors.* □ *It's hard to tell what Mary is thinking. She never shows her true colors.*

show someone the ropes См. на KNOW THE ROPES.

sick as a dog, as См. AS SICK AS A DOG.

sight, out of mind, Out of. См. OUT OF SIGHT, OUT OF MIND.

signed, sealed, and delivered официально подписанный с соблюдением всех формальностей; форма, необходимая для принятия документа. (Клише.) ➤ **по всей форме.** □ *Here is the deed to the property—signed, sealed, and delivered.* □ *I can't begin work on this project until I have the contract signed, sealed, and delivered.*

sign one's own death warrant (в переносном смысле) расписываться в собственной смерти. (Клише.) ➤ **подписывать/подписать себе смертный приговор.** □ *I wouldn't ever gamble a large sum of money. That would be signing my own death warrant.* □ *The killer signed his own death warrant when he walked into the police station and gave himself up.*

sign on the dotted line подписать контракт или другой важный документ. (Клише.) ➤ **ставить/поставить свою подпись на чём-либо.** □ *This agreement isn't properly concluded until we both sign on the dotted line.* □ *Here are the papers for the purchase of your car. As soon as you sign on the dotted line, that beautiful, shiny automobile will be all yours!*

sink one's teeth into something (Клише.) 1. откусить что-либо (имеется в виду особенная еда). □ *I can't wait to sink my teeth into a nice juicy steak.* □ *Look at that chocolate cake! Don't you want to sink your teeth into that?* 2. получать возможность сделать что-либо, научиться чему-либо или управлять чем-либо. ➤ **вникать/вникнуть во всё.** □ *That appears to be a very challenging assignment. I can't wait to sink my teeth into it.* □ *Being the manager of this department is a big task. I'm very eager to sink my teeth into it.*

sink or swim либо потерпеть неудачу, либо преуспеть. (Клише.) ➤ **была не была.** ☐ *After I've studied and learned all I can, I have to take the test and sink or swim.* ☐ *It's too late to help John now. It's sink or swim for him.*

sit on one's hands бездельничать; никому не помогать. (Не в буквальном смысле.) ➤ **сидеть и плевать в потолок.** ☐ *When we needed help from Mary, she just sat on her hands.* ☐ *We need the cooperation of everyone. You can't sit on your hands!* ТАКЖЕ: **sit on its hands** [о публике] воздерживаться от аплодисментов. (Не в буквальном смысле.) ☐ *We saw a very poor performance of the play. The audience sat on its hands for the entire play.*

sit tight ждать; ждать терпеливо. (Не обязательно связано с сидением.) ➤ **набираться/набраться терпения.** ☐ *Just relax and sit tight. I'll be right with you.* ☐ *We were waiting in line for the gates to open when someone came out and told us to sit tight because it wouldn't be much longer before we could go in.*

sitting duck, like a См. LIKE A SITTING DUCK.

sitting on a powder keg в опасной или взрывной ситуации; в ситуации, когда в любое время может произойти серьёзная неприятность. (Не в буквальном смысле. Пороховая бочка— это бочка, начинённая порохом.) ➤ **сидеть на пороховой бочке.** ☐ *Things are very tense at work. The whole office is sitting on a powder keg.* ☐ *The fire at the oil field seems to be under control for now, but all the workers there are sitting on a powder keg.*

sit up and take notice насторожиться и заинтересоваться. ➤ **навострить уши.** ☐ *A loud noise from the front of the room caused everyone to sit up and take notice.* ☐ *The company wouldn't pay any attention to my complaints. When I had my lawyer write them a letter, they sat up and took notice.*

sixes and sevens, at См. AT SIXES AND SEVENS.

six of one and half a dozen of the other это одно и то же. (Клише.) ➤ **два сапога пара.** ☐ *It doesn't matter to me which way you do it. It's six of one and half a dozen of the other.* ☐ *What dif-*

ference does it make? They're both the same—six of one and half a dozen of the other.

skate on thin ice См. на ON THIN ICE.

skeleton in the closet скандальная и тщательно скрываемая тайна; секрет. (Часто употребляется во множественном числе. Будто кто-то скрыл в шкафу ужасные следы убийства.) □ *You can ask anyone about how reliable I am. I don't mind. I don't have any skeletons in the closet.* □ *My uncle was in jail for a day once. That's our family's skeleton in the closet.*

skin off someone's nose, no См. NO SKIN OFF SOMEONE'S NOSE.

skin off someone's teeth, no См. NO SKIN OFF SOMEONE'S TEETH.

skin of one's teeth, by the См. BY THE SKIN OF ONE'S TEETH.

sleep a wink, not См. NOT SLEEP A WINK.

sleep like a log спать крепким сном. (Клише. Конечно, не в буквальном смысле.) ➤ **спать мёртвым сном.** □ *Nothing can wake me up. I usually sleep like a log.* □ *Everyone in our family sleeps like a log, so no one heard the fire engines in the middle of the night.*

sleep on something отложить решение вопроса до утра. ➤ **Утро вечера мудренее.** □ *I don't know whether I agree to do it. Let me sleep on it.* □ *I slept on it, and I've decided to accept your offer.*

slip of the tongue оговорка или обмолвка. (Будто чей-то язык совершил оплошность.) □ *I didn't mean to tell her that. It was a slip of the tongue.* □ *I failed to understand the instructions because the speaker made a slip of the tongue at an important point.*

slip one's mind забыть то, что следовало помнить. (Будто мысль выскочила из головы.) ➤ **выскочить из памяти.** □ *I meant to go to the grocery store on the way home, but it slipped my mind.* □ *My birthday slipped my mind. I guess I wanted to forget it.*

slippery as an eel, as См. AS SLIPPERY AS AN EEL.

slip through someone's fingers ускользнуть от кого-либо; потерять след чего-либо или кого-либо. ➤ **ускользать/ ускользнуть из чьих-либо рук.** ☐ *I had a copy of the book you want, but somehow it slipped through my fingers.* ☐ *There was a detective following me, but I managed to slip through his fingers.*

Slow and steady wins the race. пословица, означающая, что трудолюбие и упорство являются залогом успеха или (в буквальном смысле): "делай медленно и тогда достигнешь цели." ➤ **Тише едешь, дальше будешь.** ☐ *I worked my way through college in six years. Now I know what they mean when they say, "Slow and steady wins the race."* ☐ *Ann won the race because she started off slowly and established a good pace. The other runners tried to sprint the whole distance, and they tired out before the final lap. Ann's trainer said, "You see! I told you! Slow and steady wins the race."*

smack-dab in the middle прямо посередине. ☐ *I want a big helping of mashed potatoes with a glob of butter smack-dab in the middle.* ☐ *Tom and Sally were having a terrible argument, and I was trapped—smack-dab in the middle.*

smart as a fox, as См. AS SMART AS A FOX.

smoke, go up in См. GO UP IN SMOKE.

snail's pace, at a См. AT A SNAIL'S PACE.

snuff, not up to См. NOT UP TO SNUFF.

snug as a bug in a rug, as См. AS SNUG AS A BUG IN A RUG.

sober as a judge, as См. AS SOBER AS A JUDGE.

soft as a baby's bottom, as См. AS SOFT AS A BABY'S BOTTOM.

soft spot in one's heart for someone or something, have a
См. HAVE A SOFT SPOT IN ONE'S HEART FOR SOMEONE OR SOMETHING.

soil one's hands См. на GET ONE'S HANDS DIRTY.

soon as possible, as См. AS SOON AS POSSIBLE.

so quiet you could hear a pin drop См. SO STILL YOU COULD HEAR A PIN DROP.

sorts, out of См. OUT OF SORTS.

so still you could hear a pin drop AND **so quiet you could hear a pin drop** очень тихо. (Клише. Можно также с глаголом *can.*) ➤ так тихо, что было слышно, как пролетает муха. ☐ *When I came into the room, it was so still you could hear a pin drop. Then everyone shouted, "Happy birthday!"* ☐ *Please be quiet. Be so quiet you can hear a pin drop.*

sow one's wild oats вести себя необузданно и глупо в молодые годы. (Предполагается, что фраза часто имеет сексуальное значение: дикий овёс означает мужскую сперму.) ☐ *Dale was out sowing his wild oats last night, and he's in jail this morning.* ☐ *Mrs. Smith told Mr. Smith that he was too old to be sowing his wild oats.*

spare, have something to См. HAVE SOMETHING TO SPARE.

spare time, in one's См. IN ONE'S SPARE TIME.

speak of the devil говорится, когда кто-либо, о ком идёт речь, появляется или даёт о себе знать. (Клише.) ➤ **лёгок на помине.** ☐ *Well, speak of the devil! Hello, Tom. We were just talking about you.* ☐ *I had just mentioned Sally when—speak of the devil—she walked in the door.*

spill the beans См. на LET THE CAT OUT OF THE BAG.

spit and image of someone, be the См. BE THE SPIT AND IMAGE OF SOMEONE.

spitting image of someone, be the См. BE THE SPIT AND IMAGE OF SOMEONE.

split the difference поделить разницу пополам. ➤ **брать/взять среднюю величину.** □ *You want to sell for $120, and I want to buy for $100. Let's split the difference and close the deal at $110.* □ *I don't want to split the difference. I want $120.*

spot, in a (tight) См. IN A (TIGHT) SPOT.

spotlight, in the См. IN THE SPOTLIGHT.

spot, on the См. ON THE SPOT.

spread it on thick См. на LAY IT ON THICK.

spread like wildfire распространяться быстро и бесконтрольно. (Клише.) ➤ **распространяться с быстротой молнии.** □ *The epidemic is spreading like wildfire. Everyone is getting sick.* □ *John told a joke that was so funny it spread like wildfire.*

spread oneself too thin заниматься одновременно многим и плохо справляться; разбрасываться (об усилиях или внимании). ➤ **лезть вон из кожи.** □ *It's a good idea to get involved in a lot of activities, but don't spread yourself too thin.* □ *I'm too busy these days. I'm afraid I've spread myself too thin.*

spring chicken, no См. NO SPRING CHICKEN.

spur of the moment, on the См. ON THE SPUR OF THE MOMENT.

square peg in a round hole неподходящий для чего-либо человек. (Клише.) ➤ **человек не на своём месте.** □ *John can't seem to get along with the people he works with. He's just a square peg in a round hole.* □ *I'm not a square peg in a round hole. It's just that no one understands me.*

squeak by (someone or something) проскочить мимо кого-либо или чего-либо. ➤ **еле-еле пробиться; с трудом спастись.** □ *The guard was almost asleep, so I squeaked by him.* □ *I wasn't very well prepared for the test, and I just squeaked by.*

stab someone in the back предавать кого-либо. (Также

употребляется в буквальном смысле.) ➤ **всадить нож в спину кому-либо.** ☐ *I thought we were friends! Why did you stab me in the back?* ☐ *You don't expect a person whom you trust to stab you in the back.*

stage (of the game), at this См. AT THIS STAGE (OF THE GAME).

stag, go См. GO STAG.

stand one's ground AND **hold one's ground** отстаивать свои права; отражать атаку. ➤ **стоять на своём; держаться твёрдо.** ☐ *The lawyer tried to confuse me when I was giving testimony, but I managed to stand my ground.* ☐ *Some people were trying to crowd us off the beach, but we held our ground.*

stand on one's own two feet быть самостоятельным и не зависеть от кого-либо. ➤ **стоять на (своих) собственных ногах.** ☐ *I'll be glad when I have a good job and can stand on my own two feet.* ☐ *When Jane gets out of debt, she'll be able to stand on her own two feet again.*

stand up and be counted выражать свою поддержку кому-либо или чему-либо; стоять за кого-либо или за что-либо. ➤ **занимать/занять твёрдую позицию; выступать/выступить публично.** ☐ *If you believe in more government help for farmers, write your representative—stand up and be counted.* ☐ *I'm generally in favor of what you propose, but not enough to stand up and be counted.*

start from scratch начинать с самого начала; начинать с нуля. ➤ **начинать/начать с нуля.** ☐ *Whenever I bake a cake, I start from scratch. I never use a cake mix in a box.* ☐ *I built every bit of my own house. I started from scratch and did everything with my own hands.*

start (off) with a clean slate начинать что-либо сначала; забывать о прошлом и начинать всё заново. ➤ **начинать/начать на голом месте.** ☐ *I plowed under all last year's flowers so I could start with a clean slate next spring.* ☐ *If I start off with a clean slate, then I'll know exactly what each plant is.*

start to finish, from См. FROM START TO FINISH.

steal a base незаметно переходить от одной базы к другой (в бейсболе). ☐ *The runner stole second base, but he nearly got put out on the way.* ☐ *Tom runs so slowly that he never tries to steal a base.*

steal a march (on someone) незаметно для других обойти кого-либо. ➤ **получить преимущество над кем-либо.** ☐ *I got the contract because I was able to steal a march on my competitor.* ☐ *You have to be clever and fast—not dishonest—to steal a march.*

steal someone's thunder умалять чьё-либо влияние или авторитет. (Не в буквальном смысле.) ☐ *What do you mean by coming in here and stealing my thunder? I'm in charge here!* ☐ *Someone stole my thunder by leaking my announcement to the press.*

steal the show См. следующую словарную статью.

steal the spotlight AND **steal the show** прекрасно выступить (о шоу, пьесе или других событиях; оказаться в центре внимания). ➤ **затмевать/затмить всех.** ☐ *The lead in the play was very good, but the butler stole the show.* ☐ *Ann always tries to steal the spotlight when she and I make a presentation.*

steam, under one's own См. UNDER ONE'S OWN STEAM.

stem to stern, from См. FROM STEM TO STERN.

step on it См. на STEP ON THE GAS.

step on someone's toes AND **tread on someone's toes** мешать кому-либо или обижать кого-либо. (Также употребляется в буквальном смысле. Обратите внимание на примеры с *anyone*.) ➤ **наступать/наступить кому-либо на мозоль.** ☐ *When you're in public office, you have to avoid stepping on anyone's toes.* ☐ *Ann trod on someone's toes during the last campaign and lost the election.*

step on the gas AND **step on it** поторапливаться. ➤ **двигаться**

живее. □ *I'm in a hurry, driver. Step on it!* □ *I can't step on the gas, mister. There's too much traffic.*

step out of line 1. Ненадолго выйти из очереди. (В буквальном смысле.) □ *I stepped out of line for a minute and lost my place.* □ *It's better not to step out of line if you aren't sure you can get back in again.* 2. вести себя плохо; поступать оскорбительно. ➤ **переходить/перейти границы дозволенного.** □ *I'm terribly sorry. I hope I didn't step out of line.* □ *John is a lot of fun to go out with, but he has a tendency to step out of line.*

stew in one's own juice выносить свой гнев или разочарование в одиночестве. ➤ **расхлёбывать кашу, которую сам заварил.** □ *John has such a terrible temper. When he got mad at us, we just let him go away and stew in his own juice.* □ *After John stewed in his own juice for a while, he decided to come back and apologize to us.*

stick one's foot in one's mouth См. на PUT ONE'S FOOT IN ONE'S MOUTH.

stick one's neck out подвергаться риску. ➤ **ставить/поставить себя под удар.** □ *Why should I stick my neck out to do something for her? What's she ever done for me?* □ *He made a risky investment. He stuck his neck out because he thought he could make some money.*

stick one's nose in(to something) См. на POKE ONE'S NOSE IN(TO SOMETHING.)

stick to one's guns оставаться до конца верным своим убеждениям; отстаивать свои права. ➤ **отстаивать/отстоять свои позиции.** □ *I'll stick to my guns on this matter. I'm sure I'm right.* □ *Bob can be persuaded to do it our way. He probably won't stick to his guns on this point.*

Still waters run deep. пословица, означающая, что с виду тихий человек может оказаться глубокой и значительной личностью. ➤ **Тихие воды глубоки.** □ *Jane is so quiet. She's probably thinking. Still waters run deep, you know.* □ *It's true that still waters run deep, but I think that Jane is really half asleep.*

stir up a hornet's nest наживать себе неприятности или трудности. ➤ **потревожить осиное гнездо.** □ *What a mess you have made of things. You've really stirred up a hornet's nest.* □ *Bill stirred up a hornet's nest when he discovered the theft.*

stock, have something in См. HAVE SOMETHING IN STOCK.

stock, in См. IN STOCK.

stone's throw away, a См. A STONE'S THROW AWAY.

straight from the horse's mouth из авторитетного и надёжного источника. (Клише. Не в буквальном смысле.) ➤ **из достоверного источника.** □ *I know it's true! I heard it straight from the horse's mouth!* □ *This comes straight from the horse's mouth, so it has to be believed.*

straight from the shoulder искренне; откровенно; ничего не утаивая. (Клише.) ➤ **с плеча.** □ *Sally always speaks straight from the shoulder. You never have to guess what she really means.* □ *Bill gave a good presentation—straight from the shoulder and brief.*

strike a happy medium AND **hit a happy medium** находить компромиссное решение; находить середину между двумя несовместимыми крайностями. ➤ **находить/найти золотую середину.** □ *Ann likes very spicy food, but Bob doesn't care for spicy food at all. We are trying to find a restaurant that strikes a happy medium.* □ *Tom is either very happy or very sad. He can't seem to hit a happy medium.*

strike a match чиркнуть спичкой. □ *Mary struck a match and lit a candle.* □ *When Sally struck a match to light a cigarette, Jane said quickly, "No smoking, please."*

strike a sour note AND **hit a sour note** сообщать о чём-то неприятном. ➤ **вносить/внести неприятную ноту во что-либо.** □ *Jane's sad announcement struck a sour note at the annual banquet.* □ *News of the crime hit a sour note in our holiday celebration.*

strike, go (out) on См. GO (OUT) ON STRIKE.

strike it rich быстро разбогатеть. ➤ **напасть на золотую жилу.** □ *If I could strike it rich, I wouldn't have to work anymore.* □ *Sally ordered a dozen oysters and found a huge pearl in one of them. She struck it rich!*

strike someone funny казаться смешным кому-либо. ➤ **вызывать/вызвать смех у кого-либо.** □ *Sally has a great sense of humor. Everything she says strikes me funny.* □ *Why are you laughing? Did something I said strike you funny?*

strike someone's fancy нравиться кому-либо. ➤ **по чьему-либо вкусу.** □ *I'll have some ice cream, please. Chocolate strikes my fancy right now.* □ *Why don't you go to the store and buy a record album that strikes your fancy?*

strike up a friendship подружиться с кем-либо. ➤ **завязывать/завязать дружбу с кем-либо.** □ *I struck up a friendship with John while we were on a business trip together.* □ *If you're lonely, you should go out and try to strike up a friendship with someone you like.*

strike while the iron is hot сделать что-либо в самый благоприятный момент; сделать что-либо в наиболее подходящее время. (Клише.) ➤ **ковать железо, пока оно горячо.** □ *He was in a good mood, so I asked for a loan of $200. I thought I'd better strike while the iron was hot.* □ *Please go to the bank and settle this matter now! They are willing to be reasonable. You've got to strike while the iron is hot.*

strings attached, with no См. WITH NO STRINGS ATTACHED.

strings attached, without any См. WITHOUT ANY STRINGS ATTACHED.

strong as an ox, as См. AS STRONG AS AN OX.

stubborn as a mule, as См. AS STUBBORN AS A MULE.

stuff and nonsense вздор. ➤ **чушь собачья (на постном масле).** □ *Come on! Don't give me all that stuff and nonsense!* □ *I don't* *understand this book. It's all stuff and nonsense as far as I am concerned.*

stuff the ballot box бросать фальшивые бюллетени в избирательные урны; подделывать результаты голосования. □ *The election judge was caught stuffing the ballot box in the election yesterday.* □ *Election officials are supposed to guard against stuffing the ballot box.*

suit someone to a T AND **fit someone to a T** очень подходить кому-либо. ➤ **устраивать кого-либо во всех отношениях.** □ *This kind of job suits me to a T.* □ *This is Sally's kind of house. It fits her to a T.*

sweat of one's brow, by the См. BY THE SWEAT OF ONE'S BROW.

sweet tooth, have a См. HAVE A SWEET TOOTH.

swim against the current См. следующую словарную статью.

swim against the tide AND **swim against the current** поступать не так, как все остальные; идти против установленного порядка. ➤ **плыть против течения.** □ *Bob tends to do what everybody else does. He isn't likely to swim against the tide.* □ *Mary always swims against the current. She's a very contrary person.*

T

table, under the См. UNDER THE TABLE.

tail between one's legs, have one's См. HAVE ONE'S TAIL BETWEEN ONE'S LEGS.

tailspin, go into a См. GO INTO A TAILSPIN.

tail wagging the dog о ситуации, в которой что-либо незначительное подчиняет себе всё остальное. □ *John was just hired yesterday, and today he's bossing everyone around. It's a case of the tail wagging the dog.* □ *Why is this small matter so important? Now the tail is wagging the dog!*

take a backseat (to someone) уступать кому-либо; передавать кому-либо руководство чем-либо. ➤ **отходить/отойти на задний план.** □ *I decided to take a backseat to Mary and let her manage the project.* □ *I had done the best I could, but it was time to take a backseat and let someone else run things.*

take a leaf out of someone's book подражать кому-либо (в поведении или действиях). (*Leaf* означает страницу.) ➤ **брать/взять пример с кого-либо.** □ *When you act like that, you're taking a leaf out of your sister's book, and I don't like it!* □ *You had better do it your way. Don't take a leaf out of my book. I don't do it well.*

take a load off one's feet См. на GET A LOAD OFF ONE'S FEET.

take a nosedive См. на GO INTO A NOSEDIVE.

take cold См. на CATCH COLD.

take forty winks вздремнуть; поспать. □ *I think I'll go to bed and take forty winks. See you in the morning.* □ *Why don't you go take forty winks and call me in about an hour?*

take it or leave it принимать что-либо (таким, какое оно есть) или отказываться. ➤ **на ваше усмотрение.** □ *This is my last offer. Take it or leave it.* □ *It's not much, but it's the only food we have. You can take it or leave it.*

take liberties with someone or something AND **make free with someone or something** позволять себе больше, чем следует по отношению к кому-либо. ➤ **позволять себе вольности с кем-либо или с чем-либо.** □ *You are overly familiar with me, Mr. Jones. One might think you were taking liberties with me.* □ *I don't like it when you make free with my lawn mower. You should at least ask when you want to borrow it.*

take one's death of cold См. на CATCH ONE'S DEATH (OF COLD.)

take one's medicine примириться с заслуженным наказанием или неудачей. (Также употребляется в буквальном смысле.) ➤ **нести/понести заслуженное наказание.** □ *I know I did wrong, and I know I have to take my medicine.* □ *Billy knew he was going to get spanked, and he didn't want to take his medicine.*

take someone or something by storm покорять кого-либо или что-либо; привлекать чьё-либо внимание. (Клише.) ➤ **брать/взять штурмом кого-либо или что-либо.** □ *Jane is madly in love with Tom. He took her by storm at the office party, and they've been together ever since.* □ *The singer took the world of opera by storm with her performance in* La Boheme.

take someone or something for granted принимать кого-либо или что-либо без чувства благодарности, как само собой разумеющееся. ➤ **принимать/принять кого-либо или что-либо за должное.** □ *We tend to take a lot of things for granted.* □ *Mrs. Franklin complained that Mr. Franklin takes her for granted.*

take someone's breath away 1. трудно дышать от потрясения или физической нагрузки. ➤ **дух захватывает (захватило) у кого-либо.** □ *Walking this fast takes my breath away.* □ *Mary frightened me and took my breath away.* 2. поразить кого-либо красотой или величием. ➤ **дух захватывает (захватило) у кого-либо.** □ *The magnificent painting took my breath away.* □ *Ann looked so beautiful that she took my breath away.*

take someone under one's wing(s) покровительствовать кому-либо. ➤ **брать/взять кого-либо под своё крылышко.** □ *John wasn't doing well in geometry until the teacher took him under her wing.* □ *I took the new workers under my wings, and they learned the job in no time.*

take something at face value принимать что-либо так, как оно преподносится. ➤ **принимать/принять что-либо за чистую монету.** □ *John said he wanted to come to the party, and I took that at face value. I'm sure he'll arrive soon.* □ *He made us a promise, and we took his word at face value.*

take something in stride считать что-либо естественным или ожидаемым. ➤ **относиться/отнестись к чему-либо спокойно.** □ *The argument surprised him, but he took it in stride.* □ *It was a very rude remark, but Mary took it in stride.*

take something lying down примириться с чем-либо неприятным без сопротивления. ➤ **проглотить пилюлю.** □ *He insulted me publicly. You don't expect me to take that lying down, do you?* □ *I'm not the kind of person who'll take something like that lying down.*

take something on faith принимать что-либо или верить чему-либо, не имея на то достаточно оснований. ➤ **принимать/принять что-либо на веру.** □ *Please try to believe what I'm telling you. Just take it on faith.* □ *Surely you can't expect me to take a story like that on faith.*

take something on the chin переносить (в переносном или буквальном смысле) удар или оскорбление. ➤ **не падать/не упасть духом.** ☐ *The bad news was a real shock, and John took it on the chin.* ☐ *The worst luck comes my way, and I always end up taking it on the chin.*

take something with a pinch of salt AND **take something with a grain of salt** относиться недоверчиво к рассказу или объяснению. ➤ **относиться/отнестись к чему-либо скептически.** ☐ *You must take anything she says with a grain of salt. She doesn't always tell the truth.* ☐ *They took my explanation with a pinch of salt. I was sure they didn't believe me.*

take the bitter with the sweet принимать невзгоды и радости. (Клише.) ➤ **спокойно встречать/встретить невзгоды.** ☐ *We all have disappointments. You have to learn to take the bitter with the sweet.* ☐ *There are good days and bad days, but every day you take the bitter with the sweet. That's life.*

take the bull by the horns принимать вызов немедленно. (Клише.) ➤ **брать/взять быка за рога.** ☐ *If we are going to solve this problem, someone is going to have to take the bull by the horns.* ☐ *This threat isn't going to go away by itself. We are going to take the bull by the horns and settle this matter once and for all.*

take the law into one's own hands пытаться применить закон; брать на себя роль судьи и присяжных по отношению к провинившемуся. ➤ **брать/взять закон в свои руки.** ☐ *Citizens don't have the right to take the law into their own hands.* ☐ *The shopkeeper took the law into his own hands when he tried to arrest the thief.*

take the stand занимать место свидетеля в суде. ☐ *I was in court all day, waiting to take the stand.* ☐ *The lawyer asked the witness to take the stand.*

take the words out of one's mouth предвосхитить то, что хотел сказать другой. (Также с *right*, как видно из примера.) ➤ **предвосхищать/предвосхитить чьи-либо слова.** ☐ *John said exactly what I was going to say. He took the words out of my mouth.*

□ *I agree with you, and I wanted to say the same thing. You took the words right out of my mouth.*

take to one's heels убегать. ➤ **бросаться/броситься со всех ног.** □ *The little boy said hello and then took to his heels.* □ *The man took to his heels to try to get to the bus stop before the bus left.*

take up one's abode somewhere поселиться, обосноваться где-либо. (В буквальном смысле.) ➤ **бросить (кинуть) якорь.** □ *I took up my abode downtown near my office.* □ *We decided to take up our abode in a warmer climate.*

talk a blue streak говорить много и быстро, тараторить. ➤ **говорить без умолку.** □ *Billy didn't talk until he was six, and then he started talking a blue streak.* □ *I can't understand anything Bob says. He talks a blue streak, and I can't follow his thinking.*

talk in circles говорить бессвязно и беспорядочно. ➤ **говорить с пятого на десятое.** □ *I couldn't understand a thing he said. All he did was talk in circles.* □ *We argued for a long time and finally decided that we were talking in circles.*

talk shop в обществе говорить о своих служебных делах (где такие разговоры неуместны). □ *All right, everyone, we're not here to talk shop. Let's have a good time.* □ *Mary and Jane stood by the punch bowl, talking shop.*

talk through one's hat говорить глупости; хвастаться и похваляться. ➤ **пороть чепуху.** □ *John isn't really as good as he says. He's just talking through his hat.* □ *Stop talking through your hat and start being sincere!*

talk until one is blue in the face говорить до изнеможения. ➤ **говорить до посинения.** □ *I talked until I was blue in the face, but I couldn't change her mind.* □ *She had to talk until she was blue in the face in order to convince him.*

target, on См. ON TARGET.

teacher's pet, be the См. BE THE TEACHER'S PET.

tear one's hair беспокоиться, расстраиваться или сердиться. (Не в буквальном смысле.) ➤ **рвать на себе волосы.** □ *I was so nervous, I was about to tear my hair.* □ *I had better get home. My parents will be tearing their hair.*

tell one to one's face сказать кому-либо что-либо напрямик. ➤ **сказать прямо в лицо кому-либо.** □ *I'm sorry that Sally feels that way about me. I wish she had told me to my face.* □ *I won't tell Tom that you're mad at him. You should tell him to his face.*

tell tales out of school сплетничать или распространять слухи. ➤ **распускать/распустить слухи.** □ *I wish that John would keep quiet. He's telling tales out of school again.* □ *If you tell tales out of school a lot, people won't know when to believe you.*

tempest in a teapot напрасные волнения. (Клише.) ➤ **буря в стакане воды.** □ *This isn't a serious problem—just a tempest in a teapot.* □ *Even a tempest in a teapot can take a lot of time to get settled.*

thank one's lucky stars благодарить судьбу. (Клише.) ➤ **благодарить свою счастливую звезду.** □ *You can thank your lucky stars that I was there to help you.* □ *I thank my lucky stars that I studied the right things for the test.*

That's the last straw. AND **That's the straw that broke the camel's back.** Это последняя капля. (Клише.) ➤ **предел терпению; это последняя капля, которая переполняет чашу терпения.** □ *Now it's raining! That's the last straw. The picnic is canceled!* □ *When Sally came down sick, that was the straw that broke the camel's back.*

That's the straw that broke the camel's back. См. предыдущую словарную статью.

That's the ticket. Как раз то, что надо. (Клише.) □ *That's the ticket, John. You're doing it just the way it should be done.* □ *That's the ticket! I knew you could do it.*

That takes care of that. Всё решено. (Клише.) □ *That takes care of that, and I'm glad it's over.* □ *I spent all morning dealing with this matter, and that takes care of that.*

The coast is clear. Видимой опасности нет. ➤ **Путь свободен.** □ *I'm going to stay hidden here until the coast is clear.* □ *You can come out of your hiding place now. The coast is clear.*

The early bird gets the worm. пословица, означающая, что тот, кто рано встаёт, получает вознаграждение. ➤ **Кто рано встаёт, того удача ждёт.** □ *Don't be late again! Don't you know that the early bird gets the worm?* □ *I'll be there before the sun is up. After all, the early bird gets the worm.*

The fat is in the fire. пословица, означающая, что назревают серьёзные проблемы. ➤ **Каша заварилась (заваривается).** □ *Now that Mary is leaving, the fat is in the fire. How can we get along without her?* □ *The fat's in the fire! There's $3,000 missing from the office safe.*

The honeymoon is over. о приятном начале, которое подошло к концу. (Клише.) ➤ **медовый месяц закончился.** □ *Okay, the honeymoon is over. It's time to settle down and do some hard work.* □ *I knew the honeymoon was over when they started yelling at me to work faster.*

the pot calling the kettle black говорится, когда совершивший ошибку обвиняет другого в той же ошибке. (Клише.) ➤ **Чья бы корова мычала, твоя бы молчала.** □ *Ann is always late, but she was rude enough to tell everyone when I was late. Now that's the pot calling the kettle black!* □ *You're calling me thoughtless? That's really a case of the pot calling the kettle black.*

There are plenty of other fish in the sea есть, из чего выбирать. (Клише. Говорилось о людях.) ➤ **свет клином не сошёлся на ком-либо.** □ *When John broke up with Ann, I told her not to worry. There are plenty of other fish in the sea.* □ *It's too bad that your secretary quit, but there are plenty of other fish in the sea.*

There's more than one way to skin a cat. пословица, означающая, что можно добиться своего различными путями. ➤ **есть много способов добиться своего.** □ *If that way won't work, try another way. There's more than one way to skin a cat.* □ *Don't worry, I'll figure out a way to get it done. There's more than one way to skin a cat.*

There's no accounting for taste. пословица, означающая, что у каждого свой вкус. ➤ **О вкусах не спорят.** □ *Look at that purple and orange car! There's no accounting for taste.* □ *Some people seemed to like the music, although I thought it was worse than noise. There's no accounting for taste.*

There will be the devil to pay. будут крупные неприятности. ➤ **Хлопот (неприятностей) не оберёшься.** □ *If you damage my car, there will be the devil to pay.* □ *Bill broke a window, and now there will be the devil to pay.*

The shoe is on the other foot. пословица, означающая, что человек попадает в ситуацию, в которую он раньше ставил других. (Обратите внимание на вариации в примерах.) ➤ **быть в чьей-либо (чужой) шкуре.** □ *The teacher is taking a course in summer school and is finding out what it's like when the shoe is on the other foot.* □ *When the policeman was arrested, he learned what it was like to have the shoe on the other foot.*

thick and thin, through См. THROUGH THICK AND THIN.

thick as pea soup, as См. AS THICK AS PEA SOUP.

thick as thieves, as См. AS THICK AS THIEVES.

thin air, out of См. OUT OF THIN AIR.

thin ice, on См. ON THIN ICE.

think on one's feet думать в процессе разговора. □ *If you want to be a successful teacher, you must be able to think on your feet.* □ *I have to write out everything I'm going to say, because I can't think on my feet too well.*

thorn in someone's side, be a См. be a thorn in someone's side.

three-ring circus, like a См. like a three-ring circus.

through thick and thin и в плохие и в хорошие времена. (Клише.) ➤ **и в радости и в горе.** □ *We've been together through thick and thin and we won't desert each other now.* □ *Over the years, we went through thick and thin and enjoyed every minute of it.*

throw a monkey wrench in the works нарушать чьи-либо планы. ➤ **вставлять/вставить палки в колёса.** □ *I don't want to throw a monkey wrench in the works, but have you checked your plans with a lawyer?* □ *When John refused to help us, he really threw a monkey wrench in the works.*

throw caution to the wind стать неосторожным. (Клише.) ➤ **отбросить всякую осторожность (благоразумие).** □ *Jane, who is usually cautious, threw caution to the wind and went windsurfing.* □ *I don't mind taking a little chance now and then, but I'm not the type of person who throws caution to the wind.*

throw cold water on something См. на pour cold water on something.

throw down the gauntlet вызывать кого-либо на спор или (в переносном смысле) на поединок. ➤ **бросать/бросить перчатку кому-либо.** □ *When Bob challenged my conclusions, he threw down the gauntlet. I was ready for an argument.* □ *Frowning at Bob is the same as throwing down the gauntlet. He loves to get into a fight about something.*

throw good money after bad нести дополнительные расходы, пытаясь отыграться. (Клише.) □ *I bought a used car and then had to spend $300 on repairs. That was throwing good money after bad.* □ *The Browns are always throwing good money after bad. They bought an acre of land that turned out to be swamp, and then had to pay to have it filled in.*

throw in the sponge См. следующую словарную статью.

throw in the towel AND **throw in the sponge** сдаваться. ➤ складывать/сложить оружие. ☐ *When John could stand no more of Mary's bad temper, he threw in the towel and left.* ☐ *Don't give up now! It's too soon to throw in the sponge.*

throw oneself at someone's feet смиренно склониться к чьим-либо ногам. (Употребляется как в переносном, так и в буквальном смысле.) ➤ быть у чьих-либо ног. ☐ *Do I have to throw myself at your feet in order to convince you that I'm sorry?* ☐ *I love you sincerely, Jane. I'll throw myself at your feet and await your command. I'm your slave!*

throw oneself on the mercy of the court AND **throw oneself at the mercy of the court** взывать к милосердию судьи в зале суда. ➤ отдавать/отдать себя на милость суда. ☐ *Your honor, please believe me, I didn't do it on purpose. I throw myself on the mercy of the court and beg for a light sentence.* ☐ *Jane threw herself at the mercy of the court and hoped for the best.*

throw someone a curve 1. подавать кому-либо мяч по кривой в бейсболе. ☐ *The pitcher threw John a curve, and John swung wildly against thin air.* ☐ *During that game, the pitcher threw everyone a curve at least once.* 2. озадачить кого-либо неожиданным поступком. ➤ приводить/привести кого-либо в замешательство. ☐ *When you said* house *you threw me a curve. The password was supposed to be* home. ☐ *John threw me a curve when we were making our presentation, and I forgot my speech.*

throw someone for a loop AND **knock someone for a loop** смущать или поражать кого-либо. ➤ приходить/прийти в крайнее удивление; приводить/привести кого-либо в крайнее удивление. ☐ *When Bill heard the news, it threw him for a loop.* ☐ *The manager knocked Bob for a loop by firing him on the spot.*

throw someone to the wolves жертвовать кем-либо (в переносном смысле). (Клише. Не в буквальном смысле.) ➤ выбрасывать/выбросить кого-либо на съедение волкам. ☐ *The press was demanding an explanation, so the mayor blamed the mess on John and threw him to the wolves.* ☐ *I wouldn't let them* *throw me to the wolves! I did nothing wrong, and I won't take the blame for their errors.*

throw something into the bargain включать что-либо дополнительное в сделку. ➤ **давать/дать что-либо в придачу.** ☐ *To encourage me to buy a new car, the car dealer threw a free radio into the bargain.* ☐ *If you purchase three pounds of chocolates, I'll throw one pound of salted nuts into the bargain.*

thumb a ride AND **hitch a ride** подъезжать на попутной машине; "голосовать" на дороге. ➤ **ехать стопом.** ☐ *My car broke down on the highway, and I had to thumb a ride to get back to town.* ☐ *Sometimes it's dangerous to hitch a ride with a stranger.*

thumb one's nose at someone or something (в переносном или буквальном смысле) делать грубый жест, приложив первый палец к носу. ➤ **показывать/показать нос кому-либо или чему-либо.** ☐ *The tramp thumbed his nose at the lady and walked away.* ☐ *You can't just thumb your nose at people who give you trouble. You've got to learn to get along.*

tickle someone's fancy заинтересовать кого-либо; показаться кому-либо любопытным. ➤ **вызывать/вызвать чьё-либо любопытство.** ☐ *I have an interesting problem here that I think will tickle your fancy.* ☐ *This doesn't tickle my fancy at all. This is dull and boring.*

tied to one's mother's apron strings в подчинении у матери; в полной зависимости от матери. ➤ **держаться за мамину юбку.** ☐ *Tom is still tied to his mother's apron strings.* ☐ *Isn't he a little old to be tied to his mother's apron strings?*

tie someone in knots беспокоиться или расстраиваться. ➤ **выходить/выйти из душевного равновесия.** ☐ *John tied himself in knots worrying about his wife during the operation.* ☐ *This waiting and worrying really ties me in knots.*

tie someone's hands лишать кого-либо возможности свободно действовать. (Также употребляется в буквальном значении.) ➤ **связывать/связать кого-либо по рукам и ногам.** ☐ *I'd like to* *help you, but my boss has tied my hands.* □ *Please don't tie my hands with unnecessary restrictions. I'd like the freedom to do whatever is necessary.*

tie the knot пожениться. ➤ **сочетаться браком.** □ *Well, I hear that you and John are going to tie the knot.* □ *My parents tied the knot almost forty years ago.*

tight as a tick, as См. AS TIGHT AS A TICK.

tight as Dick's hatband, as См. AS TIGHT AS DICK'S HATBAND.

tighten one's belt обходиться меньшими затратами. ➤ **затянуть потуже пояс.** □ *Things are beginning to cost more and more. It looks like we'll all have to tighten our belts.* □ *Times are hard, and prices are high. I can tighten my belt for only so long.*

tilt at windmills сражаться с мнимыми противниками; бороться с несущественными трудностями. (Подобно литературному персонажу по имени Дон Кихот, который сражался с ветряными мельницами.) ➤ **сражаться с ветряными мельницами.** □ *Aren't you too smart to go around tilting at windmills?* □ *I'm not going to fight this issue. I've wasted too much of my life tilting at windmills.*

Time hangs heavy on someone's hands. Когда человеку нечего делать, время идёт медленно. (Не в буквальном смысле. Обратите внимание на вариации в примерах.) ➤ **время тянется медленно для кого-либо.** □ *I don't like it when time hangs so heavily on my hands.* □ *John looks so bored. Time hangs heavy on his hands.*

Time is money. [Моё] время драгоценно, так что напрасно не трать его. ➤ **Время—деньги.** □ *I can't afford to spend a lot of time standing here talking. Time is money, you know!* □ *People who keep saying time is money may be working too hard.*

time of one's life, have the См. HAVE THE TIME OF ONE'S LIFE.

tip of one's tongue, on the См. ON THE TIP OF ONE'S TONGUE.

tip the scales at something весить определённое количество фунтов. □ *Tom tips the scales at nearly 200 pounds.* □ *I'll be glad when I tip the scales at a few pounds less.*

tiptoe, on См. ON TIPTOE.

toes, on one's См. ON ONE'S TOES.

toe the line См. следующую словарную статью.

toe the mark AND **toe the line** подчиняться требованиям; соблюдать правила. ➤ **придерживаться правил.** □ *You'll get ahead, Sally. Don't worry. Just toe the mark, and everything will be okay.* □ *John finally got fired. He just couldn't learn to toe the line.*

tongue-in-cheek неискренний; насмешливый. ➤ **в шутку.** □ *Ann made a tongue-in-cheek remark to John, and he got mad because he thought she was serious.* □ *The play seemed very serious at first, but then everyone saw that it was tongue-in-cheek, and they began laughing.*

too good to be true почти невероятно; настолько хорошо, что трудно поверить. (Клише.) □ *The news was too good to be true.* □ *When I finally got a big raise, it was too good to be true.*

Too many cooks spoil the broth. См. следующую словарную статью.

Too many cooks spoil the stew. AND **Too many cooks spoil the broth.** пословица, означающая, что дело страдает, если за него берётся сразу несколько человек. ➤ **У семи нянек дитя без глазу.** □ *Let's decide who is in charge around here. Too many cooks spoil the stew.* □ *Everyone is giving orders, but no one is following them! Too many cooks spoil the broth.*

too many irons in the fire, have См. HAVE TOO MANY IRONS IN THE FIRE.

to one's heart's content столько, сколько хочется кому-либо. ➤ **сколько душе угодно.** □ *John wanted a week's vacation so he* *could go to the lake and fish to his heart's content.* □ *I just sat there, eating chocolate to my heart's content.*

toot one's own horn AND **blow one's own horn** хвалиться или расхваливать себя. ➤ **петь себе дифирамбы.** □ *Tom is always tooting his own horn. Is he really as good as he says he is?* □ *I find it hard to blow my own horn, but I manage.*

top of one's head, off the См. OFF THE TOP OF ONE'S HEAD.

top of one's lungs, at the См. AT THE TOP OF ONE'S LUNGS.

top of one's voice, at the См. AT THE TOP OF ONE'S VOICE.

top of the world, on См. ON TOP OF THE WORLD.

top, on См. ON TOP.

top, over the См. OVER THE TOP.

top to bottom, from См. FROM TOP TO BOTTOM.

toss one's hat into the ring заявлять о своём участии в выборах. □ *Jane wanted to run for treasurer, so she tossed her hat into the ring.* □ *The mayor never tossed his hat into the ring. Instead he announced his retirement.*

to the ends of the earth в самые отдалённые и недоступные места на свете. ➤ **на край света.** □ *I'll pursue him to the ends of the earth.* □ *We've almost explored the whole world. We've traveled to the ends of the earth trying to learn about our world.*

To the victors belong the spoils. пословица, означающая, что победители приобретают власть над людьми и всей территорией с её богатством. □ *The mayor took office and immediately fired many workers and hired new ones. Everyone said, "To the victors belong the spoils."* □ *The office of president includes the right to live in the White House and at Camp David. To the victors belong the spoils.*

tough act to follow о том, как трудно выступать после хорошего оратора или исполнителя и не ударить лицом в грязь. (Клише.) □ *Bill's speech was excellent. It was a tough act to follow, but my speech was good also.* □ *In spite of the fact that I had a tough act to follow, I did my best.*

tough row to hoe стоять перед трудной задачей. (Клише.) □ *It was a tough row to hoe, but I finally got a college degree.* □ *Getting the contract signed is going to be a tough row to hoe, but I'm sure I can do it.*

town, go to См. GO TO TOWN.

town, out on the См. OUT ON THE TOWN.

tread on someone's toes См. на STEP ON SOMEONE'S TOES.

trial, on См. ON TRIAL.

true to one's word исполняющий обещанное. ➤ **верный своему слову.** □ *True to his word, Tom showed up at exactly eight o'clock.* □ *We'll soon know if Jane is true to her word. We'll see if she does what she promised.*

try one's wings (out) AND **try out one's wings** стараться применить на практике недавно приобретённые знания. (Подобно птенцу, который с помощью крыльев старается научиться летать.) ➤ **получить боевое крещение.** □ *John just got his driver's license and wants to borrow the car to try out his wings.* □ *I learned to skin dive, and I want to go to the seaside to try out my wings.* □ *You've read about it enough. It's time to try your wings.*

try someone's patience досаждать кому-либо, выводя его из терпения; раздражать кого-либо. ➤ **испытывать чьё-либо терпение.** □ *Stop whistling. You're trying my patience. Very soon I'm going to lose my temper.* □ *Some students think it's fun to try the teacher's patience.*

tune (with someone or something), out of См. OUT OF TUNE (WITH SOMEONE OR SOMETHING).

turn a blind eye to someone or something намеренно не обращать никакого внимания на что-либо. ➤ **закрывать/ закрыть глаза на что-либо.** □ *The usher turned a blind eye to the little boy who sneaked into the theater.* □ *How can you turn a blind eye to all those starving children?*

turn a deaf ear (to something) не внимать кому-либо; не обращать внимания на мольбы о помощи. ➤ **пропускать/ пропустить что-либо мимо ушей.** □ *How can you just turn a deaf ear to their cries for food and shelter?* □ *The government has turned a deaf ear.*

turn on a dime делать очень крутой поворот. □ *This car handles very well. It can turn on a dime.* □ *The speeding car turned on a dime and headed in the other direction.*

turn one's nose up at someone or something AND **turn up one's nose at someone or something** насмехаться над кем-либо или чем-либо; отвергать кого-либо или что-либо. ➤ **воротить нос от кого-либо или от чего-либо.** □ *John turned his nose up at Ann, and that hurt her feelings.* □ *I never turn up my nose at dessert, no matter what it is.*

turn, out of См. OUT OF TURN.

turn over a new leaf исправиться; порвать с прошлым. (Клише.) ➤ **выбрасывать/выбросить дурь из головы.** □ *Tom promised to turn over a new leaf and do better from now on.* □ *After a minor accident, Sally decided to turn over a new leaf and drive more carefully.*

turn over in one's grave [об умершем] поразиться или ужаснуться чему-либо. (Клише. Естественно, не в буквальном смысле.) ➤ **(кто-либо) перевернулся бы в гробу (в могиле).** □ *If Beethoven heard Mary play one of his sonatas, he'd turn over in his grave.* □ *If Aunt Jane knew what you were doing with her favorite chair, she would turn over in her grave.*

turn someone's stomach заболеть (в переносном или буквальном смысле). ➤ **с души воротит кого-либо от чего-либо.** ☐ *This milk is spoiled. The smell of it turns my stomach.* ☐ *The play was so bad that it turned my stomach.*

turn something to one's advantage делать что-либо полезным (что в противном случае могло оказаться неблагоприятным.) ➤ **обращать/обратить что-либо в свою пользу.** ☐ *Sally found a way to turn the problem to her advantage.* ☐ *The ice-cream store manager was able to turn the hot weather to her advantage.*

turn the other cheek игнорировать плохое обращение или оскорбление. (Из библийского источника.) ➤ **подставлять/ подставить другую щеку (под удар).** ☐ *When Bob got mad at Mary and yelled at her, she just turned the other cheek.* ☐ *Usually I turn the other cheek when someone is rude to me.*

turn the tide поворачивать события в обратную сторону; изменять мнение публики в противоположную сторону. ➤ **создавать/создать перелом.** ☐ *It looked as if the team was going to lose, but near the end of the game, our star player turned the tide.* ☐ *At first, people were opposed to our plan. After a lot of discussion, we were able to turn the tide.*

twiddle one's thumbs бездельничать. ➤ **сидеть и считать ворон.** ☐ *What am I supposed to do while waiting for you? Sit here and twiddle my thumbs?* ☐ *Don't sit around twiddling your thumbs. Get busy!*

twinkling of an eye, in the См. IN THE TWINKLING OF AN EYE.

twist someone around one's little finger вертеть или помыкать кем-либо. (Клише.) ➤ **вить верёвки из кого-либо.** ☐ *Bob really fell for Jane. She can twist him around her little finger.* ☐ *Billy's mother has twisted him around her little finger. He's very dependent on her.*

twist someone's arm заставлять или убеждать кого-либо поступать определённым образом. ➤ **брать/взять кого-либо в оборот.** ☐ *At first she refused, but after I twisted her arm a little,* *she agreed to help.* □ *I didn't want to run for mayor, but everyone twisted my arm.*

two shakes of a lamb's tail, in Cм. IN TWO SHAKES OF A LAMB'S TAIL.

U

under a cloud (of suspicion) подозреваемый в каком-либо проступке. ➤ **под подозрением.** □ *Someone stole some money at work, and now everyone is under a cloud of suspicion.* □ *Even the manager is under a cloud.*

under construction в процессе строительства или в ремонте. □ *We cannot travel on this road because it's under construction.* □ *Our new home has been under construction all summer. We hope to move in next month.*

under fire во время нападок. ➤ **под давлением.** □ *There was a scandal in city hall, and the mayor was forced to resign under fire.* □ *John is a good lawyer because he can think under fire.*

under one's own steam собственными силами или усилиями. ➤ **своими силами.** □ *I missed my ride to class, so I had to get there under my own steam.* □ *John will need some help with this project. He can't do it under his own steam.*

under the counter [о том, что покупается или продаётся] тайно или нелегально. (Употребляется также в буквальном смысле.) ➤ **из-под прилавка.** □ *The drugstore owner was arrested for selling liquor under the counter.* □ *This owner was also selling dirty books under the counter.*

under the table в полной тайне, как, например, в случае со взяткой. (Употребляется также в буквальном смысле.) ➤ **шито-крыто.** □ *The mayor had been paying money to the construction company under the table.* □ *Tom transferred the deed to the property to his wife under the table.*

under the weather нездоровый. ➤ **не по себе.** □ *I'm a bit under the weather today, so I can't go to the office.* □ *My head is aching, and I feel a little under the weather.*

under the wire к самому концу. ➤ **под занавес.** □ *I turned in my report just under the wire.* □ *Bill was the last person to get in the door. He got in under the wire.*

up a blind alley в тупике; на дороге, не ведущей никуда. ➤ **в тупике.** □ *I have been trying to find out something about my ancestors, but I'm up a blind alley. I can't find anything.* □ *The police are up a blind alley in their investigation of the crime.*

up in arms разгневанный; (в переносном или буквальном смысле) вооружённый. ➤ **в гневе; в боевой готовности.** □ *My father was really up in arms when he got his tax bill this year.* □ *The citizens were up in arms, pounding on the gates of the palace, demanding justice.*

up in the air нерешённый; неточный. (Употребляется также в буквальном смысле.) ➤ **в неопределённом положении.** □ *I don't know what Sally plans to do. Things were sort of up in the air the last time we talked.* □ *Let's leave this question up in the air until next week.*

upset the apple cart расстраивать или нарушить что-либо. ➤ **путать/спутать все карты.** □ *Tom really upset the apple cart by telling Mary the truth about Jane.* □ *I always knew he'd upset the apple cart.*

up to one's ears (in something) См. следующую словарную статью.

up to one's neck (in something) AND **up to one's ears (in**

something) сильно вовлечённый во что-либо. ➤ **с головой в чём-либо.** □ *I can't come to the meeting. I'm up to my neck in these reports.* □ *Mary is up to her ears in her work.*

up to par всё равно, что стандартный или средний; на уровне стандарта. ➤ **в нормальном состоянии; на должной высоте.** □ *I'm just not feeling up to par today. I must be coming down with something.* □ *The manager said that the report was not up to par and gave it back to Mary to do over again.*

use every trick in the book использовать все доступные средства. ➤ **прибегать/прибегнуть к всевозможным уловкам.** □ *I used every trick in the book, but I still couldn't manage to get a ticket to the game Saturday.* □ *Bob tried to use every trick in the book, but he still failed.*

utter a word, not См. NOT UTTER A WORD.

V

vacation, on См. ON VACATION.

vanish into thin air исчезнуть бесследно. ➤ **раствориться в воздухе.** □ *My money gets spent so fast. It seems to vanish into thin air.* □ *When I came back, my car was gone. I had locked it, and it couldn't have vanished into thin air!*

Variety is the spice of life. пословица, означающая, что разнообразие и перемены делают жизнь интересной. □ *Mary reads all kinds of books. She says variety is the spice of life.* □ *The Franklins travel all over the world so they can learn how different people live. After all, variety is the spice of life.*

vicious circle, in a См. IN A VICIOUS CIRCLE.

victors belong the spoils, To the. См. TO THE VICTORS BELONG THE SPOILS.

virtue of something, by См. BY VIRTUE OF SOMETHING.

vote a straight ticket голосовать за кандидатов одной партии. □ *I'm not a member of any political party, so I never vote a straight ticket.* □ *I usually vote a straight ticket because I believe in the principles of one party and not in the other's.*

wagon, on the См. on the wagon.

wait-and-see attitude скептическое отношение; выжидательная позиция, когда человек просто сидит и выжидает, что случится. ➤ **политика "поживём—увидим."** □ *John thought that Mary couldn't do it, but he took a wait-and-see attitude.* □ *His wait-and-see attitude didn't influence me at all.*

waiting list, on a См. on a waiting list.

wait on someone hand and foot хорошо обслуживать кого-либо, выполняя все желания. ➤ **ходить на задних лапках перед кем-либо.** □ *I don't mind bringing you your coffee, but I don't intend to wait on you hand and foot.* □ *I don't want anyone to wait on me hand and foot. I can take care of myself.*

walk a tightrope быть в ситуации, когда следует проявлять крайнюю осторожность. (Употребляется также в буквальном смысле.) ➤ **ходить по краю пропасти.** □ *I've been walking a tightrope all day. I need to relax.* □ *Our business is about to fail. We've been walking a tightrope for three months.*

walk on air чувствовать себя счастливым; находиться в состоянии эйфории. (Не употребляется в буквальном значении.) ➤ **ног под собой не чуять (от радости.)** □ *Ann was* *walking on air when she got the job.* □ *On the last day of school, all the children are walking on air.*

walk on eggs проявлять крайнюю осторожность. (Не употребляется в буквальном значении.) ➤ **глядеть в оба.** □ *The manager is very hard to deal with. You really have to walk on eggs.* □ *I've been walking on eggs ever since I started working here.*

walk the floor нервно ходить взад и вперёд в ожидании чего-либо. ➤ **ходить из угла в угол.** □ *While Bill waited for news of the operation, he walked the floor for hours on end.* □ *Walking the floor won't help. You might as well sit down and relax.*

wall, go to the См. GO TO THE WALL.

walls have ears нас могут подслушать. (Клише.) ➤ **И у стен есть уши.** □ *Let's not discuss this matter here. Walls have ears, you know.* □ *Shhh. Walls have ears. Someone may be listening.*

warm the bench [об игроке] сидеть на скамье для запасных игроков. ➤ **быть в запасе.** □ *John spent the whole game warming the bench.* □ *Mary never warms the bench. She plays from the beginning to the end.*

warm the cockles of someone's heart согревать или радовать кого-либо. (Клише.) ➤ **радовать/порадовать чьё-либо сердце.** □ *It warms the cockles of my heart to hear you say that.* □ *Hearing that old song again warmed the cockles of her heart.*

wash one's hands of someone or something прерывать всякое общение с кем-либо или с чем-либо. ➤ **умыть руки (в отношении кого-либо или чего-либо.)** □ *I washed my hands of Tom. I wanted no more to do with him.* □ *That car was a real headache. I washed my hands of it long ago.*

waste one's breath напрасно тратить время на разговоры; тратить слова даром. ➤ **тратить слова напрасно.** □ *Don't waste your breath talking to her. She won't listen.* □ *You can't persuade me. You're just wasting your breath.*

watched pot never boils, A. См. A WATCHED POT NEVER BOILS.

water off a duck's back, like См. LIKE WATER OFF A DUCK'S BACK.

water under the bridge о чём-либо, что прошло и забыто. (Клише.) ➤ **Быльём (былью) поросло.** □ *Please don't worry about it anymore. It's all water under the bridge.* □ *I can't change the past. It's water under the bridge.*

weak as a kitten, as См. AS WEAK AS A KITTEN.

weakness for someone or something, have a См. HAVE A WEAKNESS FOR SOMEONE OR SOMETHING.

wear more than one hat иметь много обязанностей; работать на нескольких работах. □ *The mayor is also the police chief. She wears more than one hat.* □ *I have too much to do to wear more than one hat.*

wear out one's welcome злоупотреблять чьим-либо гостеприимством; навещать кого-либо слишком часто. (Клише.) □ *Tom visited the Smiths so often that he wore out his welcome.* □ *At about midnight, I decided that I had worn out my welcome, so I went home.*

weather, under the См. UNDER THE WEATHER.

well-fixed См. следующую словарную статью.

well-heeled AND **well-fixed; well-off** зажиточный; живущий в достатке. ➤ **с достатком.** □ *My uncle can afford a new car. He's well-heeled.* □ *Everyone in his family is well-off.*

well-off См. предыдущую словарную статью.

well-to-do зажиточный и с положением. (Часто со словом. *quite,* как видно из примеров.) □ *The Jones family is quite well-to-do.* □ *There is a gentleman waiting for you at the door. He appears quite well-to-do.*

were, as it См. AS IT WERE.

wet behind the ears молодой и неопытный. ➤ **пороха не нюхал.**
□ *John's too young to take on a job like this! He's still wet behind the ears!* □ *He may be wet behind the ears, but he's well trained and totally competent.*

What is sauce for the goose is sauce for the gander. пословица, означающая, что, то, что подходит одному, должно подходить и другому. □ *If John gets a new coat, I should get one, too. After all, what is sauce for the goose is sauce for the gander.* □ *If I get punished for breaking the window, so should Mary. What is sauce for the goose is sauce for the gander.*

what makes someone tick то, что побуждает человека к чему-либо; то, что заставляет человека поступать определённым образом. ➤ **чем он (ты, она . . .) живёт.** □ *William is sort of strange. I don't know what makes him tick.* □ *When you get to know people, you find out what makes them tick.*

When in Rome, do as the Romans do. пословица, означающая, что надо жить по законам той страны, в которой ты находишься. ➤ **В чужой монастырь со свои уставом не ходят.** □ *I don't usually eat lamb, but I did when I went to Australia. When in Rome, do as the Romans do.* □ *I always carry an umbrella when I visit London. When in Rome, do as the Romans do.*

When the cat's away the mice will play. Некоторые люди начинают проказничать, когда за ними никто не наблюдает. (Клише.) ➤ **Без кота мышам раздолье.** □ *The students behaved very badly for the substitute teacher. When the cat's away the mice will play.* □ *John had a wild party at his house when his parents were out of town. When the cat's away the mice will play.*

when the time is ripe точно в нужное время. ➤ **в своё время.** □ *I'll tell her the good news when the time is ripe.* □ *When the time is ripe, I'll bring up the subject again.*

Where there's a will there's a way. пословица, означающая, что главное—это желание, а возможность всегда найдётся. ➤ **Где**

хотенье, там и уменье. □ *Don't give up, Ann. You can do it. Where there's a will there's a way.* □ *They told John he'd never walk again after his accident. He worked at it, and he was able to walk again! Where there's a will there's a way.*

Where there's smoke there's fire. пословица. Говорится, когда кажется, что в распространившихся слухах есть доля правды. ➤ **Нет дыма без огня.** □ *There is a lot of noise coming from the classroom. There is probably something wrong. Where there's smoke there's fire.* □ *I think there is something wrong at the house on the corner. The police are there again. Where there's smoke there's fire.*

whisker, by a См. BY A WHISKER.

white as the driven snow, as См. AS WHITE AS THE DRIVEN SNOW.

wide of the mark 1. мимо цели. □ *Tom's shot was wide of the mark.* □ *The pitch was quite fast, but wide of the mark.* 2. несостоятельный; далеко не отвечающий требованиям или ожиданиям. ➤ **не по существу.** □ *Jane's efforts were sincere, but wide of the mark.* □ *He failed the course because everything he did was wide of the mark.*

wild-goose chase сумасбродные поиски; бессмысленная гонка. □ *I wasted all afternoon on a wild-goose chase.* □ *John was angry because he was sent out on a wild-goose chase.*

win by a nose выиграть еле-еле. ➤ **выиграть с ничтожным перевесом.** (Как на скачках, где выигравшая лошадь опережает следующую за ней всего лишь на величину носа.) □ *I ran the fastest race I could, but I only won by a nose.* □ *Sally won the race, but she only won by a nose.*

wind, in the См. IN THE WIND.

wire, down to the См. DOWN TO THE WIRE.

wire, under the См. UNDER THE WIRE.

wise as an owl, as См. AS WISE AS AN OWL.

with all one's heart and soul искренне. (Клише.) ➤ **от всей души.** ☐ *Oh, Bill, I love you with all my heart and soul, and I always will!* ☐ *She thanked us with all her heart and soul for the gift.*

with both hands tied behind one's back См.на WITH ONE HAND TIED BEHIND ONE'S BACK.

wither on the vine AND **die on the vine** [о чём-либо] вянуть или сохнуть на ранней стадии развития. (Также употребляется в буквальном смысле, о винограде или других фруктах.) ➤ **засыхать/засохнуть на корню.** ☐ *You have a great plan, Tom. Let's keep it alive. Don't let it wither on the vine.* ☐ *The whole project died on the vine when the contract was canceled.*

with every (other) breath [говорить что-либо] много раз или постоянно. ➤ **через каждое второе слово.** ☐ *Bob was out in the yard, raking leaves and cursing with every other breath.* ☐ *The child was so grateful that she was thanking me with every breath.*

with flying colors с лёгкостью и блестяще. ➤ **с блеском.** ☐ *John passed his geometry test with flying colors.* ☐ *Sally qualified for the race with flying colors.*

within an inch of one's life до полусмерти; на волосок от смерти. (Клише.) ☐ *The accident frightened me within an inch of my life.* ☐ *When Mary was seriously ill in the hospital, she came within an inch of her life.*

with no strings attached AND **without any strings attached** безоговорочно; без всяких обязательств. ☐ *My parents gave me a computer without any strings attached.* ☐ *I want this only if there are no strings attached.*

with one hand tied behind one's back AND **with both hands tied behind one's back** в невыгодном положении; с лёгкостью. (Клише.) ➤ **с закрытыми глазами.** ☐ *I could put an end to this argument with one hand tied behind my back.* ☐ *John could do this job with both hands tied behind his back.*

without any strings attached См. на WITH NO STRINGS ATTACHED.

without batting an eye не проявляя тревоги или не реагируя; не удивляясь. (Клише.) ➤ **и глазом не моргнув.** □ *I knew I had insulted her, but she turned to me and asked me to leave without batting an eye.* □ *Right in the middle of the speech—without batting an eye—the speaker walked off the stage.*

without further ado без дальнейших разговоров. (Клише. Избитая фраза, которую используют при обращении к публике.) ➤ **без дальнейших церемоний.** □ *And without further ado, I would like to introduce Mr. Bill Franklin!* □ *The time has come to leave, so without further ado, good evening and good-bye.*

wit's end, at one's См. AT ONE'S WIT'S END.

wolf in sheep's clothing о ком-либо опасном, только с виду кажущемся безобидным. (Клише.) ➤ **волк в овечьей шкуре.** □ *Beware of the police chief. He seems polite, but he's a wolf in sheep's clothing.* □ *This proposal seems harmless enough, but I think it's a wolf in sheep's clothing.*

woods, out of the См. OUT OF THE WOODS.

word, go back on one's См. GO BACK ON ONE'S WORD.

word go, from the См. FROM THE WORD GO.

word of mouth, by См. BY WORD OF MOUTH.

words stick in one's throat, have one's См. HAVE ONE'S WORDS STICK IN ONE'S THROAT.

work like a horse трудиться до изнеможения. (Клише.) ➤ **работать как вол.** □ *I've been working like a horse all day, and I'm tired.* □ *I'm too old to work like a horse. I'd prefer to relax more.*

work one's fingers to the bone трудиться до изнеможения. (Клише.) ➤ **гнуть спину.** □ *I worked my fingers to the bone so you children could have everything you needed. Now look at the way you treat me!* □ *I spent the day working my fingers to the bone, and now I want to relax.*

work out for the best всё закончится наилучшим образом. ➤ всё будет в ажуре. ☐ *Don't worry. Things will work out for the best.* ☐ *It seems bad now, but it'll work out for the best.*

world, in the См. IN THE WORLD.

world of one's own, in a См. IN A WORLD OF ONE'S OWN.

world, out of this См. OUT OF THIS WORLD.

worst comes to worst, if См. IF WORST COMES TO WORST.

worth its weight in gold очень ценный. (Клише.) ➤ цены нет кому-либо или чему-либо. ☐ *This book is worth its weight in gold.* ☐ *Oh, Bill. You're wonderful. You're worth your weight in gold.*

worth one's salt достоин той зарплаты, которую получаешь. (Клише.) ➤ хлеб не зря ест. ☐ *Tom doesn't work very hard, and he's just barely worth his salt, but he's very easy to get along with.* ☐ *I think he's more than worth his salt. He's a good worker.*

wrack and ruin, go to См. GO TO WRACK AND RUIN.

wrong, in the См. IN THE WRONG.

wrong track, on the См. ON THE WRONG TRACK.

X marks the spot именно на этом месте. (Клише. Может употребляться в буквальном значении, когда кто-либо рисует букву *X* с целью отметить нужное место.) □ *This is where the rock struck my car—X marks the spot.* □ *Now, please move that table over here. Yes, right here—X marks the spot.*

Y

year in, year out много лет подряд, весь год. ➤ **из года в год.** ☐ *I seem to have hay fever year in, year out. I never get over it.* ☐ *John wears the same old suit, year in, year out.*

You can say that again! AND **You said it!** Это правда; Ты прав. (Слово *that* подчёркивается.) ☐ MARY: *It sure is hot today.* JANE: *You can say that again!* ☐ BILL: *This cake is yummy!* BOB: *You said it!*

You can't take it with you. От денег нужно получать удовольствие при жизни, потому что на том свете они не нужны. (Клише.) ➤ **В могилу с собой всего не заберёшь.** ☐ *My uncle is a wealthy miser. I keep telling him, "You can't take it with you."* ☐ *If you have money, you should make out a will. You can't take it with you, you know!*

You can't teach an old dog new tricks. пословица, означающая, что в старости поздно переучиваться. (Также употребляется в буквальном смысле, о собаках.) ➤ **Старого пса к цепи не приучишь.** ☐ *"Of course I can learn," bellowed Uncle John. "Who says you can't teach an old dog new tricks?"* ☐ *I'm sorry. I can't seem to learn to do it right. Oh, well. You can't teach an old dog new tricks.*

Your guess is as good as mine. Об этом вы знаете столько же, сколько и я. □ *I don't know where the scissors are. Your guess is as good as mine.* □ *Your guess is as good as mine as to when the train will arrive.*

You said it! См. на YOU CAN SAY THAT AGAIN!

Z

zero in on something нацелиться на что-либо или сконцентрировать своё внимание прямо на чём-либо. □ *"Now,"* *said Mr. Smith, "I would like to zero in on another important point."* □ *Mary is very good about zeroing in on the most important and helpful ideas.*

УКАЗАТЕЛЬ ИДИОМ
РУССКОГО ЯЗЫКА

без всяких признаков жизни См. AS DEAD AS A DOORNAIL.

без гроша См. FLAT BROKE.

без дальнейших церемоний См. WITHOUT FURTHER ADO.

(болтаться) без дела См. AT LOOSE ENDS.

Без кота мышам раздолье См. WHEN THE CAT'S AWAY THE MICE WILL PLAY.

Без отдыха и конь не скачет См. ALL WORK AND NO PLAY MAKES JACK A DULL BOY.

без очереди См. OUT OF TURN.

без подготовки См. OUT OF HAND.

без сил См. OUT OF GAS.

без сознания См. OUT COLD.

Без труда не вытащишь и рыбки из пруда См. NOTHING VENTURED, NOTHING GAINED.

бегать, как угорелая кошка См. RUN AROUND LIKE A CHICKEN WITH ITS HEAD CUT OFF.

беден как церковная крыса См. AS POOR AS A CHURCH MOUSE.

Беднякам выбирать не приходится См. BEGGERS CAN'T BE CHOOSERS.

бежать, что есть духу См. MAKE A RUN FOR IT.

безвременно уйти из жизни См. COME TO AN UNTIMELY END.

белый как снег См. AS WHITE AS THE DRIVEN SNOW.

бить кого-либо и в хвост и в гриву См. FIGHT SOMEONE OR SOMETHING HAMMER AND TONGS.

благодарить свою счастливую звезду См. THANK ONE'S LUCKY STARS.

блестяще выглядеть См. LOOK LIKE A MILLION DOLLARS.

блистать своим отсутствием См. CONSPICUOUS BY ONE'S ABSENCE.

бояться собственной тени См. AFRAID OF ONE'S OWN SHADOW.

брать/взять быка за рога См. TAKE THE BULL BY THE HORNS.

брать/взять в кредит См. FLOAT A LOAN.

брать/взять кого-либо в оборот См. TWIST SOMEONE'S ARM.

брать/взять кого-либо в свои руки См. GET SOMEONE OVER A BARREL.

брать/взять верх над кем-либо См. GET THE UPPER HAND (ON SOMEONE).

брать/взять закон в свои руки См. TAKE THE LAW INTO ONE'S OWN HANDS.

брать/взять кого-либо под своё крылышко См. TAKE SOMEONE UNDER ONE'S WING(S).

брать/взять пример с кого-либо См. TAKE A LEAF OUT OF SOMEONE'S BOOK.

брать/взять свои слова обратно См. EAT ONE'S WORDS.

брать/взять среднюю величину См. SPLIT THE DIFFERENCE.

брать/взять штурмом кого-либо или что-либо См. TAKE SOMEONE OR SOMETHING BY STORM.

браться/взяться за дело вплотную См. GET DOWN TO BUSINESS.

браться/взяться за дело, засучив рукава См. PUT ONE'S SHOULDER TO THE WHEEL.

браться/взяться за многое См. HAVE TOO MANY IRONS IN THE FIRE.

браться/взяться за старое См. GO INTO ONE'S SONG AND DANCE ABOUT SOMETHING.

браться/взяться за ум См. COME IN OUT OF THE RAIN.

браться/взяться за что-либо всерьёз См. GET ONE'S TEETH INTO SOMETHING.

Брехливая собака лает, но не кусает См. ONE'S BARK IS WORSE THAN ONE'S BITE.

бросать/бросить кого-либо в беде См. LEAVE SOMEONE HIGH AND DRY.

бросать/бросить вызов кому-либо или чему-либо См. FLY IN THE FACE OF SOMEONE OR SOMETHING.

бросать/бросить кого-либо на произвол судьбы См. LEAVE SOMEONE TO ONE'S FATE.

бросать/бросить перчатку кому-либо См. THROW DOWN THE GAUNTLET.

бросаться/броситься кому-либо в глаза См. HIT SOMEONE BETWEEN THE EYES.

бросаться/броситься со всех ног См. TAKE TO ONE'S HEELS.

бросить первый камень (в кого-либо) См. CAST THE FIRST STONE.

бросить (кинуть) якорь См. TAKE UP ONE'S ABODE SOMEWHERE.

Будет и на нашей улице праздник См. EVERY DOG HAS ITS DAY.

буря в стакане воды См. TEMPEST IN A TEAPOT.

была не была См. SINK OR SWIM.

Быльём (былью) поросло См. WATER UNDER THE BRIDGE.

быть (оказаться) в долгу См. IN THE RED.

быть в запасе См. WARM THE BENCH.

быть в курсе дела См. KNOW THE ROPES.

быть в неловком положении См. HAVE EGG ON ONE'S FACE.

быть в самый раз См. FIT LIKE A GLOVE.

быть в чьей-либо (чужой) шкуре См. THE SHOE IS ON THE OTHER FOOT.

быть вне себя от радости См. BURST WITH JOY.

быть (стать) во главе См. CARRY THE BALL.

быть выбитым из колеи См. GO INTO A TAILSPIN.

быть выше чьего-либо понимания См. GO OVER SOMEONE'S HEAD.

быть на вторых ролях См. PLAY SECOND FIDDLE (TO SOMEONE).

быть на голову выше кого-либо См. HEAD AND SHOULDERS ABOVE SOMEONE OR SOMETHING.

быть на должной высоте См. MAKE THE GRADE.

быть на мели См. BE DOWN ON ONE'S LUCK.

быть на чьём-либо попечении См. HAVE SOMEONE OR SOMETHING IN ONE'S HANDS.

быть на точке замерзания См. COME TO A STANDSTILL.

быть не в своей стихии См. FEEL OUT OF PLACE.

быть не в себе См. GET THE BLUES.

быть не по душе кому-либо См. GO AGAINST THE GRAIN.

быть подопытным кроликом См. SERVE AS A GUINEA PIG.

быть потрясённым до глубины души См. GET THE SHOCK OF ONE'S LIFE.

быть припёртым к стенке См. HAVE ONE'S BACK TO THE WALL.

быть равнодушным к кому-либо или к чему-либо См. BE HALFHEARTED (ABOUT SOMEONE OR SOMETHING).

быть (оставаться) сам по себе См. PADDLE ONE'S OWN CANOE.

быть себе на уме См. LIVE BY ONE'S WITS.

быть у чьих-либо ног См. THROW ONESELF AT SOMEONE'S FEET.

быть, что надо См. HIT THE SPOT.

в беде См. IN THE DOGHOUSE.

в бешенстве См. AS MAD AS A WET HEN.

в боевой готовности См. UP IN ARMS.

в воздухе См. IN THE AIR.

в воздухе запахло чем-либо См. IN THE WIND.

в чьём-либо воображении См. IN ONE'S MIND'S EYE.

в выигрыше См. IN THE MONEY.

в глаза не видел кого-либо См. NOT KNOW SOMEONE FROM ADAM.

в гневе См. UP IN ARMS.

в годах См. OVER THE HILL.

в два счёта См. IN A FLASH; IN TWO SHAKES OF A LAMB'S TAIL.

в движении См. ON THE GO.

в добром здравии См. AS FIT AS A FIDDLE.

в долгосрочном плане См. OVER THE LONG HAUL.

в долгу См. IN THE HOLE.

в заколдованном кругу См. IN A VICIOUS CIRCLE.

в запасе См. ON THE BENCH.

в затруднительном положении См. IN A (TIGHT) SPOT.

в здравом (в своём) уме См. IN ONE'S RIGHT MIND.

в изоляции См. OUT OF CIRCULATION.

в кои веки См. ONCE IN A BLUE MOON.

в конечном счёте См. IN THE LONG RUN.

в круглых цифрах См. IN ROUND NUMBERS.

в курсе дела См. IN THE KNOW.

в лохмотьях См. IN RAGS.

в мгновенье ока См. AS QUICK AS A WINK.

в мире ином См. DEAD AND BURIED.

В могилу с собой всего не заберёшь См. YOU CAN'T TAKE IT WITH YOU.

в мыслях См. ON ONE'S MIND.

в наличии См. IN STOCK.

в неисправности См. OUT OF COMMISSION; OUT OF SERVICE.

в немилости См. IN THE DOGHOUSE.

в неопределённом положении См. UP IN THE AIR.

в неслужебное время См. OFF DUTY.

в нормальном состоянии См. UP TO PAR.

в обозримом будущем См. OVER THE SHORT HAUL.

в обтяжку См. AS TIGHT AS DICK'S HATBAND.

в один миг См. IN NOTHING FLAT.

в одно и то же время См. IN A DEAD HEAT.

в одно ухо входит, а из другого выходит См. GO IN ONE EAR AND OUT THE OTHER; IN ONE EAR AND OUT THE OTHER.

в одну секунду См. IN LESS THAN NO TIME.

в опасном положении См. OUT ON A LIMB.

в отличном состоянии См. IN MINT CONDITION.

в первую очередь См. FIRST AND FOREMOST.

в первых рядах См. ON TOP.

(входить) в чью-либо плоть и кровь См. IN THE BLOOD.

в плохом настроении См. IN THE DOLDRUMS.

в подавленном настроении См. DOWN IN THE MOUTH.

в подмётки не годится кому-либо См. CAN'T HOLD A CANDLE TO SOMEONE.

в полной растерянности См. AT SEA.

в положении См. EXPECTING (A CHILD).

в поте лица См. BY THE SWEAT OF ONE'S BROW.

в превосходном (хорошем) состоянии См. IN THE PINK (OF CONDITION).

в придачу См. IN THE BARGAIN.

в продаже См. IN PRINT.

в работ См. ON THE GO.

в равном положении См. NECK AND NECK.

в разобранном состоянии См. AT SIXES AND SEVENS.

в резерве См. OUT OF COMMISSION.

в роскоши См. IN THE LAP OF LUXURY.

в самом (полном) разгаре См. IN FULL SWING.

в самом расцвете (сил) См. IN ONE'S OR ITS PRIME.

в самую точку См. ON TARGET.

в самый раз См. IN THE NICK OF TIME.

в свободное время См. IN ONE'S SPARE TIME.

в своё время См. WHEN THE TIME IS RIPE.

в сердцах См. IN A HUFF.

в силу чего-либо См. BY VIRTUE OF SOMETHING.

в спешном порядке См. IN SHORT ORDER.

в среднем См. ON THE AVERAGE.

в суматохе См. IN A MAD RUSH.

в трудном положении См. IN DEEP WATER.

в тупике См. UP A BLIND ALLEY.

в тяжёлом положении См. ON THE SPOT.

в холодный пот бросает (ударяет) кого-либо См. BREAK OUT IN A COLD SWEAT.

в хорошей форме См. IN GOOD SHAPE.

в хорошем расположении духа См. IN FINE FEATHER.

в целости и сохранности См. SAFE AND SOUND.

в центре внимания См. IN THE LIMELIGHT.

в чём мать родила См. IN ONE'S BIRTHDAY SUIT.

В чужой монастырь со своим уставом не ходят См. WHEN IN ROME, DO AS THE ROMANS DO.

в шутку См. TONGUE-IN-CHEEK.

(выходить/выйти) в эфир См. ON THE AIR.

(быть) в эфире См. ON THE AIR.

вне опасности См. OUT OF THE WOODS.

вне родной стихии См. OUT OF ONE'S ELEMENT.

во весь голос См. AT THE TOP OF ONE'S VOICE.

во всех отношениях См. FROM THE GROUND UP.

во что бы то ни стало См. RAIN OR SHINE.

важный (надутый) как павлин См. AS PROUD AS A PEACOCK.

валить с больной головы на здоровую См. PASS THE BUCK.

вбивать что-либо (себе) в башку См. GET SOMETHING THROUGH SOMEONE'S THICK SKULL.

вбивать/вбить что-либо себе в голову См. GET SOMETHING UNDER ONE'S BELT.

вводить/ввести кого-либо в курс дела См. SHOW SOMEONE THE ROPES.

вдобавок ко всем бедам См. ADD INSULT TO INJURY.

великан среди пигмеев См. BIG FROG IN A SMALL POND.

верить только своим глазам См. BE FROM MISSOURI.

верный своему слову См. TRUE TO ONE'S WORD.

вертиться на языке у кого-либо См. ON THE TIP OF ONE'S TONGUE.

вести двойную игру с кем-либо См. PLAY FAST AND LOOSE (WITH SOMEONE OR SOMETHING).

вести дела (вести домашнее хозяйство) См. KEEP THE HOME FIRES BURNING.

вести себя по годам См. ACT ONE'S AGE.

вести себя развязно с кем-либо См. GET FRESH (WITH SOMEONE).

вести собачью жизнь См. LEAD A DOG'S LIFE.

вести честную игру с кем-либо См. PLAY BALL (WITH SOMEONE).

весь в отца пошёл См. A CHIP OFF THE OLD BLOCK.

вздохнуть свободно См. GET ONE'S HEAD ABOVE WATER.

(чуть не) взорваться от гнева См. COME APART AT THE SEAMS.

видал виды См. NOT BORN YESTERDAY.

видеть на три аршина в землю См. HAVE EYES IN THE BACK OF ONE'S HEAD.

видеть кого-либо насквозь См. READ SOMEONE LIKE A BOOK.

видеть/увидеть просвет См. BEGIN TO SEE DAYLIGHT.

видеть/увидеть свет в конце туннеля См. SEE THE LIGHT (AT THE END OF THE TUNNEL).

вилять хвостом (перед кем-либо) См. BOW AND SCRAPE.

вина лежит на ком-либо См. IN THE WRONG.

винтика не хватает у кого-либо См. HAVE BATS IN ONE'S BELFRY.

висеть на волоске (в воздухе) См. HANG IN THE BALANCE.

висеть на носу у кого-либо См. BREATHE DOWN SOMEONE'S NECK.

висеть над чьей-либо головой См. HAVE SOMETHING HANGING OVER ONE'S HEAD.

вить верёвки из кого-либо См. TWIST SOMEONE AROUND ONE'S LITTLE FINGER.

витать в облаках См. HAVE ONE'S HEAD IN THE CLOUDS; LIVE IN AN IVORY TOWER.

вкладывать/вложить слова в чьи-либо уста См. PUT WORDS INTO SOMEONE'S MOUTH.

владеть собой См. KEEP ONE'S TEMPER.

влететь в копеечку См. COST A PRETTY PENNY.

вмешиваться в чужие дела См. PUT ONE'S OAR IN.

вносить/внести неприятную ноту во что-либо См. STRIKE A SOUR NOTE.

вносить/внести свой вклад См. PITCH IN (AND HELP).

вносить/внести свою лепту См. HOLD ONE'S END (OF THE BARGAIN) UP.

водить кого-либо за нос См. PULL THE WOOL OVER SOMEONE'S EYES.

водить компанию с кем-либо См. RUB ELBOWS WITH SOMEONE.

водой не разольёшь кого-либо См. AS THICK AS THIEVES.

возвращаться/возвратиться с пустыми руками См. COME AWAY EMPTY-HANDED.

воздавать/воздать по заслугам См. GIVE CREDIT WHERE CREDIT IS DUE.

возлагать/возложить большие надежды на кого-либо или на что-либо См. SET GREAT STORE BY SOMEONE OR SOMETHING.

возрождение надежд См. NEW LEASE ON LIFE.

войти в неуправляемый штопор См. GO INTO A TAILSPIN.

волк в овечьей шкуре См. WOLF IN SHEEP'S CLOTHING.

волосы дыбом встали у кого-либо См. MAKE SOMEONE'S HAIR STAND ON END.

воля Божья См. ACT OF GOD.

вооружённый до зубов См. ARMED TO THE TEETH.

воплотиться в жизнь См. COME TRUE.

воротить нос от кого-либо или от чего-либо См. TURN ONE'S NOSE UP AT SOMEONE OR SOMETHING.

восходить ко времени См. DATE BACK (TO SOMETHING).

впадать/впасть в детство См. IN ONE'S SECOND CHILDHOOD.

врать как сивый мерин См. LIE THROUGH ONE'S TEETH.

Время—деньги См. TIME IS MONEY.

время тянется медленно для кого-либо См. TIME HANGS HEAVY ON SOMEONE'S HANDS.

всадить нож в спину кому-либо См. STAB SOMEONE IN THE BACK.

Все дороги ведут в Рим См. ALL ROADS LEAD TO ROME.

все слои общества См. ALL WALKS OF LIFE.

(знать) все ходы и выходы чего-либо См. INS AND OUTS OF SOMETHING.

всё будет в ажуре См. WORK OUT FOR THE BEST.

всё вместе взятое См. LOCK, STOCK AND BARREL.

всё встанет на свои места См. COME OUT IN THE WASH.

всё не так-то уж плохо См. AS BAD AS ALL THAT.

всё равно, что искать иголку в стоге сена См. LIKE LOOKING FOR A NEEDLE IN A HAYSTACK.

всё равно, что сделано (готово) См. AS GOOD AS DONE.

Всё хорошо, что хорошо кончается См. ALL'S WELL THAT ENDS WELL.

вслед за чем-либо См. ON THE HEELS OF SOMETHING.

всплывать/всплыть наружу См. COME TO LIGHT.

вставать/встать на чью-либо сторону См. GO TO BAT FOR SOMEONE.

вставать/встать с левой ноги См. GET UP ON THE WRONG SIDE OF THE BED.

вставлять/вставить палки в колёса См. THROW A MONKEY WRENCH IN THE WORKS.

вставлять/вставить слово (словечко) См. GET A WORD IN EDGEWISE.

встать перед проблемой См. HIT A SNAG.

встречать/встретить Новый год См. RING IN THE NEW YEAR.

вступать/вступить в спор с кем-либо См. CROSS SWORDS (WITH SOMEONE).

всыпать кому-либо по первое число См. LAY DOWN THE LAW.

всякая всячина См. EVERYTHING BUT THE KITCHEN SINK.

втирать очки кому-либо См. SELL SOMEONE A BILL OF GOODS.

вторая натура для кого-либо См. SECOND NATURE TO SOMEONE.

входить/войти в историю См. GO DOWN IN HISTORY.

входить/войти в курс дела См. GET INTO THE SWING OF THINGS.

(это) вчерашний день См. BE OLD HAT.

выбивать/выбить почву из-под ног у кого-либо См. CUT THE GROUND OUT FROM UNDER SOMEONE.

выбрасывать деньги на ветер См. POUR MONEY DOWN THE DRAIN.

выбрасывать/выбросить дурь из головы См. TURN OVER A NEW LEAF.

выбрасывать/выбросить кого-либо на съедение волкам См. THROW SOMEONE TO THE WOLVES.

выводить/вывести кого-либо на чистую воду См. BLOW SOMEONE'S COVER.

выдавать/выдать секрет См. LET THE CAT OUT OF THE BAG.

выжать из себя улыбку См. CRACK A SMILE.

вызывать/вызвать всеобщее недоумение См. RAISE SOME EYEBROWS.

вызывать/вызвать головокружение у кого-либо См. MAKE SOMEONE'S HEAD SWIM.

вызывать/вызвать гром аплодисментов См. BRING THE HOUSE DOWN.

вызывать/вызвать чьё-либо любопытство См. TICKLE SOMEONE'S FANCY.

вызывать/вызвать пересуды См. CAUSE (SOME) TONGUES TO WAG.

вызывать/вызвать смех у кого-либо См. STRIKE SOMEONE FUNNY.

вызывать/вызвать в ком-либо чувство стыда См. PUT SOMEONE TO SHAME.

Выкинь(те) это из головы См. PERISH THE THOUGHT.

выкладывать/выложить всё без утайки См. MAKE A CLEAN BREAST OF SOMETHING.

выматывать/вымотать всю душу из кого-либо См. GET UNDER SOMEONE'S SKIN.

выносить/вынести на себе всю тяжесть чего-либо См. BEAR THE BRUNT (OF SOMETHING).

выносить на своих плечах тяжесть мировых проблем См. CARRY THE WEIGHT OF THE WORLD ON ONE'S SHOULDERS.

выносить/вынести сор из избы См. AIR SOMEONE'S DIRTY LINEN IN PUBLIC.

выпадать/выпасть из памяти См. DRAW A BLANK.

выплакать все глаза См. CRY ONE'S EYES OUT.

выпускать/выпустить что-либо в свет См. BRING SOMETHING TO LIGHT.

выпускать/выпустить из рук что-либо См. LOSE ONE'S GRIP.

выпускать пар См. LET OFF STEAM.

вырядиться в пух и в прах См. GET (ALL) DOLLED UP.

высасывать/высосать что-либо из пальца См. MAKE SOMETHING UP OUT OF WHOLE CLOTH.

выскочить из головы См. LET SOMETHING SLIP BY.

выскочить из памяти См. SLIP ONE'S MIND.

(подняться) высоко в небеса См. AS HIGH AS A KITE.

высоко держать голову См. HOLD ONE'S HEAD UP.

выставлять/выставить кого-либо вон См. SEND SOMEONE PACKING.

выставлять/выставить что-либо напоказ (наружу) См. MAKE A GREAT SHOW OF SOMETHING.

выходить/выйти из долгов См. OUT OF THE RED.

выходить/выйти из душевного равновесия См. TIE SOMEONE IN KNOTS.

выходить/выйти из игры См. OUT OF THE RUNNING.

выходить/выйти из себя (из-за чего-либо) См. GET SOMEONE'S DANDER UP; GET WORKED UP (OVER SOMETHING).

выходить/выйти из строя См. COME TO A BAD END.

выходить/выйти сухим из воды См. GO SCOT-FREE.

выше чьего-либо понимания (чьих-либо сил) См. IN OVER ONE'S HEAD.

выше человеческих сил См. FLESH AND BLOOD.

вышибать/вышибить почву из-под ног у кого-либо См. PULL THE RUG OUT (FROM UNDER SOMEONE).

Где хотенье, там и уменье См. WHERE THERE'S A WILL THERE'S A WAY.

гладить/погладить кого-либо против шерсти См. RUB SOMEONE'S FUR THE WRONG WAY.

глуп как пробка См. AS CRAZY AS A LOON.

глядеть в оба См. WALK ON EGGS.

гнуть спину См. WORK ONE'S FINGERS TO THE BONE.

говорить без обиняков См. PUT SOMETHING ON THE LINE.

говорить без умолку См. TALK A BLUE STREAK.

говорить до посинения См. TALK UNTIL ONE IS BLUE IN THE FACE.

говорить по существу дела См. COME TO THE POINT.

говорить с пятого на десятое См. TALK IN CIRCLES.

голова в голову См. NIP AND TUCK.

голову даю на отсечение См. EAT ONE'S HAT.

голоден как собака (как волк) См. AS HUNGRY AS A BEAR.

гореть желанием сделать что-либо См. CHAMP AT THE BIT.

готовый лопнуть от зависти См. GREEN WITH ENVY.

грязная игра См. FOUL PLAY.

гулять на полную катушку См. PAINT THE TOWN RED.

густой как кисель См. AS THICK AS PEA SOUP.

до известной степени См. AS FAR AS IT GOES.

до кого-либо доходят слухи о чём-либо См. GET WIND OF SOMETHING.

(вырасти) до небес См. AS HIGH AS A KITE.

до самого конца См. DOWN TO THE WIRE.

до смерти устал См. DEAD TO THE WORLD.

давать/дать что-либо в придачу См. THROW SOMETHING INTO THE BARGAIN.

давать/дать нагоняй кому-либо См. CALL SOMEONE ON THE CARPET.

давать/дать по мозгам кому-либо См. LOWER THE BOOM ON SOMEONE.

давать/дать кому-либо свободу См. GIVE ONE ONE'S FREEDOM.

Дай ему палец, он и всю руку откусит См. GIVE ONE AN INCH, AND ONE WILL TAKE A MILE.

далеки друг от друга, как два полюса См. BE POLES APART.

далёк от истины См. OFF BASE.

далеко не младенец См. NO SPRING CHICKEN.

Дарёному коню в зубы не смотрят См. DON'T LOOK A GIFT HORSE IN THE MOUTH.

дать маху См. PUT ONE'S FOOT IN ONE'S MOUTH.

два сапога пара См. SIX OF ONE AND HALF A DOZEN OF THE OTHER.

двигаться живее См. STEP ON THE GAS.

действовать кому-либо на нервы См. GET ON SOMEONE'S NERVES.

действовать очертя голову См. GO OFF THE DEEP END.

делается как по мановению волшебной палочки См. PULL SOMETHING OUT OF A HAT.

делать/сделать вид См. GO THROUGH THE MOTIONS.

делать/сделать что-либо вручную См. DO SOMETHING BY HAND.

делать из мухи слона См. MAKE A MOUNTAIN OUT OF A MOLEHILL.

делать/сделать что-либо из рук вон плохо См. GIVE SOMETHING A LICK AND A PROMISE.

делать/сделать кого-либо козлом отпущения См. MAKE SOMEONE THE SCAPEGOAT FOR SOMETHING.

делать/сделать первый шаг См. GET ONE'S FOOT IN THE DOOR.

делать/сделать первые шаги См. GET ONE'S FEET WET.

делать/сделать попытку к примирению См. HOLD OUT THE OLIVE BRANCH.

делать/сделать последний шаг См. DROP THE OTHER SHOE.

делать что-либо спустя рукава См. LET SOMETHING SLIDE.

делать/сделать серьёзное лицо См. KEEP A STRAIGHT FACE.

делать/сделать ставку на что-либо См. BANK ON SOMETHING.

делать хорошие деньги См. MAKE GOOD MONEY.

делить Тришкин кафтан См. ROB PETER TO PAY PAUL.

делить шкуру неубитого медведя См. COUNT ONE'S CHICKENS BEFORE THEY HATCH.

(и) дело в шляпе См. ALL OVER BUT THE SHOUTING.

дело привычное См. ALL IN A DAY'S WORK.

дело прошлое См. DEAD AND BURIED.

Деньги часто губят тех, кто их наживает См. MONEY IS THE ROOT OF ALL EVIL.

держать что-либо в голове См. GET SOMETHING UNDER ONE'S BELT.

держать кого-либо в курсе дела См. KEEP SOMEONE POSTED.

держать в мыслях (в уме) кого-либо или что-либо См. KEEP SOMEONE OR SOMETHING IN MIND.

держать кого-либо в напряжении См. KEEP SOMEONE ON TENDERHOOKS.

держать кого-либо в неизвестности См. LEAVE SOMEONE OR SOMETHING HANGING IN MIDAIR.

держать что-либо под спудом См. KEEP SOMETHING UNDER WRAPS.

держать что-либо при себе См. KEEP SOMETHING TO ONESELF.

держать себя заносчиво См. PUT ON AIRS.

держать ухо востро См. HAVE ONE'S EAR TO THE GROUND.

держать ушки на макушке См. KEEP ONE'S WEATHER EYE OPEN.

держать язык за зубами См. HOLD ONE'S PEACE.

держать язык на привязи См. KEEP SOMETHING UNDER ONE'S HAT.

держаться за мамину юбку См. TIED TO ONE'S MOTHER'S APRON STRINGS.

держаться на ниточке См. HANG BY A HAIR.

держаться на расстоянии от кого-либо См. GIVE SOMEONE OR SOMETHING A WIDE BERTH.

держаться особняком См. IN A WORLD OF ONE'S OWN.

держаться твёрдо См. STAND ONE'S GROUND.

Держи карман шире См. DON'T HOLD YOUR BREATH.

Держись крепче! См. HANG ON TO YOUR HAT.

дни (часы) сочтены чьи-либо См. ONE'S DAYS ARE NUMBERED.

добиваться/добиться своего См. COME INTO ONE'S OR ITS OWN.

добиваться/добиться успеха См. MAKE A GO OF IT.

доживать последние дни См. ON SOMEONE'S OR SOMETHING'S LAST LEGS.

докапываться/докопаться до сути дела См. GET TO THE HEART OF THE MATTER.

Долг платежём красен См. ONE GOOD TURN DESERVES ANOTHER.

долго не протянет См. NOT LONG FOR THIS WORLD.

допускать/допустить оплошность См. DROP THE BALL.

допускать/допустить промах См. HAVE FOOT-IN-MOUTH DISEASE.

достигать/достичь апогея См. COME TO A HEAD.

достичь совершеннолетия См. COME OF AGE.

достойный короля См. FIT FOR A KING.

(не) дотрагиваться пальцем до кого-либо или до чего-либо См. LAY A FINGER ON SOMEONE OR SOMETHING.

доходить/дойти до конца См. GO THE DISTANCE.

доходить/дойти до сути чего-либо См. GET TO THE BOTTOM OF SOMETHING.

доходить/дойти до точки См. AT THE END OF ONE'S ROPE.

дрожать как осиновый лист См. SHAKE IN ONE'S BOOTS.

друг до первой беды См. FAIR-WEATHER FRIEND.

Друзья познаются в беде См. A FRIEND IN NEED IS A FRIEND INDEED.

дух захватывает (захватило) у кого-либо См. TAKE SOMEONE'S BREATH AWAY.

духа не хватает у кого-либо (сделать что-либо) См. FIND IT IN ONE'S HEART (TO DO SOMETHING).

душа в пятки уходит (ушла) у кого-либо См. GET COLD FEET.

душа общества См. LIFE OF THE PARTY.

души не чаять в ком-либо См. BE A FAN OF SOMEONE.

дышать свободно См. GET ONE'S HEAD ABOVE WATER.

еле-еле душа в теле у кого-либо См. AS WEAK AS A KITTEN.

есть как свинья См. EAT LIKE A HORSE.

Есть много способов добиться своего См. THERE'S MORE THAN ONE WAY TO SKIN A CAT.

(всё равно, что) ехать в Тулу со своим самоваром См. CARRY COALS TO NEWCASTLE.

ехать стопом См. THUMB A RIDE.

жёсткий как подошва См. AS HARD AS NAILS.

жить в достатке См. LIVE OFF THE FAT OF THE LAND.

жить на широкую ногу См. LEAD THE LIFE OF RILEY.

жить не по средствам См. LIVE BEYOND ONE'S MEANS.

жить по средствам См. LIVE WITHIN ONE'S MEANS.

жить согласно своим убеждениям См. PRACTICE WHAT YOU PREACH.

за деревьями леса не видеть См. NOT ABLE TO SEE THE FOREST FOR THE TREES.

за казённый счёт См. ON THE HOUSE.

за пределами границ См. BEYOND THE PALE.

за секунду См. IN THE TWINKLING OF AN EYE.

за такую цену См. DOLLAR FOR DOLLAR.

за шиворот См. BY THE NAPE OF THE NECK.

завоёвывать/завоевать признание См. COME INTO ONE'S OR ITS OWN.

завязывать/завязать дружбу с кем-либо См. STRIKE UP A FRIENDSHIP.

заговаривать зубы кому-либо См. GIVE SOMEONE THE RUNAROUND.

загонять/загнать кого-либо в угол См. PUSH SOMEONE TO THE WALL.

загребать барыши См. RIDE THE GRAVY TRAIN.

загребать деньги лопатой См. HAVE MONEY TO BURN.

задавать/задать баню кому-либо См. RAKE SOMEONE OVER THE COALS.

задавать/задать жару кому-либо См. MAKE THE FUR FLY.

задавать тон См. RULE THE ROOST.

задевать/задеть кого-либо за живое См. CUT SOMEONE TO THE QUICK.

задевать/задеть чьи-либо чувства См. PUT SOMEONE'S NOSE OUT OF JOINT.

задирать нос См. ACT HIGH-AND-MIGHTY.

закадычные друзья См. HAND IN GLOVE (WITH SOMEONE).

закидывать/закинуть удочку См. GO ON A FISHING EXPEDITION.

(любит) закладывать за галстук См. DRINK TO EXCESS.

заключать/заключить перемирие См. BURY THE HATCHET.

закон не писан для кого-либо См. LAW UNTO ONESELF.

закончиться тупиком См. COME TO A DEAD END.

закрывать/закрыть глаза на что-либо См. TURN A BLIND EYE TO SOMEONE OR SOMETHING.

залежалый (неходкий) товар См. DRUG ON THE MARKET.

замолвить за кого-либо словечко См. PUT IN A GOOD WORD (FOR SOMEONE).

замыкать шествие См. BRING UP THE REAR.

занимать/занять чьё-либо место См. FILL SOMEONE'S SHOES.

занимать/занять твёрдую позицию См. STAND UP AND BE COUNTED.

заниматься (работать) до глубокой ночи См. BURN THE MIDNIGHT OIL.

запеть на другой лад См. DANCE TO ANOTHER TUNE.

заплатить сполна См. PAY ONE'S DUES.

запускать/запустить руку в казну См. HAVE ONE'S HAND IN THE TILL.

зарывать/зарыть свой талант в землю См. HIDE ONE'S LIGHT UNDER A BUSHEL.

заставать/застать кого-либо врасплох См. CATCH SOMEONE OFF-BALANCE.

засыхать/засохнуть на корню См. WITHER ON THE VINE.

затмевать/затмить всех См. STEAL THE SPOTLIGHT.

затянуть потуже пояс См. TIGHTEN ONE'S BELT.

захватить врасплох кого-либо См. PITCH SOMEONE A CURVE (BALL).

заходить/зайти в тупик См. COME TO A DEAD END.

зеница ока (кого-либо) См. APPLE OF SOMEONE'S EYE.

знать азбучные истины См. KNOW ONE'S ABCs.

знать кого-либо в лицо См. KNOW SOMEONE BY SIGHT.

знать что-либо вдоль и поперёк См. KNOW SOMETHING INSIDE OUT.

знать кого-либо или что-либо как свои пять пальцев См. KNOW SOMEONE OR SOMETHING LIKE THE PALM OF ONE'S HAND.

знать, откуда ветер дует См. KNOW WHICH SIDE ONE'S BREAD IS BUTTERED ON.

знать что-либо по памяти См. KNOW SOMETHING FROM MEMORY.

зол как чёрт (как собака) См. AS MAD AS A HATTER.

и в радости и в горе См. THROUGH THICK AND THIN.

(чтоб) и волки (были) сыты и овцы целы См. HAVE ONE'S CAKE AND EAT IT TOO.

и глазом не моргнув См. WITHOUT BATTING AN EYE.

И у стен есть уши См. WALLS HAVE EARS.

из года в год См. YEAR IN, YEAR OUT.

из достоверного источника См. STRAIGHT FROM THE HORSE'S MOUTH.

(попасть) из огня да в полымя См. OUT OF THE FRYING PAN INTO THE FIRE.

из-под прилавка См. UNDER THE COUNTER.

из рук в руки См. FROM HAND TO HAND.

играть в кошки-мышки с кем-либо См. PLAY CAT AND MOUSE (WITH SOMEONE).

играть на противоположных интересах См. PLAY BOTH ENDS (AGAINST THE MIDDLE).

играть на публику См. PLAY TO THE GALLERY.

играть по слуху См. PLAY SOMETHING BY EAR.

играть с огнём См. PLAY WITH FIRE.

идти/пойти в гору См. COME UP IN THE WORLD; MOVE UP (IN THE WORLD).

идти в ногу со временем См. KEEP UP (WITH THE TIMES).

идти/пойти на всё См. MOVE HEAVEN AND EARTH TO DO SOMETHING.

идти/пойти на дно См. GO TO DAVY JONES'S LOCKER.

идти/пойти на убыль См. GO INTO A NOSEDIVE.

идти/пойти навстречу кому-либо См. MEET SOMEONE HALFWAY.

идти/пойти напрямик к кому-либо или к чему-либо См. MAKE A BEELINE FOR SOMEONE OR SOMETHING.

идти/пойти насмарку См. GO TO POT.

идти/пойти по инстанциям См. GO THROUGH CHANNELS.

идти/пойти под откос См. HIT BOTTOM.

идти/пойти прахом (о чём-либо) См. GO INTO A TAILSPIN.

идти/пойти своим путём См. MARCH TO A DIFFERENT DRUMMER.

извлекать/извлечь выгоду (из чего-либо) См. CASH IN (ON SOMETHING).

изводить/извести себя См. EAT ONE'S HEART OUT.

издохнуть как собака См. COME TO A BAD END.

иметь большой успех См. MAKE A HIT (WITH SOMEONE OR SOMETHING).

иметь что-либо в наличии См. HAVE SOMETHING IN STOCK.

иметь вес См. CARRY WEIGHT (WITH SOMEONE).

иметь время перевести дух См. GET TIME TO CATCH ONE'S BREATH.

иметь вспыльчивый характер См. HAVE A LOW BOILING POINT.

иметь голову на плечах См. HAVE A GOOD HEAD ON ONE'S SHOULDERS.

иметь двойное чувство к кому-либо или к чему-либо См. HAVE MIXED FEELINGS (ABOUT SOMEONE OR SOMETHING).

иметь длинный язык См. HAVE A BIG MOUTH.

иметь довольный вид См. LOOK LIKE THE CAT THAT SWALLOWED THE CANARY.

иметь золотое сердце См. HAVE A HEART OF GOLD.

иметь лишнее См. HAVE SOMETHING TO SPARE.

иметь место См. COME TO PASS.

иметь навязчивую идею См. HAVE A BEE IN ONE'S BONNET.

иметь незапятнанную репутацию См. HAVE CLEAN HANDS.

иметь неприятности с кем-либо или с чем-либо См. HAVE A SCRAPE (WITH SOMEONE OR SOMETHING).

иметь что-либо под рукой См. HAVE SOMETHING AT ONE'S FINGERTIPS.

иметь право на дорогу См. HAVE THE RIGHT-OF-WAY.

иметь (получить) преимущество перед кем-либо-либо См. GET THE JUMP ON SOMEONE.

иметь претензии к кому-либо См. HAVE AN AX TO GRIND.

иметь протекцию к кому-либо См. HAVE AN IN (WITH SOMEONE).

иметь работы по горло См. HAVE ONE'S HANDS FULL (WITH SOMEONE OR SOMETHING).

иметь что-либо с избытком См. HAVE SOMETHING TO SPARE.

иметь связи См. GET THE INSIDE TRACK.

иметь сноровку См. KNOW ALL THE TRICKS OF THE TRADE.

иметь сомнения в отношении кого-либо См. GET SECOND THOUGHTS ABOUT SOMEONE OR SOMETHING.

иметь уязвимое место См. HAVE FEET OF CLAY.

иметь чистые руки См. HAVE CLEAN HANDS.

иметь шумный успех См. GO OVER WITH A BANG.

искать повода для ссоры (или драки) См. HAVE A CHIP ON ONE'S SHOULDER.

искушать судьбу См. PUSH ONE'S LUCK.

исполнение мечты См. DREAM COME TRUE.

испустить дух См. BREATHE ONE'S LAST.

испытывать чьё-либо терпение См. TRY SOMEONE'S PATIENCE.

к сведению См. FOR THE RECORD.

каждая живая душа См. EVERY LIVING SOUL.

каждая минута на счету См. EVERY MINUTE COUNTS.

как бельмо на глазу у кого-либо См. BE A THORN IN SOMEONE'S SIDE.

как бревно (истукан) См. LIKE A BUMP ON A LOG.

как в воду опущенный См. DOWN IN THE DUMPS.

как в лесу См. AT SEA.

как выжатый лимон См. BEEN THROUGH THE MILL.

как гром среди ясного неба См. LIKE A BOLT OUT OF THE BLUE.

как медведь (медвежонок) в берлоге См. AS SNUG AS A BUG IN A RUG.

как на беду См. AS LUCK WOULD HAVE IT.

как на иголках См. ON PINS AND NEEDLES.

Как нажито, так и прожито См. EASY COME, EASY GO.

как один См. AS ONE.

как раз то, что надо См. FILL THE BILL.

(чувствовать себя) как рыба в воде См. AS A DUCK TAKES TO WATER.

как с гуся вода См. LIKE WATER OFF A DUCK'S BACK.

как сквозь землю провалился См. NEITHER HIDE NOR HAIR.

как слепая курица См. AS BLIND AS A BAT.

как снег на голову (свалиться) См. OUT OF A CLEAR BLUE SKY.

как угорелый См. LIKE A BAT OUT OF HELL.

камень на шее у кого-либо См. MILLSTONE ABOUT ONE'S NECK.

камня на камне не оставить от чего-либо См. LAY SOMETHING TO WASTE.

капать на мозги кому-либо См. GET IN SOMEONE'S HAIR.

капли в рот не брать См. ON THE WAGON.

катиться/скатиться по наклонной См. COME DOWN IN THE WORLD.

Каша заварилась (заваривается) См. THE FAT IS IN THE FIRE.

клин клином вышибают См. HAIR OF THE DOG THAT BIT ONE.

ковать железо, пока оно горячо См. STRIKE WHILE THE IRON IS HOT.

комок в горле у кого-либо См. GET A LUMP IN ONE'S THROAT.

Кому на месте не сидится, тот добра не наживёт См. A ROLLING STONE GATHERS NO MOSS.

копаться в отбросах См. SCRATCH THE BOTTOM OF THE BARREL.

короче говоря См. MAKE A LONG STORY SHORT.

кот наплакал См. IN SHORT SUPPLY.

краем глаза См. OUT OF THE CORNER OF ONE'S EYE.

красивый как картинка (как на картинке) См. AS PRETTY AS A PICTURE.

(становиться/стать) красный как рак См. HOT UNDER THE COLLAR.

кричать не своим голосом См. CRY BLOODY MURDER.

кровные родственники См. FLESH AND BLOOD.

кроткий (безобидный) как ягнёнок См. AS INNOCENT AS A LAMB.

крыша поехала у кого-либо См. AS MAD AS A HATTER.

Кто над чайником стоит, у того он не кипит См. A WATCHED POT NEVER BOILS

Кто рано встаёт, того удача ждёт См. THE EARLY BIRD GETS THE WORM.

Кто рано ложится и рано встаёт(, здоровье, богатство и ум наживёт) См. EARLY TO BED, EARLY TO RISE(, MAKES A MAN HEALTHY, WEALTHY AND WISE).

Кто старое помянет, тому глаз вон См. LET BYGONES BE BYGONES.

Куй железо, пока горячо См. MAKE HAY WHILE THE SUN IS SHINING.

кусать себе локти См. CRY OVER SPILLED MILK.

лапшу на уши вешать кому-либо См. LEAD SOMEONE DOWN THE GARDEN PATH.

(всё равно, что) лбом стену прошибать См. BEAT ONE'S HEAD AGAINST THE WALL.

лезть/полезть на рожон См. ASK FOR TROUBLE.

лёгкий как пёрышко См. AS LIGHT AS A FEATHER.

лёгкий как пух См. AS LIGHT AS A FEATHER.

лёгок на помине См. SPEAK OF THE DEVIL.

лезть/полезть в бутылку См. FLY OFF THE HANDLE.

лезть вон из кожи См. SPREAD ONESELF TOO THIN.

лезть/полезть на стену См. GO THROUGH THE ROOF.

лететь вверх тормашками См. GO TO POT.

либо пан, либо пропал См. SHAPE UP OR SHIP OUT.

лить, как из ведра См. RAIN CATS AND DOGS.

лить (проливать/пролить) крокодиловы слёзы См. SHED CROCODILE TEARS.

ловить/поймать чей-либо взгляд См. CATCH SOMEONE'S EYE.

ловить каждое слово кого-либо См. HANG ON SOMEONE'S EVERY WORD.

ловить/поймать кого-либо на месте преступления См. HAVE SOMEONE DEAD TO RIGHTS.

лодыря гонять См. LET GRASS GROW UNDER ONE'S FEET.

ложка дёгтя в бочке мёда См. FLY IN THE OINTMENT.

ломать себе голову (над чем-либо) См. RACK ONE'S BRAIN(S).

ломать/поломать копья с кем-либо См. LOCK HORNS (WITH SOMEONE).

лопаться/лопнуть от гордости (от смеха) См. BURST AT THE SEAMS.

лопаться/лопнуть от зависти См. EAT ONE'S HEART OUT.

лучшая половина См. ONE'S BETTER HALF.

Лучше бы я вообще не просыпался См. SHOULD HAVE STOOD IN BED.

любовь с первого взгляда См. LOVE AT FIRST SIGHT.

мало-помалу См. LITTLE BY LITTLE.

медведь (слон) наступил на ухо кому-либо См. CAN'T CARRY A TUNE.

Медовый месяц закончился См. THE HONEYMOON IS OVER.

между двух огней См. BETWEEN A ROCK AND A HARD PLACE.

мелкая сошка См. LOW MAN ON THE TOTEM POLE.

менять лошадей на переправе См. CHANGE HORSES IN MIDSTREAM.

мертвее не бывает См. AS DEAD AS A DODO.

метать бисер перед свиньями См. CAST (ONE'S) PEARLS BEFORE SWINE.

метить в ворону, а попасть в корову См. MISS (SOMETHING) BY A MILE.

мешать/помешать кому-либо развернуться См. CRAMP SOMEONE'S STYLE.

минута в минуту См. ON THE DOT.

мне только что пришло в голову См. COME TO THINK OF IT.

Много будешь знать—скоро состаришься См. CURIOSITY KILLED THE CAT.

Много шума из ничего См. MUCH ADO ABOUT NOTHING.

моё (его, ваше....) дело сторона См. NO SKIN OFF SOMEONE'S TEETH.

молоко на губах не обсохло у кого-либо См. DRY BEHIND THE EARS.

морочить голову кому-либо См. PULL SOMEONE'S LEG.

мощный удар по чему-либо См. KISS OF DEATH.

моя (её, наша....) нога не ступит куда-либо См. NOT SET FOOT SOMEWHERE.

мрачнее тучи См. AS SOBER AS A JUDGE.

мудр(ый) как Соломон См. AS WISE AS AN OWL.

мурашки бегают (бегали) по спине у кого-либо См. GET GOOSE BUMPS.

мучить/замучить кого-либо своими разговорами См. BEND SOMEONE'S EAR.

мягкий как шёлк См. AS SOFT AS A BABY'S BOTTOM.

На безрыбье и рак рыба См. HALF A LOAF IS BETTER THAN NONE.

на ваше усмотрение См. TAKE IT OR LEAVE IT.

на верху блаженства См. ON TOP OF THE WORLD.

на вес золота См. AS GOOD AS GOLD.

(выброшенный) на ветер (в трубу) См. DOWN THE DRAIN.

На вкус (и) на цвет товарища нет См. ONE MAN'S MEAT IS ANOTHER MAN'S POISON.

на волосок (от кого-либо) См. BY A HAIR'S BREADTH.

на чью-либо голову См. ON SOMEONE'S HEAD.

на горизонте См. ON THE HORIZON.

на дежурстве См. ON DUTY.

на действительной военной службе См. ON ACTIVE DUTY.

на дне (на дно) См. IN THE GUTTER.

на должной высоте См. UP TO PAR.

на душе См. ON ONE'S MIND.

на край света См. TO THE ENDS OF THE EARTH.

на краю пропасти См. ON THIN ICE.

на листе ожидания См. ON A WAITING LIST.

на ложном пути См. ON THE WRONG TRACK.

на людях См. IN THE PUBLIC EYE.

на месте См. ON THE SPOT.

на ноги См. ON ONE'S FEET.

на ногах См. ON ONE'S FEET.

на ножах См. AT LOGGERHEADS.

на одной доске с кем-либо См. IN THE SAME BOAT.

на чьих-либо плечах См. ON SOMEONE'S SHOULDERS.

на чьи-либо плечи См. AT SOMEONE'S DOORSTEP.

на полном ходу См. ON THE MOVE.

(идти/пойти) на поправку См. ON THE MEND.

на сегодня хватит См. CALL IT A DAY.

на седьмом небе См. IN SEVENTH HEAVEN; ON CLOUD NINE.

на словах См. BY WORD OF MOUTH.

на ухо См. AS AN ASIDE.

на худой конец См. IF WORST COMES TO WORST.

на цыпочках См. ON TIPTOE.

на цыпочки См. ON TIPTOE.

на четвереньках См. ON ALL FOURS.

набивать/набить себе карман См. FEATHER ONE'S (OWN) NEST.

набивать/набить оскомину кому-либо См. GET ONE'S FILL OF SOMEONE OR SOMETHING; SET SOMEONE'S TEETH ON EDGE.

набились, как сельди в бочке См. PACKED (IN) LIKE SARDINES.

набить руку на чём-либо См. GET THE HANG OF SOMETHING.

набирать/набрать в рот воды См. BUTTON ONE'S LIP.

набираться/набраться терпения См. SIT TIGHT.

навёрстывать/наверстать потерянное время См. MAKE UP FOR LOST TIME.

наводить/навести железную дисциплину См. RUN A TIGHT SHIP.

навострить уши См. PRICK UP ONE'S EARS; SIT UP AND TAKE NOTICE.

нагонять/нагнать сон на кого-либо См. PUT SOMEONE OR SOMETHING TO SLEEP.

надеяться на чудо См. HOPE AGAINST ALL HOPE.

надоесть до чёртиков кому-либо См. BE A THORN IN SOMEONE'S SIDE.

надрывать/надорвать свои силы См. BURN THE CANDLE AT BOTH ENDS.

называть вещи своими именами См. CALL A SPADE A SPADE.

наивен как ребёнок См. BABE IN THE WOODS.

наизнанку выворачивает кого-либо См. AS SICK AS A DOG.

накуриться [травки] См. AS HIGH AS A KITE.

намылить шею кому-либо См. FIX SOMEONE'S WAGON.

напасть на золотую жилу См. STRIKE IT RICH.

напиваться/напиться в доску См. DRINK TO EXCESS.

напускать/напустить на себя храбрость См. PUT UP A (BRAVE) FRONT.

Наружность—обманчива См. BEAUTY IS ONLY SKIN DEEP.

нарушать/нарушить обещание См. GO BACK ON ONE'S WORD.

нарушать/нарушить равновесие См. ROCK THE BOAT.

наступать/наступить кому-либо на мозоль См. STEP ON SOMEONE'S TOES.

находить/найти золотую середину См. STRIKE A HAPPY MEDIUM.

находить/найти общий язык с кем-либо См. SEE EYE TO EYE (ABOUT SOMETHING).

находить/найти равного противника См. MEET ONE'S MATCH.

начинать/начать на голом месте См. START (OFF) WITH A CLEAN SLATE.

начинать/начать что-либо от печки См. BACK TO THE DRAWING BOARD.

начинать/начать с азов См. LEARN SOMETHING FROM THE BOTTOM UP.

начинать/начать с нуля См. MAKE SOMETHING FROM SCRATCH; START FROM SCRATCH.

не в чьём-либо вкусе См. NOT SOMEONE'S CUP OF TEA.

не в духе См. IN BAD SORTS.

не в ладу с кем-либо или с чем-либо См. OUT OF TUNE (WITH SOMEONE OR SOMETHING).

не в настроении См. OUT OF SORTS.

не в обращении См. OUT OF CIRCULATION.

не в своей тарелке См. LIKE A FISH OUT OF WATER.

не в своём уме См. OUT OF ONE'S MIND.

не в тон с кем-либо или с чем-либо См. OUT OF TUNE (WITH SOMEONE OR SOMETHING).

не в эфире См. OFF THE AIR.

не вешать носа См. KEEP A STIFF UPPER LIP.

не видеть дальше своего (собственного) носа См. CAN'T SEE BEYOND THE END OF ONE'S NOSE.

не владеть собой См. HAVE A LOW BOILING POINT.

не время для чего-либо См. OUT OF SEASON.

Не всё то золото, что блестит См. ALL THAT GLITTERS IS NOT GOLD.

не встревать в чужие дела См. GO ABOUT ONE'S BUSINESS.

не выдерживать/не выдержать критики См. NOT HOLD WATER.

не выдерживать сравнения с чем-либо См. HEAD AND SHOULDERS ABOVE SOMEONE OR SOMETHING.

не для печати См. OFF THE RECORD.

не достигать/не достигнуть цели См. FALL SHORT (OF SOMETHING).

не залезать в долги См. KEEP THE WOLF FROM THE DOOR.

не иметь возможности перевести дух См. HARDLY HAVE TIME TO BREATHE.

не иметь долгов См. OUT OF THE HOLE.

не иметь желания делать что-либо См. IN NO MOOD TO DO SOMETHING.

не иметь ни гроша (за душой) См. CAUGHT SHORT.

не иметь никаких шансов См. NOT HAVE A LEG TO STAND ON.

не иметь опыта в чём-либо См. BABE IN THE WOODS.

не иметь практики См. OUT OF PRACTICE.

не иметь сердца См. HAVE A HEART OF STONE.

не иметь успеха См. COME TO GRIEF; LAY AN EGG.

не на должной высоте См. NOT UP TO SCRATCH.

не на своём месте См. OUT OF ORDER.

не находить себе места См. BITE ONE'S NAILS.

не оставаться/не остаться в долгу См. GIVE AS GOOD AS ONE GETS.

не открывать/не открыть своих карт См. PLAY ONE'S CARDS CLOSE TO THE CHEST.

не отставать от других См. KEEP UP (WITH THE JONESES).

не падать/не упасть духом См. TAKE SOMETHING ON THE CHIN.

не переводя духу См. IN THE SAME BREATH.

не переводя дыхания См. AT ONE FELL SWOOP.

не по дням, а по часам См. BY LEAPS AND BOUNDS.

не по зубам кому-либо См. BEYOND ONE'S DEPTH.

не по карману См. BEYOND ONE'S MEANS.

не по себе См. UNDER THE WEATHER.

не по совести См. IN BAD FAITH.

не по средствам См. BEYOND ONE'S MEANS.

не по существу См. WIDE OF THE MARK.

не у дел См. AT LOOSE ENDS.

не подвергать себя риску См. PLAY IT SAFE.

не показываться/не показаться на глаза где-либо См. NOT SHOW ONE'S FACE.

не понимать/не понять сути См. MISS THE POINT.

не придавать/не придать значения чему-либо См. MAKE LIGHT OF SOMETHING.

не раздумывая См. OUT OF HAND.

не раскрывать/не раскрыть рта См. NOT OPEN ONE'S MOUTH.

не смыкать/не сомкнуть глаз См. NOT SLEEP A WINK.

не совать свой нос в чужие дела См. MIND ONE'S OWN BUSINESS.

не спускать глаз с мяча См. KEEP ONE'S EYE ON THE BALL.

Не сразу Москва строилась См. ROME WASN'T BUILT IN A DAY.

не терять/не потерять самообладания См. AS COOL AS A CUCUMBER.

не успеть и глазом моргнуть См. BEFORE YOU CAN SAY JACK ROBINSON.

не фунт изюму См. NO LAUGHING MATTER.

не чувствуя ног под собой от счастья См. AS HAPPY AS A LARK.

ненавидеть кого-либо всей душой См. HATE SOMEONE'S GUTS.

несмотря ни на что См. COME WHAT MAY.

нести/понести заслуженное наказание См. TAKE ONE'S MEDICINE.

нести (свой) крест См. BEAR ONE'S CROSS.

нести/понести расходы См. FOOT THE BILL.

Нет дыма без огня См. WHERE THERE'S SMOKE THERE'S FIRE.

Нет худа без добра См. EVERY CLOUD HAS A SILVER LINING.

неуклюжий как медведь См. ALL THUMBS.

неуклюжий как слон См. BULL IN A CHINA SHOP.

ни во что не ставить кого-либо или что-либо См. RIDE
ROUGHSHOD OVER SOMEONE OR SOMETHING.

ни на йоту не хуже См. NONE THE WORSE FOR WEAR.

ни то, ни сё См. NEITHER FISH NOR FOWL.

никаких [если] или [но] См. NO (IFS, ANDS, OR) BUTS ABOUT IT.

ног под собой не чуять (от радости) См. WALK ON AIR.

нужен глаз да глаз за чем-либо См. BEAR WATCHING.

О вкусах не спорят См. THERE'S NO ACCOUNTING FOR TASTE.

О человеке судят не по словам, а по делам См. ACTIONS SPEAK
LOUDER THAN WORDS.

об этом не может быть и речи См. OUT OF THE QUESTION.

от альфы до омеги См. EVERYTHING FROM SOUP TO NUTS.

от всего сердца См. FROM THE BOTTOM OF ONE'S HEART.

от всей души См. WITH ALL ONE'S HEART AND SOUL.

обивать чьи-либо пороги См. BEAT A PATH TO SOMEONE'S DOOR.

облегчить душу См. GET SOMETHING OFF ONE'S CHEST.

(не) облечён в живую форму См. FLESH AND BLOOD.

обращать/обратить что-либо в свою пользу См. TURN SOMETHING
TO ONE'S ADVANTAGE.

обращаться/обратиться не по адресу См. BARK UP THE WRONG
TREE.

обронить что-либо мимоходом См. MENTION SOMETHING IN
PASSING.

обходиться малым См. GET ALONG (ON A SHOESTRING).

объявлять/объявить забастовку См. GO (OUT) ON STRIKE.

один за другим См. BACK-TO-BACK.

один на тысячу См. ONE IN A THOUSAND.

один шанс из тысячи См. FOR THE ODDS TO BE AGAINST ONE.

одна кожа да кости См. NOTHING BUT SKIN AND BONES.

одним махом См. AT ONE FELL SWOOP.

оказаться (быть) в затруднительном положении См. COME TO
GRIEF.

оказывать/оказать кому-либо королевский приём См. GIVE SOME-
ONE THE RED-CARPET TREATMENT.

оказываться/оказаться в выигрыше См. COME OUT AHEAD.

окатить что-либо холодной водой См. POUR COLD WATER ON
SOMETHING.

Око за око, зуб за зуб См. AN EYE FOR AN EYE, A TOOTH FOR A TOOTH.

окончить дни свои (о смерти) См. END OF THE ROAD.

освещать/осветить множество фактов См. COVER A LOT OF GROUND.

оставаться/остаться в дураках См. GET THE SHORT END OF THE STICK.

оставаться в силе См. HOLD TRUE.

оставаться/остаться при пиковом интересе См. DRAW A BLANK.

оставить на чьё-либо попечении (о ком-либо или о чём-либо) См. HAVE SOMEONE OR SOMETHING IN ONE'S HANDS.

оставлять/оставить кого-либо в покое См. LEAVE SOMEONE IN PEACE.

оставлять/оставить кого-либо на мели См. LEAVE SOMEONE HIGH AND DRY.

оставлять/оставить неприятный осадок у кого-либо См. LEAVE A BAD TASTE IN SOMEONE'S MOUTH.

оставлять/оставить о себе хорошее впечатление См. GIVE A GOOD ACCOUNT OF ONESELF.

оставлять/оставить кого-либо с носом См. LEAVE SOMEONE HOLDING THE BAG.

отбросить всякую осторожность (благоразумие) См. THROW CAUTION TO THE WIND.

отвечать чёрной неблагодарностью См. BITE THE HAND THAT FEEDS ONE.

отводить/отвести душу См. LET ONE'S HAIR DOWN.

отдавать/отдать должное и плохому человеку См. GIVE THE DEVIL HIS DUE.

отдавать/отдать концы См. MEET ONE'S END.

отдавать/отдать себя на милость суда См. THROW ONESELF ON THE MERCY OF THE COURT.

(готов) отдать жизнь за кого-либо или за что-либо См. GIVE ONE'S RIGHT ARM (FOR SOMEONE OR SOMETHING).

отдать концы См. BITE THE DUST.

откладывать/отложить что-либо в сторону См. PUT SOMETHING ON ICE.

откладывать/отложить что-либо на чёрный день См. SAVE SOMETHING FOR A RAINY DAY.

открывать/открыть свои карты См. PUT ONE'S CARDS ON THE TABLE.

откуда ни возьмись См. OUT OF THIN AIR.

отличаться друг от друга как небо от земли См. AS DIFFERENT AS NIGHT AND DAY.

относиться/отнестись к чему-либо скептически См. TAKE SOMETHING WITH A PINCH OF SALT.

относиться/отнестись к чему-либо спокойно См. TAKE SOMETHING IN STRIDE.

отправить кого-либо на тот свет См. PUT SOMEONE OR SOMETHING TO SLEEP.

отправиться на тот свет См. GIVE UP THE GHOST.

отпускать/отпустить что-либо в долг (в кредит) См. PUT SOMETHING ON THE CUFF.

отпускать/отпустить шутку См. CRACK A JOKE.

отравлять/отравить (всю) жизнь кому-либо См. MAKE LIFE MISERABLE FOR SOMEONE.

отстаивать/отстоять свои позиции См. STICK TO ONE'S GUNS.

отходить/отойти на задний план См. TAKE A BACKSEAT (TO SOMEONE).

перед дилеммой См. ON THE HORNS OF A DILEMMA.

по большой цене См. AT A PREMIUM.

по чьему-либо вкусу См. STRIKE SOMEONE'S FANCY.

по всей вероятности См. AS LIKELY AS NOT.

по всей форме См. SIGNED, SEALED, AND DELIVERED.

по долгу службы См. IN THE LINE OF DUTY.

по пальцам (можно) пересчитать что-либо См. AS SCARCE AS HENS' TEETH.

по первому зову См. AT THE DROP OF A HAT.

по прямой линии См. AS THE CROW FLIES.

по секрету См. ON THE QT.

по уши в работе См. AS BUSY AS A BEAVER.

под влиянием минуты См. ON THE SPUR OF THE MOMENT.

под давлением См. UNDER FIRE.

под занавес См. UNDER THE WIRE.

под подозрением См. UNDER A CLOUD (OF SUSPICION).

под рукой См. CLOSE AT HAND.

под судом См. ON TRIAL.

прежде всего См. FIRST OF ALL.

при деньгах См. IN THE MONEY.

падать/упасть духом См. LOSE HEART.

пара пустяков См. AS EASY AS (APPLE) PIE.

паршивая овца См. BLACK SHEEP OF THE FAMILY.

пачкать/запачкать руки См. GET ONE'S HANDS DIRTY.

первым делом (долгом) См. FIRST THING (IN THE MORNING).

перебиваться с хлеба на квас См. LIVE FROM HAND TO MOUTH.

(кто-либо) перевернулся бы в гробу (в могиле) См. TURN OVER IN ONE'S GRAVE.

перевернуть всё вверх дном См. LEAVE NO STONE UNTURNED.

перевернуть всё вверх ногами (чтобы найти что-либо) См. GO OVER SOMETHING WITH A FINE-TOOTH COMB.

переводить/перевести дух См. GET A LOAD OFF ONE'S FEET.

переводить/перевести дыхание См. GET ONE'S SECOND WIND.

перегибать/перегнуть палку См. GO OVERBOARD.

переложить что-либо на бумагу См. PUT SOMETHING ON PAPER.

переоценивать/переоценить свои силы См. BITE OFF MORE THAN ONE CAN CHEW.

переходить/перейти границы дозволенного См. STEP OUT OF LINE.

переходить/перейти к сути дела См. GET DOWN TO BRASS TACKS.

петь себе дифирамбы См. TOOT ONE'S OWN HORN.

пирог на том свете См. PIE IN THE SKY.

питать нежные чувства к кому-либо См. HAVE A SOFT SPOT IN ONE'S HEART FOR SOMEONE OR SOMETHING.

питать слабость к кому-либо или к чему-либо См. HAVE A WEAKNESS FOR SOMEONE OR SOMETHING.

пища для размышлений См. FOOD FOR THOUGHT.

платить/заплатить бешеные деньги за что-либо См. PAY AN ARM AND A LEG (FOR SOMETHING).

платить по счёту См. PAY THE PIPER.

платить/отплатить тем же См. DOSE OF ONE'S OWN MEDICINE.

платить/отплатить кому-либо той же монетой См. GIVE SOMEONE TIT FOR TAT.

плевать в потолок См. KILL TIME.

плоский как блин См. AS FLAT AS A PANCAKE.

плыть против течения См. SWIM AGAINST THE TIDE.

плясать под чью-либо дудку См. EAT OUT OF SOMEONE'S HANDS.

побывать в переделках См. BEEN THROUGH THE MILL.

повисать в воздухе См. LEAVE SOMEONE OR SOMETHING HANGING IN MIDAIR.

погружённый в мысли См. LOST IN THOUGHT.

подвергать/подвергнуть кого-либо испытанию См. PUT ONE THROUGH ONE'S PACES.

подвергать/подвергнуть кого-либо перекрёстному вопросу См. CROSS-EXAMINE SOMEONE.

поджилки трясутся у кого-либо См. ONE'S TAIL IS BETWEEN ONE'S LEGS.

поджимать/поджать хвост См. HAVE ONE'S TAIL BETWEEN ONE'S LEGS.

подливать/подлить масла в огонь См. ADD FUEL TO THE FIRE.

подмоченная репутация у кого-либо См. GET A BLACK EYE.

поднимать/поднять ложную тревогу См. CRY WOLF.

поднимать/поднять на смех кого-либо или что-либо См. MAKE CRACKS (ABOUT SOMEONE OR SOMETHING); POKE FUN (AT SOMEONE).

поднимать/поднять тревогу заранее См. CROSS A BRIDGE BEFORE ONE COMES TO IT.

поднимать/поднять шум См. KICK UP A FUSS.

подниматься/подняться на ноги См. GET TO ONE'S FEET.

подняться до предела См. GO THROUGH THE ROOF.

подобно лёгкой мишени См. LIKE A SITTING DUCK.

подписывать/подписать себе смертный приговор См. SIGN ONE'S OWN DEATH WARRANT.

подрезать крылья кому-либо См. CLIP SOMEONE'S WINGS.

подрубать сук, на котором сидишь См. CUT ONE'S (OWN) THROAT.

подставлять/подставить другую щёку (под удар) См. TURN THE OTHER CHEEK.

подходить/подойти к концу См. COME TO AN END.

подчинять/подчинить кого-либо своей воли См. LORD IT OVER SOMEONE.

позволять себе вольности с кем-либо или с чем-либо См. TAKE LIBERTIES WITH SOMEONE OR SOMETHING.

показать кому-либо, где раки зимуют См. GIVE SOMEONE A PIECE OF ONE'S MIND.

показывать/показать нос кому-либо или чему-либо См. THUMB ONE'S NOSE AT SOMEONE OR SOMETHING.

показать себя с наилучшей стороны См. PUT ONE'S BEST FOOT FORWARD.

показывать дефицит См. IN THE RED.

покупать/купить кота в мешке См. BUY A PIG IN A POKE.

покупать/купить что-либо за глаза См. BUY SOMETHING SIGHT UNSEEN.

покупать/купить что-либо за гроши См. BUY SOMETHING FOR A SONG.

политика [поживём—увидем] См. WAIT-AND-SEE ATTITUDE.

(клясться) положа руку на сердце См. CROSS ONE'S HEART (AND HOPE TO DIE).

получать/получить назначение См. GET THE NOD.

получать/получить по заслугам См. GET ONE'S JUST DESERTS.

получить преимущество над кем-либо См. STEAL A MARCH (ON SOMEONE).

получать/получить донесение См. GET THE WORD.

получать/получить уклончивый ответ См. GET THE RUNAROUND.

получить боевое крещение См. TRY ONE'S WINGS (OUT).

понижать/понизить голос См. LOWER ONE'S VOICE.

понимать (знать), что к чему См. KNOW THE SCORE.

понять, что к чему См. PUT TWO AND TWO TOGETHER.

понимать/понять что-либо с полуслова См. QUICK ON THE TRIGGER.

попадать/попасть в невыигрышную ситуацию См. GET TWO STRIKES AGAINST ONE.

попадать/попасть в перекрёстный огонь См. CAUGHT IN THE CROSS FIRE.

попадать/попасть в переплёт См. ON THIN ICE.

попадать/попасть в самую точку См. HIT THE BULL'S-EYE.

попадать/попасть в цель См. HIT THE BULL'S-EYE.

попадать/попасть не в бровь, а в глаз См. HIT THE NAIL (RIGHT) ON THE HEAD.

попадаться/попасться на удочку кому-либо См. BUY SOMETHING.

поражать/поразить кого-либо до глубины души См. SET ONE BACK ON ONE'S HEELS.

пораскинув умом См. ON SECOND THOUGHT.

пораскинуть мозгами См. PUT ON ONE'S THINKING CAP.

пороть чепуху См. TALK THROUGH ONE'S HAT.

пороха не нюхал См. WET BEHIND THE EARS.

послать кого-либо искать ветра в поле См. LEAD SOMEONE ON A MERRY CHASE.

последнее слово за кем-либо См. GET THE LAST WORD.

Поспешишь—людей насмешишь См. HASTE MAKES WASTE.

поставить крест на чём-либо См. KISS SOMETHING GOOD-BYE.

поставить кому-либо фонарь под глазом См. GIVE SOMEONE A BLACK EYE.

потерпеть неудачу См. COME A CROPPER.

Потихоньку да полегоньку! См. EASY DOES IT.

потревожить осиное гнездо См. STIR UP A HORNEST'S NEST.

потрясать/потрясти чьё-либо воображение См. BOGGLE SOMEONE'S MIND.

походить на кого-либо как две капли воды См. BE THE SPIT AND IMAGE OF SOMEONE.

правда на чьей-либо стороне См. IN THE RIGHT.

предвосхищать/предвосхитить чьи-либо слова См. TAKE THE WORDS OUT OF ONE'S MOUTH.

предел терпению См. THAT'S THE LAST STRAW.

Предупреждение лучше лечения См. AN OUNCE OF PREVENTION IS WORTH A POUND OF CURE.

прерывать/прервать кого-либо на полуслове См. CUT SOMEONE OR SOMETHING (OFF) SHORT.

пресекать/пресечь что-либо в зародыше См. NIP SOMETHING IN THE BUD.

прибегать/прибегнуть к всевозможным уловкам См. USE EVERY TRICK IN THE BOOK.

прибирать/прибрать кого-либо к рукам См. HAVE SOMEONE IN ONE'S POCKET.

привлекать/привлечь чьё-либо внимание См. CATCH SOMEONE'S EYE.

приводить/привести кого-либо в бешенство См. DRAW BLOOD.

приводить/привести кого-либо в замешательство См. THROW SOMEONE A CURVE.

приводить/привести кого-либо в крайнее удивление См. THROW SOMEONE FOR A LOOP.

приводить/привести людей в смятение См. CAUSE (SOME) EYEBROWS TO RAISE.

приводить/привести кого-либо в содрогание См. MAKE SOMEONE'S BLOOD RUN COLD.

приводить/привести кого-либо в ярость См. MAKE SOMEONE'S BLOOD BOIL.

приводить/привести дела в порядок См. GET ONE'S DUCKS IN A ROW.

придержать язык См. HOLD ONE'S TONGUE.

придерживаться правил См. TOE THE MARK.

придерживаться страусовой политики См. BURY ONE'S HEAD IN THE SAND.

прикусить язык См. BITE ONE'S TONGUE.

принимать/принять кого-либо или что-либо за должное См. TAKE SOMEONE OR SOMETHING FOR GRANTED.

принимать/принять что-либо за чистую монету См. TAKE SOMETHING AT FACE VALUE.

принимать/принять что-либо на веру См. TAKE SOMETHING ON FAITH.

принимать/принять одно из двух решений См. FISH OR CUT BAIT.

принимать/принять решение См. SET ONE'S HEART ON SOMETHING.

припирать/припереть кого-либо к стенке См. FORCE SOMEONE TO THE WALL.

приставать/пристать как банный лист См. MAKE A NUISANCE OF ONESELF.

приходить/прийти в голову См. ENTER ONE'S MIND.

приходить/прийти в запущенное состояние См. RUN TO SEED.

приходить/прийти в крайнее удивление См. THROW SOMEONE FOR A LOOP.

приходить/прийти в себя См. COME TO ONE'S SENSES.

приходить/прийти в упадок См. GO TO RACK AND RUIN.
приходить/прийти с повинной головой См. EAT HUMBLE PIE.
Пришла беда—отворяй ворота См. IT NEVER RAINS BUT IT POURS.
пробивать/пробить себе дорогу См. PULL ONESELF UP (BY ONE'S OWN
    BOOTSTRAPS).
проваливаться/провалиться с треском См. FALL FLAT (ON ONE'S
    FACE).
провалить работу См. FALL DOWN ON THE JOB.
проводить/провести грань между чем-либо См. DRAW A LINE
    BETWEEN SOMETHING AND SOMETHING ELSE.
проглотить обиду См. EAT HUMBLE PIE.
проглотить пилюлю См. TAKE SOMETHING LYING DOWN.
прокладывать/проложить новый путь См. BREAK NEW GROUND.
проливать слёзы заранее См. CRY BEFORE ONE IS HURT.
пропускать/пропустить что-либо мимо ушей См. TURN A DEAF
    EAR (TO SOMETHING).
проявлять/проявить мягкость к кому-либо См. HANDLE SOMEONE
    WITH KID GLOVES.
пугать/напугать кого-либо до смерти См. CURL SOMEONE'S HAIR.
пускать/пустить в ход что-либо См. GET SOMETHING OFF (THE
    GROUND).
пуститься наутёк См. MAKE A RUN FOR IT.
путать/спутать все карты См. UPSET THE APPLE CART.
Путь свободен См. THE COAST IS CLEAR.
пьян в стельку См. AS HIGH AS A KITE.

работать без передышки См. PUT ONE'S NOSE TO THE GRINDSTONE.
работать как вол См. WORK LIKE A HORSE.
работать как часы См. GO LIKE CLOCKWORK.
работать, не поднимая головы См. KEEP ONE'S NOSE TO THE
    GRINDSTONE.
равным образом См. BY THE SAME TOKEN.
рад без памяти См. AS HAPPY AS A CLAM.
рад-радёшенек См. AS HAPPY AS A CLAM.
ради шутки См. FOR THE DEVIL OF IT.
радовать/порадовать чьё-либо сердце См. WARM THE COCKLES OF
    SOMEONE'S HEART.
раз плюнуть См. AS EASY AS DUCK SOUP.
разбивать/разбить чьё-либо сердце См. BREAK SOMEONE'S HEART.
разбиваться/разбиться в лепёшку См. BREAK ONE'S NECK.
раздувать/раздуть что-либо сверх (всякой) меры См. BLOW
    SOMETHING OUT OF ALL PROPORTION.
раздувать/раздуть счёт См. PAD THE BILL.

разнести кого-либо в пух и в прах См. READ SOMEONE THE RIOT ACT.

разряжать/разрядить обстановку См. POUR OIL ON TROUBLED WATER.

разъярённый (злой) как тигр См. AS MAD AS A HORNET.

раскрывать/раскрыть душу кому-либо См. OPEN ONE'S HEART (TO SOMEONE).

раскрыть чьи-либо карты См. FORCE SOMEONE'S HAND.

раскрывать/раскрыть свои карты См. COME OUT OF THE CLOSET.

раскопать что-либо плохое о ком-либо См. DIG SOME DIRT UP ON SOMEONE.

раскупаются как горячие пирожки См. SELL LIKE HOTCAKES.

располагаться как дома См. MAKE ONESELF AT HOME.

распространяться с быстротой молнии См. SPREAD LIKE WILDFIRE.

распускать/распустить слухи См. TELL TALES OUT OF SCHOOL.

раствориться в воздухе См. VANISH INTO THIN AIR.

растопить (сломать) лёд См. BREAK THE ICE.

расхлёбывать кашу См. FACE THE MUSIC.

расхлёбывать кашу, которую сам заварил См. STEW IN ONE'S OWN JUICE.

рвать на себе волосы См. TEAR ONE'S HAIR.

резать слух кому-либо См. SET SOMEONE'S TEETH ON EDGE.

резвиться до упаду См. KICK UP ONE'S HEELS.

Рим строился не один день См. ROME WASN'T BUILT IN A DAY.

рисковать головой См. RISK ONE'S NECK (TO DO SOMETHING).

родиться в сорочке См. BORN WITH A SILVER SPOON IN ONE'S MOUTH.

роли поменялись См. HAVE THE SHOE ON THE OTHER FOOT.

рубить с плеча См. SHOOT FROM THE HIP.

рубить сук, на котором сидишь См. KILL THE GOOSE THAT LAID THE GOLDEN EGG.

ругать/выругать кого-либо, на чём свет стоит См. BURN SOMEONE AT THE STAKE.

рука об руку См. ARM IN ARM.

руки связаны у кого-либо См. HAVE ONE'S HANDS TIED.

рукой подать См. A STONE'S THROW AWAY.

Рыбак рыбака видит издалека См. BIRDS OF A FEATHER FLOCK TOGETHER.

рыть/вырыть яму кому-либо, под кого-либо См. COOK SOMEONE'S GOOSE.

с блеском См. WITH FLYING COLORS.

С глаз долой, из сердца вон См. OUT OF SIGHT, OUT OF MIND.

с головой в чём-либо См. UP TO ONE'S NECK (IN SOMETHING).

с головой окунуться в работу См. GO TO TOWN.

с грехом пополам См. BY THE SEAT OF ONE'S PANTS.

с деньгами всего можно добиться См. MONEY TALKS.

с достатком См. WELL-HEELED.

с души воротит кого-либо от чего-либо См. TURN SOMEONE'S STOMACH.

с закрытыми глазами См. WITH ONE HAND TIED BEHIND ONE'S BACK.

с места в карьер См. OFF THE TOP OF ONE'S HEAD; RIGHT OFF THE BAT.

с обратной почтой См. BY RETURN MAIL.

с пеной у рта См. FOAM AT THE MOUTH.

с плеча См. STRAIGHT FROM THE SHOULDER.

с причудами (о ком-либо) См. OUT IN LEFT FIELD.

с самой низшей ступени См. AT THE BOTTOM OF THE LADDER.

с точностью часового механизма См. AS REGULAR AS CLOCKWORK.

со всем скарбом См. BAG AND BAGGAGE.

со всеми запанибрата См. HAIL-FELLOW-WELL-MET.

Сам живи и другим не мешай См. LIVE AND LET LIVE.

самому себе яму рыть См. RIDING FOR A FALL.

самый главный См. HIGH MAN ON THE TOTEM POLE.

Сбережённая копейка заработанной стоит См. A PENNY SAVED IS A PENNY EARNED.

сбиваться/сбиться с ног См. RUN SOMEONE RAGGED.

сбрасывать/сбросить маску См. SHOW ONE'S (TRUE) COLORS.

свалиться как сноп См. DROP IN ONE'S TRACKS.

сверх нормы См. OVER THE TOP.

сверх (всякой) меры См. OUT OF ALL PROPORTION.

сверху донизу См. FROM TOP TO BOTTOM.

свет клином не сошёлся на ком-либо См. THERE ARE PLENTY OF OTHER FISH IN THE SEA.

свободный как ветер См. AS FREE AS A BIRD.

сводить концы с концами См. KEEP BODY AND SOUL TOGETHER.

сводить с ума кого-либо См. AS MAD AS A HATTER.

сводить/свести счёты с кем-либо См. FIX SOMEONE'S WAGON; HAVE A BONE TO PICK (WITH SOMEONE).

своими силами См. UNDER ONE'S OWN STEAM.

Своя рубашка ближе к телу См. CHARITY BEGINS AT HOME.

связывать/связать кого-либо по рукам и ногам См. TIE SOMEONE'S HANDS.

сгущать/сгустить краски См. LAY IT ON THICK.

сдавать/сдать (свои) позиции См. LOWER ONE'S SIGHTS.

сдвинуться с места См. GET TO FIRST BASE (WITH SOMEONE OR SOMETHING).

сделать из калины малину (Не бывать калине малиной) См. MAKE A SILK PURSE OUT OF A SOW'S EAR.

сдержать своё слово См. KEEP ONE'S WORD.

сдирать/содрать шкуру с кого-либо См. PUT SOMEONE THROUGH THE WRINGER.

себе вредить, чтобы другому досадить См. CUT OFF ONE'S NOSE TO SPITE ONE'S FACE.

себе под нос См. AS AN ASIDE.

семейная черта См. RUN IN THE FAMILY.

сердечно рад См. DO SOMEONE'S HEART GOOD.

сердце замирает (замерло) у кого-либо См. HAVE ONE'S HEART IN ONE'S MOUTH.

серьёзно браться/взяться за дело См. PUT ONE'S HAND TO THE PLOW.

сжигать/сжечь кого-либо или что-либо дотла См. BURN SOMEONE OR SOMETHING TO A CRISP.

сжигать/сжечь за собой мосты (корабли) См. BURN ONE'S BRIDGES (BEHIND ONE).

сидеть и считать ворон См. TWIDDLE ONE'S THUMBS.

сидеть и плевать в потолок См. SIT ON ONE'S HANDS.

сидеть на пороховой бочке См. SIT ON A POWDER KEG.

сидеть на чемоданах См. LIVE OUT OF A SUITCASE.

силён (здоров) как бык См. AS STRONG AS AN OX.

символически предавать/предать кого-либо казни См. HANG SOMEONE IN EFFIGY.

Синица в руках лучше журавля в небе См. A BIRD IN HAND IS WORTH TWO IN THE BUSH.

сказать прямо в лицо кому-либо См. TELL ONE TO ONE'S FACE.

складывать/сложить оружие См. THROW IN THE TOWEL.

скользить по поверхности См. SCRATCH THE SURFACE.

скользкий как угорь См. AS SLIPPERY AS AN EEL.

сколько душе угодно См. TO ONE'S HEART'S CONTENT.

Сколько лет, сколько зим! См. LONG TIME NO SEE.

следовать/последовать велению сердца См. FOLLOW ONE'S HEART.

следовать за кем-либо по пятам См. HARD ON SOMEONE'S HEELS.

Слепой ведёт слепого См. BLIND LEADING THE BLIND.

сливки общества См. CREAM OF THE CROP.

слова застревают (застряли) в горле у кого-либо См. HAVE ONE'S WORDS STICK IN ONE'S THROAT.

слюнки текут у кого-либо от чего-либо См. MAKE SOMEONE'S MOUTH WATER.

смешить кого-либо до упаду (до слёз) См. KEEP SOMEONE IN STITCHES.

смеяться в кулак См. LAUGH UP ONE'S SLEEVE.

смотреть в оба См. KEEP ONE'S EYE ON THE BALL.

смотреть во все глаза См. ON ONE'S TOES.

смотреть волком на кого-либо См. LOOK DAGGERS AT SOMEONE.

смотреть зверем См. BURN WITH A LOW BLUE FLAME.

смотреть на вещи просто См. GRIN AND BEAR IT.

смотреть сквозь пальцы на что-либо См. LOOK THE OTHER WAY.

смыкать/сомкнуть ряды См. CLOSE RANKS.

снижать/снизить расходы См. CUT SOMEONE'S LOSSES.

снимать/снять кого-либо с игры См. SEND SOMEONE TO THE SHOWERS.

снимать/снять с себя последнюю рубашку См. GIVE SOMEONE THE SHIRT OFF ONE'S BACK.

снимать/снять тяжесть с души См. GET A LOAD OFF ONE'S MIND.

снова в обращении См. BACK IN CIRCULATION.

снова за каторжный труд См. BACK TO THE SALT MINES.

сняться с лагеря См. BREAK CAMP.

сняться с места См. PULL UP STAKES.

собаку съесть на чём-либо См. DEATH ON SOMETHING.

собирать/собрать деньги См. PASS THE HAT.

собирать/собрать со стола См. CLEAR THE TABLE.

собираться/собраться с духом См. SCREW UP ONE'S COURAGE.

собираться/собраться с силами См. GET ONE'S SECOND WIND.

соблюдать приличия См. MIND ONE'S P'S AND Q'S.

собственной персоной См. IN THE FLESH.

совать (свой) нос во что-либо См. POKE ONE'S NOSE IN(TO SOMETHING).

совсем из ума выжить См. AS MAD AS A MARCH HARE.

совсем не шевелить мозгами См. NOT KNOW ENOUGH TO COME IN OUT OF THE RAIN.

создавать/создать перелом См. TURN THE TIDE.

сорить деньгами См. MONEY BURNS A HOLE IN SOMEONE'S POCKET.

Сорока на хвосте принесла См. A LITTLE BIRD TOLD ME.

состряпать (подделать) счета См. COOK THE ACCOUNTS.

сочетаться браком См. TIE THE KNOT.

спасать/спасти положение См. SAVE THE DAY.

спать и видеть См. HAVE ONE'S HEART SET ON SOMETHING.

спать мёртвым сном См. SLEEP LIKE A LOG.

спина к спине См. BACK-TO-BACK.

списывать/списать в тираж кого-либо или что-либо См. PUT SOMEONE OR SOMETHING OUT TO PASTURE.

спит как убитый См. DEAD TO THE WORLD.

спокойно встречать/встретить невзгоды См. TAKE THE BITTER WITH THE SWEET.

сражаться с ветряными мельницами См. TILT AT WINDMILLS.

средь бела дня См. IN BROAD DAYLIGHT.

ставить/поставить кого-либо в известность См. BREAK THE NEWS (TO SOMEONE).

ставить/поставить кого-либо в неудобное положение См. LEAVE SOMEONE IN THE LURCH.

ставить/поставить всё на одну карту См. PUT ALL ONE'S EGGS IN ONE BASKET.

ставить/поставить перед собой высокие цели См. RAISE ONE'S SIGHTS.

ставить/поставить что-либо с ног на голову См. PUT THE CART BEFORE THE HORSE.

ставить/поставить свою подпись на чём-либо См. SIGN ON THE DOTTED LINE.

ставить/поставить себе целью что-либо См. SET ONE'S SIGHTS ON SOMETHING.

ставить/поставить себя под удар См. STICK ONE'S NECK OUT.

становиться/стать в тупик См. RUN INTO A STONE WALL.

становиться/стать на ноги См. GET ONE'S FEET ON THE GROUND.

становиться/стать на своё место (на свои места) См. FALL IN(TO) PLACE.

Старого пса к цепи не приучишь См. YOU CAN'T TEACH AN OLD DOG NEW TRICKS.

стихийное бедствие См. ACT OF GOD.

стоить бешеных денег См. COST AN ARM AND A LEG.

стоять на (одном) месте См. COME TO A STANDSTILL.

стоять на своём См. STAND ONE'S GROUND.

стоять на (своих) собственных ногах См. STAND ON ONE'S OWN TWO FEET.

стоять над чьей-либо душой См. BREATHE DOWN SOMEONE'S NECK.

стоять перед трудной задачей См. TOUGH ROW TO HOE.

строгое правило См. HARD-AND-FAST RULE.

строить воздушные замки См. BUILD CASTLES IN THE AIR.

сулить кому-либо золотые горы См. PROMISE THE MOON (TO SOMEONE).

суть дела См. CRUX OF THE MATTER.

схватить простуду См. CATCH COLD.

схватывать/схватить на лету что-либо См. QUICK ON THE UPTAKE.

сходить/сойти с чма См. GO (A)ROUND THE BEND.

счастье улыбается кому-либо См. HAVE A LOT GOING (FOR ONE).

так тихо, что было слышно, как пролетает муха См. SO STILL YOU COULD HEAR A PIN DROP.

такого свет не видал См. OUT OF THIS WORLD.

таять во рту См. MELT IN ONE'S MOUTH.

терпеть/потерпеть поражение См. COME OFF SECOND-BEST.

терпеть/потерпеть фиаско См. GO TO THE WALL.

терять/потерять бдительность См. ASLEEP AT THE SWITCH.

терять/потерять контроль над чем-либо См. LOSE ONE'S GRIP.

терять/потерять нить рассуждений См. LOSE ONE'S TRAIN OF THOUGHT.

терять/потерять престиж См. LOSE FACE.

терять/потерять самообладание См. LOSE ONE'S TEMPER.

Тихие воды глубоки См. STILL WATERS RUN DEEP.

тихий как мышь См. AS QUIET AS A MOUSE.

тише воды, ниже травы См. AS QUIET AS A MOUSE.

Тише едешь, дальше будешь См. SLOW AND STEADY WINS THE RACE.

(всё равно, что) толочь воду в ступе См. BEAT A DEAD HORSE.

только на бумаге См. IN NAME ONLY.

топить/утопить горе в вине См. DROWN ONE'S SORROWS.

тратить слова напрасно См. WASTE ONE'S BREATH.

трезвый как стёклышко См. AS SOBER AS A JUDGE.

тронутый умом См. AS CRAZY AS A LOON.

трудности (остались) позади у кого-либо См. OVER THE HUMP.

туда ему и дорога См. SERVE SOMEONE RIGHT.

туда и сюда См. FROM PILLAR TO POST.

турусы на колёсах См. COCK-AND-BULL STORY.

тьфу, тьфу, чтобы не сглазить! См. KNOCK ON WOOD.

тютелька в тютельку См. ON THE BUTTON.

У дурака деньги долго не держатся См. A FOOL AND HIS MONEY ARE SOON PARTED.

У кого свербит, тот и чешись См. IF THE SHOE FITS, WEAR IT.

у кого-либо живот как барабан См. AS FULL AS A TICK.

у кого-либо нос в книге См. HAVE ONE'S NOSE IN A BOOK.

у кого-либо словно пелена спадает (спала) с глаз См. BEGIN TO SEE THE LIGHT.

У семи нянек дитя без глазу См. TOO MANY COOKS SPOIL THE STEW.

убивать/убить время См. KILL TIME.

убивать/убить двух зайцев одним ударом См. KILL TWO BIRDS WITH ONE STONE.

увидеть Божий свет См. SEE THE LIGHT (OF DAY).

ударять/ударить в голову кому-либо См. GO TO SOMEONE'S HEAD.

ударять/ударить кого-либо как обухом по голове См. HIT (SOMEONE) LIKE A TON OF BRICKS.

удостаиваться/удостоиться особой почести См. GET THE RED-CARPET TREATMENT.

ум за разум заходит у кого-либо См. AT ONE'S WIT'S END.

умалять чьи-либо достоинства См. SELL SOMEONE OR SOMETHING SHORT.

уметь стоять/постоять за себя См. HOLD ONE'S OWN.

умирать/умереть от скуки См. DIE OF BOREDOM.

умыть руки (в отношении кого-либо или чего-либо) См. WASH ONE'S HANDS OF SOMEONE OR SOMETHING.

уносить/унести ноги См. RUN FOR ONE'S LIFE.

упадок сил у кого-либо См. AS WEAK AS A KITTEN.

упасть замертво См. DROP IN ONE'S TRACKS.

упасть навзничь См. BITE THE DUST.

упрям как осёл См. AS STUBBORN AS A MULE.

упускать/упустить удобный случай См. LET THE CHANCE SLIP BY.

урезать расходы См. CUT SOMETHING TO THE BONE.

ускользать/ускользнуть из чьих-либо рук См. SLIP THROUGH SOMEONE'S FINGERS.

устанавливать/установить твёрдое правило См. LAY DOWN THE LAW.

устраивать кого-либо во всех отношениях См. SUIT SOMEONE TO A T.

устроить пир горой См. KILL THE FATTED CALF.

Утро вечера мудренее См. SLEEP ON SOMETHING.

[утюжить мостовые] См. POUND A BEAT.

уходить/уйти в кусты См. DESERT A SINKING SHIP.

уходить/уйти с пустыми руками См. GO AWAY EMPTY-HANDED.

фонарь под глазом у кого-либо См. GET A BLACK EYE.

хватает (хватит) духу у кого-либо (сделать что-либо) См. GET UP ENOUGH NERVE (TO DO SOMETHING).

хватать звёзды с неба См. SET THE WORLD ON FIRE.

хитёр как лиса См. AS SMART AS A FOX.

хлеб насущный См. BREAD AND BUTTER.

хлеб не зря ест См. WORTH ONE'S SALT.

[хлебное место] См. BREAD AND BUTTER.

Хлопот (неприятностей) не оберёшься См. THERE WILL BE THE DEVIL TO PAY.

ходить вокруг да около См. BEAT AROUND THE BUSH.

ходить из угла в угол См. WALK THE FLOOR.

ходить на задних лапках перед кем-либо См. WAIT ON SOMEONE HAND AND FOOT.

ходить по краю пропасти См. WALK A TIGHTROPE.

ходить с важным видом См. GIVE ONESELF AIRS.

Хорошенькое дело! См. FINE KETTLE OF FISH.

хороший пример См. CASE IN POINT.

(брать/взять) хороший старт в чём-либо См. OFF TO A RUNNING START.

Хорошо смеётся тот, кто смеётся последним См. HE WHO LAUGHS LAST, LAUGHS LONGEST.

хоть глаз выколи См. CAN'T SEE ONE'S HAND IN FRONT OF ONE'S FACE.

хотя и последний, но не менее важный См. LAST BUT NOT LEAST.

цены нет кому-либо или чему-либо См. WORTH ITS WEIGHT IN GOLD.

чей-либо злейший враг См. DEATH ON SOMEONE OR SOMETHING.

человек не на своём месте См. SQUARE PEG IN A ROUND HOLE.

Чем ближе знаешь, тем меньше почитаешь См. FAMILIARITY BREEDS CONTEMPT.

чем он (ты, она...) живёт См. WHAT MAKES SOMEONE TICK.

через каждое второе слово См. WITH EVERY (OTHER) BREATH.

черепашьим шагом См. AT A SNAIL'S PACE.

черкнуть кому-либо пару строк См. DROP SOMEONE A LINE.

(напечатано) чёрным по белому См. IN BLACK AND WHITE.

чёрствый как сухарь См. AS HARD AS NAILS.

(сам) чёрт не разберётся в чём-либо См. AS CLEAR AS MUD.

(давать/дать) честное слово См. ON ONE'S HONOR.

чистейшей воды См. OF THE FIRST WATER.

читать между строк См. READ BETWEEN THE LINES.

(как раз то), что доктор прописал См. JUST WHAT THE DOCTOR ORDERED.

что мне (тебе, ему....) светит См. IN THE CARDS.

Что прошло, то прошло См. LET SLEEPING DOGS LIE.

чтобы твоей (его, её....) ноги не было где-либо См. GO AND NEVER DARKEN MY DOOR AGAIN.

чувствовать что-либо всем своим существом См. FEEL SOMETHING IN ONE'S BONES.

чувствовать себя другим человеком См. FEEL LIKE A NEW PERSON.

чувствовать себя как нельзя лучше См. FEEL LIKE A MILLION (DOLLARS).

чудом спастись См. HAVE A CLOSE SHAVE.

[чуть-чуть]промахнуться См. MISS (SOMETHING) BY A MILE.

чуть сердце не выскочило из груди у кого-либо См. JUMP OUT OF ONE'S SKIN.

чушь собачья (на постном масле) См. STUFF AND NONSENSE.

(будто) чьё-либо сердце мохом обросло См. LOOK AS IF BUTTER WOULDN'T MELT IN ONE'S MOUTH.

чьи-либо глаза сытости не знают См. ONE'S EYES ARE BIGGER THAN
ONE'S STOMACH.

Чья бы корова мычала, твоя бы молчала См. THE POT CALLING THE
KETTLE BLACK.

чья-либо нога (не) ступит куда-либо См. SET FOOT SOMEWHERE.

чья-либо песенка спета См. ONE'S NUMBER IS UP.

шаг за шагом См. INCH BY INCH.

шито-крыто См. UNDER THE TABLE.

Это последняя капля, которая переполняет чашу терпения См.
THAT'S THE LAST STRAW THAT BROKE THE CAMEL'S BACK.

это совсем из другой оперы См. HORSE OF ANOTHER COLOR.

яблоко раздора См. BONE OF CONTENTION.

(так набит, что) яблоку негде упасть См. AS BUSY AS GRAND
CENTRAL STATION.

яснее ясного См. AS PLAIN AS THE NOSE ON ONE'S FACE.

ясный как Божий день См. AS PLAIN AS DAY.